Über dieses Buch   Seit dem großen Erfolg des »Carmen«-Films von Carlos Saura ist ein zunehmendes Interesse für den Flamenco vorhanden. Dieser Erfolg basiert in erster Linie auf der perfekten Inszenierung von Antonio Gades. Und doch hat dies mit dem authentischen Flamenco kaum etwas zu tun.

Seine Ursprünge liegen im Süden Spaniens: Die in Andalusien lebenden Gitanos verbanden ihre eigenen traditionellen Lieder, Rhythmen und Tänze mit denen, die sie in der mozarabischen Kultur vorfanden. Dieser kulturelle Verschmelzungsprozeß führte schließlich zum Flamenco gitano-andaluz.

Anliegen dieses Buches ist es, den Leser mit dem authentischen Flamenco bekanntzumachen, mit seiner Geschichte, seiner Entwicklung, mit dem Cante flamenco (Gesang), dem Baile flamenco (Tanz), mit der Guitarra flamenca, den Interpreten und der heutigen Szene.

Der Herausgeber   Claus Schreiner, Publizist, lebt in Marburg/Lahn. Sendereihen im Hessischen und Norddeutschen Rundfunk und Mitarbeit für andere Sender. Publikationen: »Jazz Aktuell« (1967), »Música Popular Brasileira« (1978/85), »Música Latina« (1982, Fischer Taschenbuch, Bd. 2973). Ferner Schallplatten-edition und Konzerttourneeproduktionen.

Über die Autoren siehe Seite 207.

Flamenco

gitano-andaluz

Herausgegeben von
Claus Schreiner

Mit Beiträgen von
Madeleine Claus
Christof Jung
Holger Mende
Marion Papenbrok
Bernhard-Friedrich Schulze
Ehrenhard Skiera

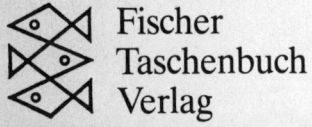

Fischer
Taschenbuch
Verlag

Lektorat: Heide Kobert

Originalausgabe
Veröffentlicht im Fischer Taschenbuch Verlag GmbH,
Frankfurt am Main, Dezember 1985
© 1985 Fischer Taschenbuch Verlag GmbH, Frankfurt am Main
Umschlaggestaltung: Jan Buchholz/Reni Hinsch
Umschlagfoto: Rotger Sintes
Satz: Hümmer, Waldbüttelbrunn
Druck und Bindung: Clausen & Bosse, Leck
Printed in Germany
1280-ISBN-3-596-22994-4

Inhalt

Vorwort des Herausgebers

Das schnellebige Wechselspiel zwischen kulturellem Angebot und Konsum in unserer Gegenwart tendiert dahin, die großartige Vielfalt musikalischen Ausdrucks der Weltkulturen zu reduzieren. Besonders die Popmusik und die ihr eigene Plattform »Showbusiness« kranken notorisch an neuen Ideen, Reizen, Klängen und Rhythmen. Der Hunger von Produzenten und Konsumenten findet leicht rasche Befriedigung in fremder Kost, die den Rezeptbüchern der »materia prima« jener Kulturbereiche entnommen sind, die aus ökonomischen oder politischen Gründen nicht in der Lage sind, sich mit der ihnen gebührenden Authentizität selber in den industriell hochentwickelten Ländern darzustellen.

Die modernen Kommunikationsmittel und Medien unserer Zeit ermöglichen den schnellen Austausch von Daten und Informationen. Die Pop-Charts in aller Welt sind in Sekundenschnelle zu erfahren, und eine Show aus Las Vegas kann zeitgleich in Oslo oder Kyoto gesehen werden. Mit Millionen von Dollars, Francs und Deutschen Mark werden Musikprodukte so aufbereitet, daß sie in kürzester Zeit die Hitparaden vieler Länder und aller Kontinente anfüllen können.

Die Vorliebe für authentisches, unverfälschtes Kulturgut wird daher zur individuellen Lust und oft genug zum Frust, da es in den deutschen Massenmedien als »Minderheiten-Musik« vernachlässigt wird. Schallplatten und Literatur solcher musikalischer Kleinode sind selten zu bekommen, da für sie nur eine verschwindend kleine Käuferschicht vorausgesetzt wird.

Wir beziehen unsere Informationen somit weitgehend aus zweiter und dritter Hand: in der pflegeleichten Aufbereitung der Musikindustrie und in einer scheinbar unvermeidlichen Internationalisierung solcher »materia prima« durch Anpassung an »unsere« Ästhetik. Diese Gesetzmäßigkeit täuscht jedoch nicht über die Tatsache hinweg, daß solche »Anpassungen« im Grunde nichts anderes sind als Verfälschungen.

Unter dem Etikett »Weltmusik« werden in neuerer Zeit offensichtliche, längst bekannte Gemeinsamkeiten der Musik der Weltkulturen hochstilisiert, um damit weiteren Raubbau zu sanktionieren.

Der Flamenco gitano-andaluz hat seit jeher unter diesen Usancen gelitten. Er ist Musik, Tanz und Lebensgefühl einer Minderheit Spaniens. Zur

7

Entwicklung verwässerter und verfälschter Flamencoformen haben die Spanier selbst sehr viel beigetragen. Wie oft bietet sich einer Nation auch schon die Gelegenheit, die Attraktivität ihres Landes durch nur einen Begriff wie »Flamenco« ungeheuer zu steigern?

Unter der Überschrift »Von Brunft gequälte Matadore« war in der »Rheinpfalz« vom 13. 11. 84 zu lesen: »Doch dann wirbelte der Staub aus den Gewändern und ins helle Scheinwerferlicht bohrten sich die tanzenden spanischen Flamenco-Puppen, die aussahen wie Meißner Porzellan: mit faszinierender Präzision und abgewinkelten, kantigen Gesten. Der Beine Weiß blitzte kurz entschlossen und züchtig und ahnungsvoll auf. Die an den Mikros herb und rauchig von ihrer Brunft gequälten Matadore des folkloristischen Flamencogesangs und des anfeuernden rhythmischen Klatschens wachten stolz auf ihre sich in wilden, gedrechselten Bewegungen windenden Damen. . . . Aber: was ein rechter Spanier ist, der züchtigt seine Wut, und die Erotik gerann zur wohlkalkulierten tänzerischen Figur, zur Quadratur der Gefühle. Im Hintergrund – im fahlen Licht einer karg bestückten Bühne – tasteten einige Gitarristen und ein Flötist die gängigen Rhythmen und harmonischen Register ab, beschränkten sich (fast möchte man von einer äußerst noblen abstrahierenden Kunst der verwischenden Andeutungen sprechen) auf einige nicht sehr auffällige artistische Farbtupfer und ließen allein gelten, was sich an archaischer Gewalt, an zuweilen fratzenhafter Ekstase im Vordergrund der Bühne entrollte.«

Die Autoren dieses Buches grenzen ihre Vorstellungen vom Flamenco bewußt immer wieder gegen all die Auswüchse ab, die solche Kritiken und der Touristenboom in Spanien in dieser Beziehung hervorgebracht haben. Daher wurde mit dem Titel »Flamenco gitano-andaluz« das Thema Flamenco auf den ursprünglichen Flamenco der andalusischen Gitanos eingegrenzt. Dies betrifft das Wesen und die Ursprünge des Flamenco. Die Autoren haben andererseits der Tatsache Rechnung getragen, daß es den Flamenco gitano-andaluz auch außerhalb Andalusiens gibt und unter den Sängern, Tänzern und Gitarristen auch Payos (Nicht-Gitanos) von Bedeutung sind.

Da die intime Kenntnis des Flamenco für die deutschen Autoren dieses Buches fast immer auch einen sehr engen Kontakt mit dem Flamenco-Milieu voraussetzte, sind unterschiedliche Gesichtspunkte in der Beurteilung von Flamencokünstlern verständlich. Auch in Flamenco-Kreisen wird subjektiv geurteilt!

Unter Flamenco-Insidern Spaniens und Deutschlands ist das Prädikat »puro« (= rein) eine unumstößliche Maxime. Diese völlige Hingabe an ein Idealbild des Flamenco hat mitunter aber auch etwas Anachronistisches an sich. Denn seit 1782 gibt es viele Flamencokünstler und Flamencostile, die nicht aus dem Gitano-Milieu stammen. Seit langem auch beklagen die intimen Kenner des Flamenco das Ausbleiben neuer Cantaores im reinen Flamencostil. Die Diskussion um die Reinheit erscheint daher gelegentlich etwas übertrieben. Viele Gitanos interessiert dieser Aspekt überhaupt nicht.

Schließlich muß es erlaubt sein, auch in »un-reinen« Flamencoformen Ästhetik und Können zu entdecken, die Freude bereiten. Die geschilderte Abgrenzung richtet sich somit in erster Linie gegen all diejenigen Aktivitäten, die unter dem Etikett Flamenco präsentiert werden und dabei bewußt Verfälschungen anbieten.

Unser Autor Christof Jung sagte mir kurz vor Abschluß des Manuskriptes, er gäbe dem Flamenco gitano-andaluz »kaum eine Chance mehr«. Der letzte große Cantaor, den er gehört habe, Agujetas, habe acht Stunden hintereinander Martinetes gesungen. Wo gäbe es das heute noch im Flamenco gitano-andaluz? Der Traditionalist Jung befürchtet das baldige Ende dieser Gitano-Kunst, weil schon viele Gitanos »kein Hungergefühl mehr in der Stimme« hätten.

Dieses Buch will dem interessierten Leser grundsätzliche Informationen über den Flamenco gitano-andaluz an die Hand geben. Alle Autoren sind sich bewußt, daß ihre Beiträge die gründlichen Arbeiten und Veröffentlichungen spanischer Flamencoforscher keinesfalls ersetzen können. Deren Werke seien daher im ausführlichen Literaturnachweis dem weitergehend interessierten Leser nachdrücklich empfohlen.

Flamenco – eine Kunst im Aussterben? Die Beantwortung dieser Frage, meine ich, erübrigt sich für alle, die heute in einem guten Tablao oder einer privaten Juerga Gelegenheit haben, sich von der Vitalität dieser Arte Flamenco zu überzeugen.

Mein Dank gilt in erster Linie den Autoren, die sich meiner Bitte um einen Beitrag nicht entzogen haben, besonders Bernhard Schulze für die kritischen Anregungen, ferner Detlev Eberwein, Hermjo Klein und José El Bigote für Anregungen und Hinweise zum Thema. Wie gern hätte ich auch Olaf Hudtwalcker befragt und zur Mitarbeit herangezogen! Olaf Hudtwalcker starb am 23. 4. 1984 in Barcelona. Seine Liebe galt der Kunst, dem Jazz und dem Flamenco.

März 1985, Marburg/Lahn   *Claus Schreiner*

9

CLAUS SCHREINER

Einführung

Andalusien: Pena und Alegria

Über Jahrtausende sind Volksgruppen aus allen Teilen Europas, Vorderasiens und Nordafrikas in den südlichen Teil Westeuropas vorgestoßen. Zu den iberischen Ureinwohnern der Halbinsel stießen Kelten, Phönizier, Griechen, Karthager, Römer, Vandalen, Westgoten und Mauren. Sie erreichten auch jenen südlichen Teil der Halbinsel, dem die Mauren den Namen ›Vandalusien‹ gaben, obwohl die Vandalen schon 429 n. Chr. von den Westgoten nach Nordafrika verdrängt worden waren. Die Araber waren seit Beginn des 7. Jahrhunderts über Algerien und Marokko weit in die iberische Halbinsel bis nach Südfrankreich vorgedrungen, nachdem man sie in den internen Auseinandersetzungen des Westgotenreiches gegen König Roderich zu Hilfe gerufen hatte. Im Norden der Halbinsel blieben jedoch einige christliche Königreiche bestehen, die über Jahrhunderte die Eroberung der von den Arabern besetzten Gebiete in der sogenannten »Reconquista« anstrebten: Kastilien, Aragonien, León, Navarra und schließlich noch Portugal.

Als die Truppen von Kastilien und Aragon schließlich die letzte Bastion der Mauren vor den Toren Granadas belagerten, wartete in der Nähe an der Küste ungeduldig Christopher Kolumbus auf die königliche Erlaubnis zum Ausschiffen nach Indien. Während in der Folgezeit in der »Neuen Welt« die Conquista mit all ihren schrecklichen Begleiterscheinungen wie Völkermord, Sklaverei und Unterdrückung dennoch (und sicher auch wegen des immensen Leidens und Drucks) auch der Beginn einer lateinamerikanischen Kultur war, erwies sich bei der sog. Reconquista Andalusien bereits als ethno-kultureller Schmelztiegel. Besonders die Städte Andalusiens hatten unter Phöniziern, Griechen, Westgoten und Mauren wesentliche kulturelle Impulse erfahren. Vor den Mauren hatte der Bischof Isidor von Sevilla eine bedeutende Enzyklopädie geschaffen. Rekkeswind war der Verfasser des »Lex Visigothorum«, das für das Entstehen eines spanischen Nationalgefühls von einiger Relevanz war. Cordoba erblühte zur Zeit der maurischen Kalifate und Monarchen zu einer Stadt mit nahezu einer Million Einwohnern. Die Alcazar-Bauten und die Alham-

Diego Vargas

11

bra zeugen noch heute von der einstigen Blüte Granadas, Cádiz' oder Sevillas unter maurischer Herrschaft.

Schon die Römer hatten im Gebiet des Betis (= Guadalquivir) Weizen und Oliven angebaut. Aus der Provinz Baetica verschifften sie Agrarerzeugnisse nach Rom. Westgoten und Mauren setzten die Kultivierung der Ebenen des Guadalquivir, des Genil und des Guadiana fort.

So mag allein die Absicht der Wiedererrichtung eines christlichen Reiches in Andalusien nur eine der Motivationen der nordspanischen Königshäuser für die Reconquista gewesen sein.

Heute, fünfhundert Jahre später, bereitet Andalusien der Regierung in Madrid eher Kopfzerbrechen. Die Arbeitslosigkeit ist groß, der Zustrom von Abwanderern in andere Regionen Spaniens mit über einer Million Menschen allein in den siebziger Jahren ist gewaltig. Auch die moderne, alljährlich im Frühjahr einsetzende Völkerwanderung aus Mitteleuropa in die Touristenzentren Malaga und Torremolinos hat nicht nur positive Aspekte.

Die Extreme lagen in Andalusien schon immer dicht beieinander. Im Norden die natürliche Begrenzung durch die Gebirgshänge der Sierra Morena, im Osten die schneebedeckten Höhen über der Sierra Nevada, östlich davon die unwirtliche Sierra de Gador. Im Süden Costa del Sol und Costa de Luz, Mittelmeer und Atlantik. Neben spröder Sierra finden sich Korkeichenwälder, Weinbaugebiete und Ölbaumplantagen.

In das Schlagwort der »Poder Andaluz« ist sicher auch das Gefühl dieses »dennoch«, des Trotzes im Angesicht der »Pena Andaluza« (andal. Leid) eingeflossen – empfunden aus der Armut gegenüber dem Überfluß und dem Reichtum, der Erdhöhlen und armseligen Katen gegenüber den Villen und Palästen, der blühenden Gärten allerorten und der Betonwüsten der Touristenzentren.

Die Kontraste aber erheben Andalusien keinesfalls in den Rang einer exotischen Exklave auf europäischem Boden. Seine Geschichte entbehrt jeder Romantik. Aggression und religiöse Verblendung führten auch hier zu Judenverfolgungen, Ausweisungen, Inquisition und politischen Verfolgungen gegen Minderheiten: Araber, Juden und Gitanos.

Schließlich die »Alegria Andaluza«, die vitale Lebensfreude der Andalusier, die sich in unzähligen Fiestas, Romerias (Kirmes-Feste) und Ferias (Jahrmärkte) äußert. Selbst Wallfahrten, Heiligenfeste und Karwoche werden in kraftvollen, lärmenden Veranstaltungen gefeiert. Den kalendarischen Rahmen bietet das katholische Kirchenjahr, das vom Vatikan einst mit ›heidnischen‹ Riten und Bräuchen synkretisiert worden war. Am Dreikönigstag beginnt der Carnaval, am Festtag von San Sebastian finden Tier-Maskeraden und Vaquillas statt, auch Wasserriten, Sonnenwendfeuer und Maibaumfeste sind mit Heiligenfesten in Frühling und Sommer verbunden. In den Salinen von Cádiz werden ab Mitte September dann die Despescas, im benachbarten Jerez de la Frontera die Vendimias

(Weinlesefeste), in Huelva zuvor im August die Colombiana in Erinnerung an die Ausschiffung von Kolumbus gefeiert.

Bei all diesen Festen erklingt Musik. Andalusien ist die Heimat des Fandango, dessen Ursprünge bis heute ungeklärt sind. Wie die andalusische Cartagenera, Morisca, Granaina, Minera, Murciana, Rondena und Taranta wird der Fandango vielfach auf den kulturellen Einfluß der Mauren zurückgeführt. Der Fandango ist seit dem 17. Jahrhundert bekannt. Schon im frühen 18. Jahrhundert sind Tänze namens Fandango auch in der Neuen Welt zwischen Santo Domingo und Argentinien erwähnt. Afrikaner, Amerinder und Mestizen hatten ihn dort verändert und mit Charakteristika ihrer eigenen rituellen Tänze vermischt. Da Andalusien mit seinen Häfen Cádiz und Huelva lange Zeit das Tor zur Neuen Welt für die nach Lateinamerika auslaufenden Schiffe war, gibt es zahlreiche Theorien, die einen Re-Import des Fandango aus Lateinamerika nach Andalusien vermuten.

Zur andalusischen Familie des Fandango gehören die Malagueñas. Gaukler und Barden des späten Mittelalters brachten die spanische Romanze nach Andalusien. Dort hatte sich unter maurischem Einfluß auch die Zegel-Liedform (auch: Zagal) entwickelt, nachdem Zyriab, die »Schwarze Nachtigall«, in Cordoba arabische Gesänge eingeführt hatte.

Nach Andalusien gelangte aus Kastilien auch die Seguidillha im $^3/_4$-Takt und wurde dort zur Sevillana. Der spanische Bolero ist eine Verbindung dieser Sevillanas mit Teilen des spanischen Contradanza.

Granada

Ebenfalls aus Alt-Kastilien stammt die Jota, die in Andalusien vielfältige Verbindungen mit andalusischer Volksmusik einging.

Ungeklärt ist die Herkunft von einigen Tänzen, die im 16. und 17. Jahrhundert in Andalusien auftauchten: Zarabanda, Zarambeque, Chacona, Gayumba, Zambapalo, Paracumbê und Guineo. Einflüsse nord- bzw. schwarzafrikanischer Tänze (Morisca) werden vermutet.

Schon vor Beginn der Conquista Lateinamerikas und vor den ersten Sklaventransporten von Afrika in die Neue Welt hatte es auf der iberischen Halbinsel Sklaven afrikanischer Herkunft gegeben. Diese Tatsache ließ Theorien entstehen, nach denen sich in Andalusien z. B. maurische Lieder und Tänze mit keltischer und westgotischer Volksmusik verbanden, von Afrikanern modifiziert nach Lateinamerika gelangten, um dort von afrikanischen Sklaven erneut verändert zu werden, und schließlich mit Reisenden und Rückwanderern zurück nach Andalusien kamen, wo Lope de Vega und Cervantes sie dann als Importe »de las Indias« einstuften. All diese Lieder und Tänze sind aber längst in weiteren Mischformen aufgegangen und heute nicht mehr existent. Immerhin mag ihr Einfluß in Lateinamerika ein Grund dafür sein, daß im 19. und 20. Jahrhundert Tänze und Lieder Lateinamerikas wie Bolero, Milonga, Guajira, Rumba und Colombiana in Andalusien angenommen wurden.

Hervorstechendstes Merkmal vieler andalusischer Tänze ist das Zapateado, das Fußstampfen, und die Jaleos-Zurufe.

Andalusien ist aber insbesondere die Heimat des Flamenco.

Gitanos

Einer Auflistung von Rüdiger Vossen zufolge leben heute in Spanien zwischen 250 000 und 700 000 Gitanos: Gitanos Béticos, Gitanos Catalanes, Gitanos Castellanos, Gitanos Extremeños, Cafeletes und Hungaros. Die Gitanos Béticos sind mit den andalusischen Gitanos identisch, von denen die meisten seit vielen Generationen als Gitanos caseros seßhaft sind.

Die Gitanos Andalusiens sind Calé (Calé = Schwarze). Sie grenzen sich damit bewußt gegen die Hungaros bzw. Roma und Sinti ab.

Die Gitanos Béticos mit ihren Familien, Sippen und Linien leben innerhalb ihrer Sozialstruktur in festen Gemeinschaften. Sie sehen sich aber auch als Andalusier, wenn sie dies auch in ihrem Cante flamenco nie so oder in patriotischen Äußerungen ausdrücken würden. Der Flamencoforscher Ricardo Molina glaubte mit Recht, eine Art Patriotismus und Bekenntnis zu Andalusien in den Stellen der Cantes zu entdecken, die die unmittelbare Umwelt der Gitanos liebevoll einbeziehen (R. Molina, S. 57).

Caballistas bei der Feria de Abril in Sevilla

14

In meinem schönen Andalusien
ist Huelva die Erste,
wie schön sind seine Frauen
wie reizvoll liegt die Bucht
und welch gute Fandangos gibt es dort
(Fandango)

Nun ist aber die Liebe zur Erde und zur Natur ohnehin fest in der Gitano-Seele verankert. Damit grenzen sie sich auch bewußt gegen die Nicht-Gitanos, die Payos, ab. Donn E. Pohren zitiert in seinem Standardwerk »El Arte Flamenco« einen alten Gitano: »Die verblendeten Payos verstehen nicht, daß wir die letzten Söhne Gottes sind und sie die Sklaven eines Systems, das ihr Leben zur Unbedeutsamkeit zurückstuft ... Wir sind Symbole für alles, was ihnen fehlt: Integrität, Individualismus, Freiheit« (Pohren, S. 21).

In der Kleidung bin ich Spanier
doch Gitano von Geburt
Spanier wünsch' ich nicht zu sein
fühle als Gitano mich zufrieden
(Tonás)

Die Spanier ihrerseits, die Payos, begegnen den Gitanos allgemein mit Mißtrauen, halten sie für unmoralisch und ungebildet.
Das Leben unter freiem Himmel in direkter Anbindung an die Natur ist aber keineswegs heute typisch für die Gitanos Andalusiens. Nur noch eine Minderheit von ihnen lebt im Nomadentum nach alten Traditionen. Die Mehrzahl der Gitanos Andalusiens hat sich der Lebensart der Payos angepaßt. Da Landarbeit sehr schlecht bezahlt ist und die zerstreute Siedelung im Hinterland dem Bedürfnis der Gitano-Sippen nach Kontakt und Nähe entgegensteht, haben sich die meisten Gitanos im Einzugsbereich der großen Städte angesiedelt. Die Nähe zu den Stadtzentren ist für viele auch lebenswichtig, weil die dort geführten Tabernas Arbeitsmöglichkeiten (in Tablaos des Flamenco) bieten. In Baja-Andaluz (Niederandalusien) sind dies besonders die Gebiete von Sevilla, Jerez und Cádiz mit ihren Barrios der Gitanos in den Vororten. Unter allen Gitanerías hatte die von Triana bei Sevilla schon im 19. Jahrhundert große Bedeutung für den Flamenco gitano-andaluz. Viele Gitanos gehören noch immer zu den Unterprivilegierten der andalusischen Gesellschaft. Arm und ohne Bildungsmöglichkeiten hausen sie in Elendsvierteln der Barrios.

Im Viertel von Triana
hörte man mit lauter Stimme,
daß Leid im Leben tragen müsse,
wer ein Caló ist.
(Debla)

16

Im Mittelpunkt der sozialen Orientierung der Gitanos steht die Familie, der Clan, die Sippe. Die Zugehörigkeit eines Gitano zu seinem Familienverband endet allenfalls mit dem Tod. Ewige Treue zur Sippe und gegenseitiges Füreinander-Einstehen sind ungeschriebene Gesetze der Gitanos, die sich den Entscheidungen ihres Clan-Oberhaupts unterzuordnen haben. Diese Autorität bestimmt auch, mit welchen anderen Clans der Kontakt gestattet ist und mit welchen dies aufgrund von Fehden untersagt ist. Einen besonderen Stellenwert besitzen die Hochzeiten für die Gitanos. Pohrens Gitano schwelgt: »Wir sind die einzigen Leute, die wahrhaft zu heiraten wissen.« Die Hochzeiten dauern mindestens drei Tage, in deren Mittelpunkt die Braut steht. Sie wird entführt, auf Jungfernschaft untersucht und darf schließlich im Kreis der Gitanos den Hochzeitstanz absolvieren.

Die Gitanos besitzen einen umfangreichen Ehrenkodex, der besonders das soziale Verhalten seiner Mitglieder in den Vordergrund stellt. Ein Flamencokünstler wird nicht höher geachtet als ein ehrbarer Gitano-Kaufmann oder -Händler. In beiden Fällen erwartet man aber, daß sie von dem über die persönlichen Bedürfnisse hinaus verdientem Geld den anderen etwas abgeben. (Die Gagen der Flamencokünstler bewegen sich zwischen 200000 und 30000 Peseten pro Auftritt. In einer jährlich herausgegebenen Honorarliste des Impresario J. A. Pulpon zählen Fosforito, Lebrijano, Menese, El Cabrero und Camaron de la Isla zu den Spitzenverdienern unter den Cantaores. Für die andalusischen Flamenco-Peñas werden geringere Honorare berechnet als für Veranstalter außerhalb Andalusiens.) Reinlichkeit und gepflegte äußere Erscheinung sind für die Gitanos selbstverständlich. Langhaarige, bärtige Deutsche in lässiger Kleidung, die aus Liebe zum Flamenco gitano-andaluz nach Andalusien kamen, um mit den Gitanos Freundschaften zu schließen, entsprachen nicht eben den Gitano-Erwartungen.

Die Nomaden unter den andalusischen Gitanos leben von der Hand in den Mund. Der schon zitierte Gitano bei Pohren: »Eben keine Arbeit zu wollen, die der Payo, nur um Geld zu verdienen, anfaßt, oder wegen des Prestiges, oder um weiterzukommen oder was er sonst will. Es ist dies eben der große Vorzug der Gitanos; wir weigern uns, unsere Integrität in dieser Art zu verkaufen.«

Früher waren die Gitanos vor allem Schmiede, Kneipiers oder Gehilfen beim Stierkampf. Die Entwicklung handwerklicher und künstlerischer Fähigkeiten wird bei den Gitano-Kindern besonders gefördert. Zu den weiteren Tätigkeitsbereichen der Gitanos gehören heute: Pferdehändler, Dienstleistungen (Kellner u. a.), Musiker, Flamencosänger und -tänzer sowie Stierkämpfer. Es gibt kaum Clans, in deren Stammbäumen nicht alle Berufe und vor allem immer wieder Flamencokünstler und Stierkämpfer vertreten sind. Unter ihnen sind die sogenannten Flamenco-Dynastien besonders berühmt geworden, wie die Cortes und Amayas aus Cordoba oder die Ortegas aus Cádiz.

Die Gitanos Andalusiens haben dennoch viele Gemeinsamkeiten mit den andalusischen Payos. Zwischen Machismo und Patriarchat ist auch bei ihnen das weibliche Element akzeptiert und geachtet: Mutter Erde und Mutter Gottes. Frühlingsfeste im Fruchtbarkeitszyklus und Jungfrauenverehrung haben in Andalusien einen besonderen Stellenwert. Die Gitanos haben zwar das Christentum der Payos angenommen, geben jedoch in der Jungfrauenverehrung einer spezifischen Gitano-Mutter-Gottes den Vorrang. Die Gitanos nehmen an den Karwochen-Prozessionen teil, bei denen sie, wie Maria Vargas oder El Lebrijano, als Sänger der Saetas unentbehrlich sind. Allerdings sind in der Karwoche sämtliche Flamenco-Aktivitäten untersagt.

Schon kommt der braune Christus,
Herr der Gitanos,
der Größte und der Beste,
mit gebundenen Händen,
der arme Jesus, der Nazarener
(Saeta)

Darüber hinaus aber sind die Gitanos mit ihrer Flamencokunst bei fast allen andalusischen Festlichkeiten präsent: Carnaval, Fiestas der Schutzpatrone, Romerias, Juergas. Gitano-Clans mit zwölf oder mehr Mitgliedern sind besonders zu Festzeiten im Sommer Wochen und Monate unterwegs, um mit Musik, Tanz, Gesang, Handel und sonstigen Fertigkeiten Geld zu verdienen. Manche Tabernas haben dem allerdings einen Riegel vorgeschoben. Auf Schildern in den Kneipen lassen sie wissen: »Singen, Tanzen und Händeklatschen verboten.«

Mit den Andalusiern teilen die Gitanos auch die Liebe zum Stierkampf. Der Stierkampf (aus Payo-Tradition) entspricht in vielen Dingen der Gefühlswelt der Gitanos. Das Leben mit all seinen Spannungen, Herausforderungen und Schwierigkeiten, Tod, Überleben und Wiedergeburt sind metaphysische und spirituelle Gemeinsamkeiten von Stierkampf und Flamenco und wecken ähnliche Emotionen. Climent sieht in der Verbindung von Toro, Cante und Baile gitano eine gemeinsame Art, die Welt zu sehen, zu fühlen und zu gebrauchen. Er interpretiert Tanzfiguren der Bailaores als die von Matadoren und beobachtete bei Cantaores der Siguiriyas Gesten der Muleta. Bei den Flamenco-Shows ist allerdings das Stierkampfmoment meistens pantomimisch überbetont. Ein Cantaor der Gitanos ist ein Cantaor de verdad (der Wahrhaftigkeit). Auch der Moment des Stierkampfes, in dem der Matador den Stier tötet oder stümperhaft, angstvoll, unsicher hinschlachtet, ist ein Augenblick der Wahrhaftigkeit dieses Menschen.

19

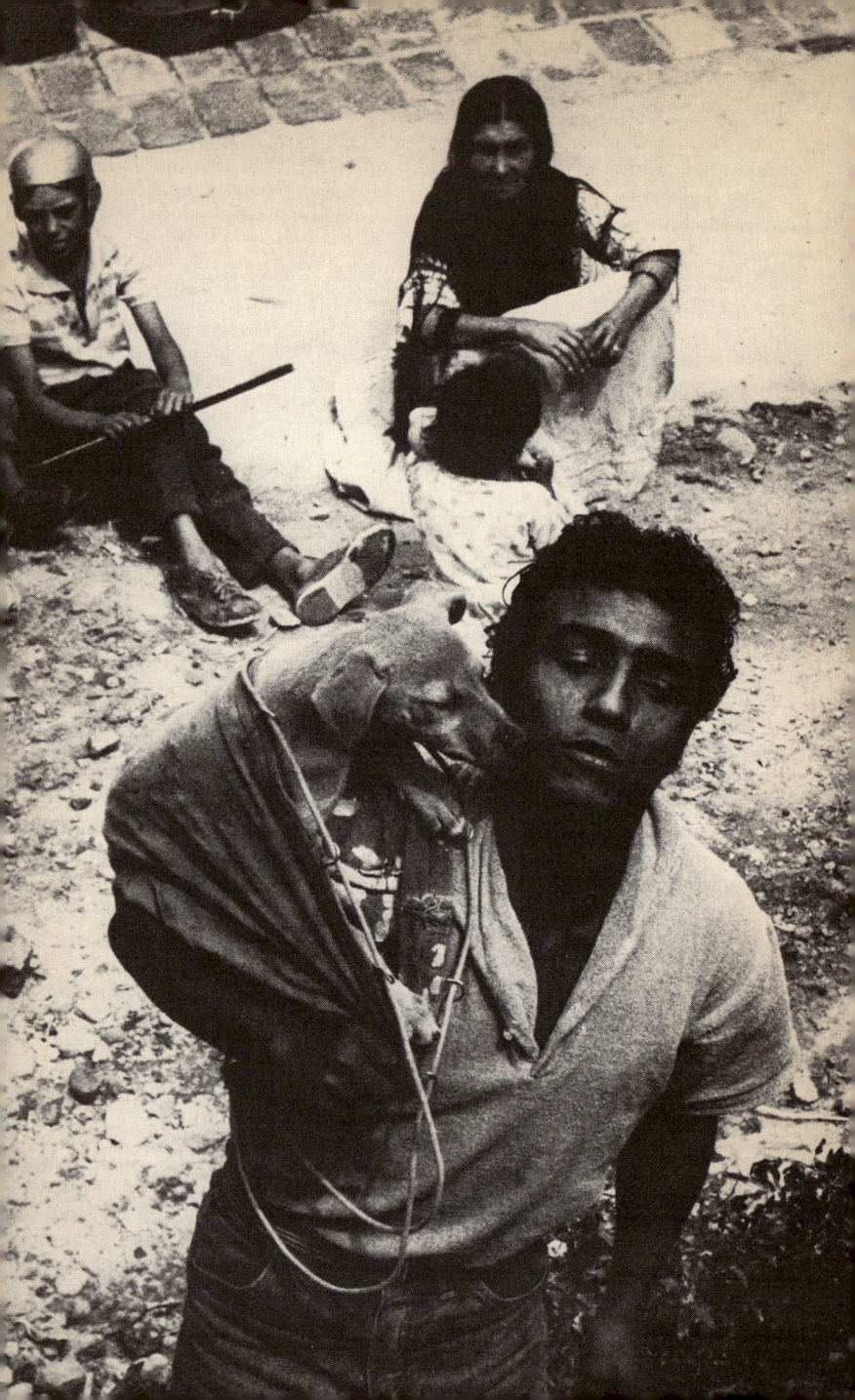

Zum Ambiente des Flamenco und der Gitanos gehört auch der andalusische Wein. Die Weinanbaugebiete von Jerez und Rio Tinto liefern den Stoff, den der Cantaor und seine Zuhörer benötigen, um dem Jipio (Klage, Schluchzen) Raum zu geben. Aber auch in diesem Punkt haben sich die Gitanos insofern den andalusischen Payos assimiliert, als sie mehr und mehr Cognac und Whiskey den Vorzug geben.

In den andalusischen Metropolen pulsiert das Leben ähnlich wie in anderen europäischen Städten. Disco-Musik, Jogging, Modetrends, Massenmedien – all dies ist dort Gegenwart von Payos und Gitanos.

Herr Oberbürgermeister
sperren Sie die Diebe nicht ein,
denn Sie haben eine Tochter,
die stiehlt Herzen
(Petenera)

Die Gitanos sind Andalusier und doch begegnen ihnen die Payos vielfach noch mit Vorurteilen und Mißtrauen. Gerade die Andalusier haben den Flamenco gitano-andaluz nie als eine Gitano-spezifische Kunst innerhalb der andalusischen Kultur angesehen. Denn ohne die kulturelle Vielfalt

Gitanos in Barcelona

Andalusiens und ohne die darin eingebettete andalusische Volksmusik gäbe es in der Tat keinen Flamenco. Folglich fühlen sich die Payos als Mit-urheber dieser Tradition. Außerdem haben sie frühzeitig erkannt, welche Attraktivität dieser Flamenco für sie selbst und für Fremde besitzt. (Diese Zurückhaltung in der Bewertung des Flamenco ist wohl darin begründet, daß der Flamenco gitano-andaluz allein aus der Gitano-Kultur nicht hätte entstehen können.) Das macht sie zu potentiellen Aficionados und selbst zu Flamencokünstlern. Denn spätestens seit der Zeit der Café cantantes (s. S. 46 f.) gibt es auch viele Payos unter den Flamencokünstlern. Seit über einhundert Jahren akzeptieren sich Payos und Gitanos im Bereich des Flamenco.

Außerhalb Andalusiens ist der Flamenco gitano-andaluz zwar bekannt geworden. Mit Ausnahme der kastilischen Metropole Madrid und des katalanischen Barcelona hat der Flamenco in Spanien aber kaum Fuß fassen können.

Die auch bei andalusischen Payos gelegentlich vorhandene Aversion gegen den Flamenco ist im übrigen Spanien noch weit stärker spürbar. Der Flamenco ist noch heute mit der Diskriminierung jener Volksschichten und Volksgruppen behaftet, die ihn hervorbrachte. Seine Geschichte ist auch eine ständige Auseinandersetzung mit der Bourgeoisie, die Caballero Bonald den »historischen Feind« des Flamenco nennt. Das Bürgertum hat im Grunde den Übergang von den »Zarzuelas« zu den modernen Opern und Balletts (mit Flamenco-Anklängen) nahtlos vollzogen.

Arbeiter, warum arbeitest du,
ist doch der Gewinn nicht für dich
nur dem Reichen bringt's den Vorteil
und deiner Familie die Trauer
(Cartagenera)

Flamenco-Topografie

Der Flamenco entstand in Südandalusien. Nach dem derzeitigen Stand der Flamencoforschung muß das Städtedreieck Cádiz, Ronda, Triana/Sevilla, in seinem Mittelpunkt Jerez de la Frontera, als topografischer Ausgangspunkt der frühen Flamenco-Cante-Formen angesehen werden. Selbst in diesem Bereich kam es infolge der Begegnung der Gitano-Kultur mit regional verschiedener andalusischer Folklore zu unterschiedlichen Ergebnissen des Akkulturationsprozesses. Sevilla und Cádiz sind in der Fülle ihrer Formen des Cante flamenco bis heute unübertroffen. Soleares, Siguiriyas, Bulerias, Cantes »a palo seco« findet man in beiden Flamenco-Zentren. In der Provinz Sevilla zudem die Fandangos und Tangos de Triana, die Sevillanas und auch Cantes camperos, die weitgehend aber zu

22

andalusischer Volksmusik ohne Gitano-Einfluß gerechnet werden. In Cádiz werden lt. Pohrens Topografie ferner die folgenden Cantes gepflegt: Alegrias, Mirabras, Romeras, Caracoles, Cantinas, Tangos und Tientos. Wesentliche Flamenco-Zentren dieser Provinzen sind Triana, Osuna, Morón de la Frontera, Utrera, Lebrija in der Provinz Sevilla; Jerez, Cádiz, Algeciras, Santa Maria und Arcos de la Frontera in der Provinz Cádiz; mit zunehmendem Einfluß des Flamenco gitano-andaluz auf die andalusische Volksmusik vergrößerte sich sein Einzugsgebiet in die Provinzen Huelva, Cordoba, Jaen, Malaga und Granada. Dies sind aber im wesentlichen die Bereiche der andalusischen Volksmusik, die man »aflamencada« nennt.

Die momentane Präsenz des Flamenco in andalusischen Metropolen außerhalb der Provinzen Sevilla und Cádiz, die dem Fremden durch das Programmangebot von Festivals und Tablaos suggeriert wird (s. Anhang), ist keinesfalls typisch für die fast unveränderte Topografie des Flamenco gitano-andaluz.

Nicht nur Ignoranz mag im Spiel gewesen sein, als Spanier anderer Regionen, wie Katalanen und Kastilier, den Flamenco gitano-andaluz kopierten: Indem sie ihn seiner nur in der Einheit von Interpret = Cante authentischen Funktion beraubten, nivellierten sie gleichzeitig die inhaltlichen Werte des Cantes. Der Cante flamenco ist die Manifestation einer ständigen Suche nach einem gemeinschaftlichen Gefühl, dem der Interpret stellvertretend für seinen Zuhörer Ausdruck verleiht. In Volksmusik, Schlager und Touristenspektakeln wurde der Flamenco gitano-andaluz verwässert und in ein scheinbar nationales spanisches Repertoire übernommen. Anderen, ebenfalls unter akkulturativen Bedingungen entstandenen Liedformen war ein ähnliches Schicksal beschieden: dem Blues der nordamerikanischen Schwarzen, den Milongas und Payadas der ländlichen Payadores am La Plata, dem Samba der Morros von Rio.

Durch Manuel de Falla bekamen in Paris Debussy und Ravel Zugang zu spanischer Gitarrenmusik und besonders der des Flamenco.

Die Russen Rimsky-Korsakow und Michael Glinka hatten schon etwa um die Mitte des 19. Jahrhunderts Cádiz bzw. Granada besucht. Georges Bizet schließlich soll vor Niederschrift seiner Carmen-Oper niemals in Spanien gewesen sein, aber durch ein »Polo«-Lied Manuel Garcias aus Andalusien und Yradiers Habanera »La Paloma« (kubanische Habanera aus Mexico) inspiriert worden sein.

Das wachsende Interesse (und durchaus auch Begeisterung) bürgerlicher Komponisten innerhalb und außerhalb Spaniens hatte schließlich weitere Verwässerungen des Flamenco in der Kunstmusik zur Folge. Oper, Zarzuela und Ballett bemächtigten sich einiger Flamenco-Stilistiken. Noch heute sind die Aufführungen des spanischen Nationalballetts vom authentischen Flamenco weit entfernt.

23

Die Kunst des Flamenco

Der Flamenco gitano-andaluz entstand im Gitano-Milieu Südwestanda-lusiens als Produkt eines Akkulturationsprozesses. Als verfolgte und un-erwünschte Minderheit blieb den Gitanos im Verlauf der Jahrhunderte nur die Möglichkeit der Anpassung an die Kultur der herrschenden Payos. Einige Bereiche ihrer Kultur konnten sie weitgehend vor diesen Einflüs-sen bewahren. In der Musik verbanden sie ihre eigenen traditionellen Lieder, Rhythmen und Tänze mit denen, die sie in der mozarabischen Kultur Andalusiens vorfanden.

Mittels der künstlerischen Begabung der Gitanos verschmolzen musika-lisch-tänzerische Formen beider Kulturen zum Flamenco gitano-andaluz. Die Inhalte der Calé-Gesänge aber drückten weiterhin die Situation aus, unter deren Druck die Akkulturation zustande gekommen war. Im Cante und in seinen Texten bewahrten sie ihre Freiheit persönlichen Ausdrucks in einem »grito desgarrado« (herzzerreißenden Schrei).

Könnte ich all meine Pein
in die Bäche schütten,
das Wasser der Meere
stiege hinauf bis zum Himmel
(Soleares v. Joaquin de Paula)

Die Authentizität einer Flamencodarbietung wird heute nicht mehr daran gemessen, ob ein Gitano oder ein Payo daran beteiligt sind. Pepe el de la Matrona, der große Payo-Cantaor, meinte, es sei wichtig, »zu wissen ein Payo zu sein oder ein Gitano oder zu wissen, wie man singt und sonst nichts« (S. 226). Wichtig ist allein der gemeinsame Bezug auf den authen-tischen Flamenco gitano-andaluz.

Es fällt schwer, den Flamenco als Folklore einzustufen, obwohl viele sei-ner Merkmale dies nahelegen würden: die Einheit von Herkunft, Inter-pret, Darbietung und Zuhörer; die Begrenzung der Darbietung auf einen intimen Rahmen; die Unmöglichkeit, den Flamenco in seiner reinen Form zu kommerzialisieren. Die Zuordnung zur Folklore würde gelingen, wenn der Flamenco jenes Merkmal der Folklore aufweisen würde, das als »ständige Bewegung und Veränderung« umschrieben werden kann. Die verschiedenen persönlichen Stilistiken der Flamencokünstler und ihr Freiraum innerhalb der Darbietung sind aber in strenge formale Traditio-nen eingebettet. Zudem ist es seit langem Brauch, von Flamenco*künstlern* (artista/s) zu sprechen – eine Bezeichnung, die in der Folklore selten auf-taucht.

Caraestaca

24

Auch die Zuordnung zur populären Musik scheitert an der Unfähigkeit des Flamenco, Massen anzusprechen, und an der Schwierigkeit, einen Erfolg zu messen. Denn der Flamenco hat weniger den tosenden Applaus zum Ziel als die direkte Kommunikation mit einem kleinen Publikum, in dem ein jeder sich auf andere Weise angesprochen fühlen mag.

Folgen wir also der Bezeichnung Künstler, dann bleibt als annähernd gerechte Bezeichnung die Kunst übrig: El Arte Flamenco. Diese Bezeichnung umschreibt eine Kunstform, die nach Pepe el de la Matrona aus zwei Quellen gespeist wurde: aus der Freude und aus der Traurigkeit. Körper und Geist müssen in idealer Weise harmonieren: Intelligenz für die Führung der Stimme, Herz für die Übermittlung des Inhalts (Pepe el de la Matrona, S. 223).

Die Gitanos haben ihren Tätigkeiten im Bereich der Arte Flamenco eigene Sprachregelungen gegeben. Ihr Sänger heißt *Cantaor* (spanisch: Cantor bzw. Cantador, eher Volkssänger). Ihr Lied ist der *Cante* (nicht Canto). *Bailaor* und *Bailaora* sind der Flamencotänzer und die -tänzerin. Der Gitarrist schließlich ist der *Tocaor* (span. allgemein Tocador/Guitarrista). Im Flamenco gibt es weitere spezifische Termini wie die Bezeichnung der Kastagnetten, die nicht Castañuelas, sondern »Palillos« genannt werden.

»El Arte Flamenco« besteht aus drei wesentlichen Elementen:

Cante (Gesang)

Baile (Tanz)

Toque (Gitarre)

Den Besuchern der seit vielen Jahren in der Bundesrepublik herumreisenden Flamencogruppen wird es kaum aufgefallen sein, daß eigentlich der Cante die Krönung der Arte Flamenco ist. Die Cantaores dieser Programme agieren weitgehend im Hintergrund und werden zumeist als musikalische Begleitung der Tänzerinnen und Tänzer mißverstanden. Die Geschichte des Flamenco gitano-andaluz aber lehrt, daß der Flamenco über viele Jahrhunderte eine reine Gesangskunst gewesen ist, bei der sich der Cantaor allenfalls mit einem Stock selbst rhythmisch begleitete (à palo seco). Erst Anfang des 19. Jahrhunderts trat die Gitarre als Begleitinstrument der Cantes in Erscheinung, und schließlich kam der Tanz hinzu (zur Geschichte und zu Cante, Baile, Toque siehe ausführlich in den folgenden Kapiteln).

Die Cantes haben im Unterschied zu spanischen Canciones, zu französischen Chansons und anderen Liedern weder Refrains noch konstante Rhythmen, die sie für ein größeres Publikum leicht identifizierbar und mitsingbar machen würden. Sie vertreten keine allgemeinen Erfahrungen und kommentieren nicht geschichtliche oder politische Ereignisse. Die Themen sind Liebe, Tod, Schicksale, Moral, Religion, sozialer Status, Humor, Leute, Ehre, Sterne und übernatürliche Kräfte. Der Cante ist in seiner Stilistik als »Jondo« bzw. »Grande« Ausdruck eines kollektiven Gefühls durch einen Einzelnen. Im Vordergrund aber stehen persönliche Erfahrungen und Empfindungen der Sänger. »Was der Cantaor sucht, ist, seine persönliche Geschichte einigen konkreten Zeugen zu vermitteln« (Caballero Bonald, S. 53). Der Cantaor ist fast immer Autor seiner Texte. In wenigen Fällen übernimmt er Cantes anderer Sänger, die er auch nach eigenen Ideen verändert. Dies hat jedoch seine Grenzen in der Kraft persönlicher Ausdruckskraft in Text und Gesang: »Man kann«, wie G. Climent feststellt, »nicht in der Art von einem anderen Cantaor leiden.« Dieses Prinzip läßt den Cante flamenco weniger als einheitliche Gesangskunst denn als einen Bereich erscheinen, der über all die Jahre immer jeweils mit seinen Sängern verbunden ist. Cantaores prägten Stilistiken innerhalb der Cante-Arten, die nach ihnen benannt wurden. Man klassifiziert auch Cantes nach ihrer Herkunft »por Cádiz«, »por Triana« ... Mit dem Tod eines Cantaors endet auch der Zeitraum, in dem man seinen besonderen Cante hören konnte. In der Überlieferung bzw. Erinnerung der Flamencokünstler, der Aficionados und Cabales aber überlebt *seine* Kunst.

Climent klassifiziert die Cantaores nach drei Typen: die Ästhetizisten, die besonderen Wert auf die formalen Gesichtspunkte des Cante legen (z. B. Pepe Marchena, Juanita Valderama) – die Flamencos, mit einer reinen Harmonie zwischen Lied und Sänger (z. B. Pastora Pavón, Aurelio de Cádiz) und die sog. Freischärler, wie José Palanca, Pepe Suarez (Climent, 137). Flamencokünstler, besonders die Cantaores und Tänzer, haben keine Ausbildung. Sie sind Autodidakten und orientieren sich an der Kunst ihrer Vorbilder. Im zeitgenössischen Flamenco gitano-andaluz gibt es in dieser Hinsicht verschiedene Strömungen: Zu den Epochen des Flamenco (Primitive Phase, Flamenquismo, Neoflamenco und Posflamenco sowie Renascimiento) klassifizierten die Flamencoforscher in jüngerer Zeit auch weitere Phasen in dieser Hinsicht. Seit 1956 setzten sie den Neo-Klassizismus an, zu dem lt. Agustin Gomez auch der Mairenismo gehört, so genannt nach dem Cantaor Antonio Mairena, der sich streng an die Vorgaben früherer Cantaores hält und behauptete, daß ihm sein Ambiente nichts beigebracht habe, sondern daß er nur von den alten Meistern gelernt habe (Gomez, 47). Der Gitarrist Manolo El Caracol, nach Gomez Urheber des Caracolismo, strebt eine Abnabelung der durch Garcia Lorca und M. de Falla geprägten Vorstellungen (s. S. 32) an, will total unabhängig und frei von Flamencoforschung und Flamencogeschichte arbeiten.

Die Kunst des Flamenco mit Cante, Baile und Toque wäre unvollständig ohne »Jaleos« (Zurufe) und »Palmas« (Händeklatschen), die von den Zuhörern des Flamenco mitgetragen werden. Die »Ay's« erzeugen ein spezifisches Klima, in das hinein der Cante begonnen werden kann. Zurufe wie »Por dios!«, »Eso es!« usw. sind Zustimmung und Anfeuerung. Palmas können auch durch Fingerschnippen (pitos) oder Schlagen mit den Handknöcheln auf den Tisch ersetzt bzw. ergänzt werden.

Weitere Merkmale der Arte Flamenco sind: Stimm-Modulation (reich an Melismen), Rhythmus ($^3/_4$, $^6/_8$, $^7/_8$, $^5/_8$, $^1/_4$, $^2/_4$ Takte), Improvisation und in einem gewissen Sinne auch das Zapateo, das Fußstampfen, das erst mit dem Baile Einzug in den Flamenco gitano-andaluz hielt und wohl aus der andalusischen Volksmusik übernommen wurde. Die Bezeichnungen »Zapatero« und »Zapateria« im Sprachgebrauch der Flamencos weisen darauf hin, daß es sich bei den auf das Zapateado spezialisierten Künstlern um eine eigene Spezies handelt.

Schließlich wäre da noch der »Duende«, über den so viel gedichtet und geschrieben, aber wenig wirklich nachgedacht wird. García Lorca etwa schrieb über ihn: »Engel und Muse kommen von außen; der Engel verleiht Talent, die Muse Form ... Den Dämon (= Duende) aber muß man in den letzten hintersten Behausungen des Blutes aufrütteln. Man muß den Engel verjagen, der Muse einen Fußtritt geben und die Angst vor dem Veilchenduft verlieren, den die Poesie des 18. Jahrhunderts ausströmt, die Angst auch vor dem großen Teleskop, in dessen Gläsern die an Begrenzung erkrankte Muse schläft.« (Lorca, Teoria y juego del duende)

Selbst ein Flamencokünstler wie Juan F. Talegas vermochte seinem deutschen Befrager zum Thema Duende nur eine unbefriedigende Antwort zu geben: »Unsinn, wer hat euch Ausländern den Floh mit dem Duende ins Ohr gesetzt. García Lorca etwa? Duende, das ist wie Fieber, wie Malaria. Ich hatte nur zweimal in meinem Leben Duende. Danach mußte man mich vom Platz tragen.« (Flamenco-Studio, 7/72)

Man hat den Duende als Dämon bezeichnet, der die Flamencos tranceartig überkommt. Der Charakter des Cante jondo aber widerspricht allen Trance-Theorien. Man weiß z.B. aus den Trance-Stadien der Medien in den afroamerikanischen Kulten, daß in einem Trancezustand ein gestammelter Singsang möglich ist, aber nicht der vorhin geschilderte, intellektuell-emotionale Einsatz von Körper und Geist.

Man spricht auch davon, daß die Dämonen die Geister verstorbener Gitanos seien. Vielleicht liegt hier eine verkürzte Interpretation der von T. San Roman dokumentierten Tatsache vor, nach der bei den Gitanos ungetauft gestorbene Kinder Duendes sind.

Unser Autor Bernhard-Friedrich Schulze entwickelte über dieses Duende-Phänomen eine Theorie, die ich für sehr einleuchtend halte: Der Duende ist die Übereinstimmung zwischen innerem Hören und äußerem Klang. Wenn das, was der Cantaor in seinem Inneren spürt und vor seinem inneren Ohr bereits in Liedform umgesetzt ist, mit dem wirklich Gesungenen übereinstimmt, überkommt ihn ein Glücksgefühl, eine Art Rauschzustand. Künstler aus ganz verschiedenen Bereichen mögen das

28

gleiche Phänomen kennen. Entsprechendes gälte für die Künstler von Baile und Toque. Dieser Annahme käme Donn E. Pohrens Meinung nahe, nach der Virtuosität allein einen Flamencokünstler nicht qualifiziert: »aber es ist zwingend, daß er die Fähigkeit hat, sich mit dem Duende zu identifizieren, der Leben spendet, und er muß auch fähig sein, diese Emotion oder Serie von Emotionen seinem Publikum zu vermitteln«. (Pohren, 43)

Juergas, Cabales, Aficionados

Der Flamenco gitano-andaluz ist in hohem Maß eine solistische Kunst. Er benötigt aber zumindest immer einen Zuschauer bzw. Zuhörer, an den die »Botschaft« adressiert werden kann und von dem Zustimmung und Anfeuerung ausgehen können.
Ricardo Molina gibt folgende Kartografie des Flamenco: La Venta (ländl. Gasthof), El Cortijo (Gutshof), La Fonda (Kneipe), El Café, La Calle (Straße), La Taberna, La Plaza und El Jardin (Garten).
Einst bildete die Casa calé, das Haus, die Hütte oder die Felsenwohnung der Gitanos den natürlichen Rahmen für den Flamenco. Vom Hinterland mit seinen Gärten, Höfen und Plätzen kam der Flamenco in die Städte, auf die Straßen und Plätze, schließlich in die Kneipen, Nachtclubs und seit 1922 sogar in die Festivals in den Konzerthäusern und Theatern.
Anlässe für Flamenco-Aktivitäten sind Familienfeste, Dorffeste für den Schutzpatron oder im Fruchtbarkeitszyklus, das Kirchenjahr mit seinen Feiertagen und vor allem spontan beginnende Feiern in kleinem Rahmen, die sogenannten Juergas und Reuniones. Eine Juerga, die sich zufällig ergibt oder auch mal geplant ist, beginnt auf einer Straße, irgendwo auf dem Land oder in einer Kneipe am Nachmittag oder Abend und dauert oft bis zum Mittag oder Abend des folgenden Tages.
Man beginnt mit Essen und Trinken, mit Wein und Oliven, und erzählt sich Neuigkeiten aus der Welt des Flamenco. Ältere Flamencos steuern Geschichten aus der Vergangenheit bei, loben und beschreiben die Vorzüge bestimmter Cantaores oder Tocaores. Manch einer hebt an zu singen, um zu zeigen, wovon er spricht, ein anderer greift zur Gitarre und begeistert sich an Zitaten aus dem Spiel anderer Tocaores. Daraus entwickeln sich erste Cantes, die anfangs noch leichterer Art sind (por Bulerias), dann folgen die ernsteren. Ein jeder Cantaor, der an der Juerga teilnimmt, fühlt, wenn seine Zeit gekommen ist, seinen Cante anzustimmen. Manchmal läßt er sich auch auffordern, bestimmte Cantes zu singen.
Solch eine Juerga vermittelt noch am besten das Wesen des Flamenco. Es gibt keine Trennung zwischen Zuhörer und Akteur in der Art von Konsument und Produzent. Ein jeder nimmt in irgendeiner Form am Geschehen teil und unterstützt den oder die jeweils Vortragenden. Flamencos

29

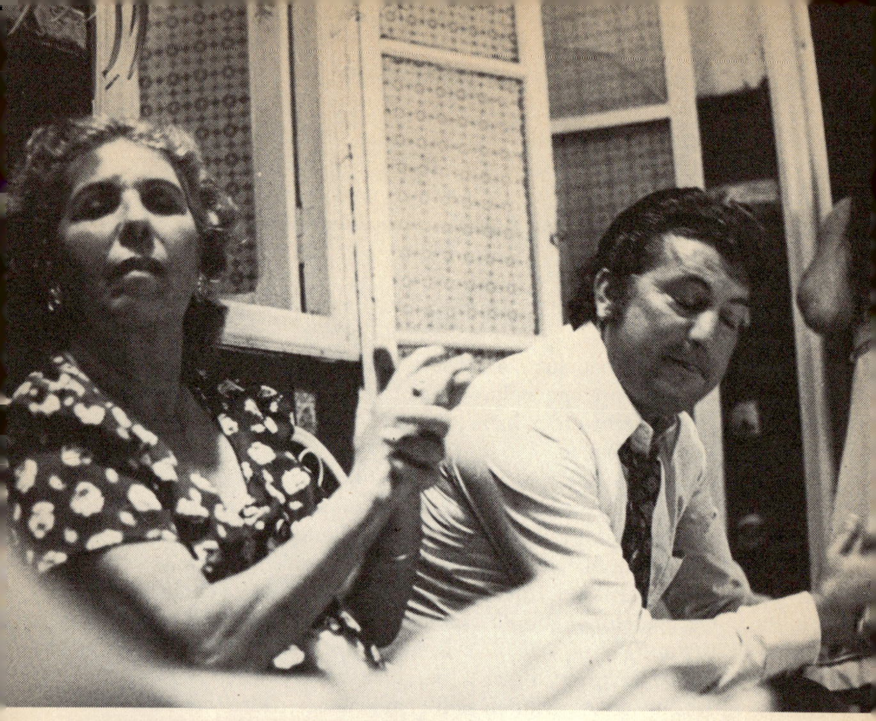

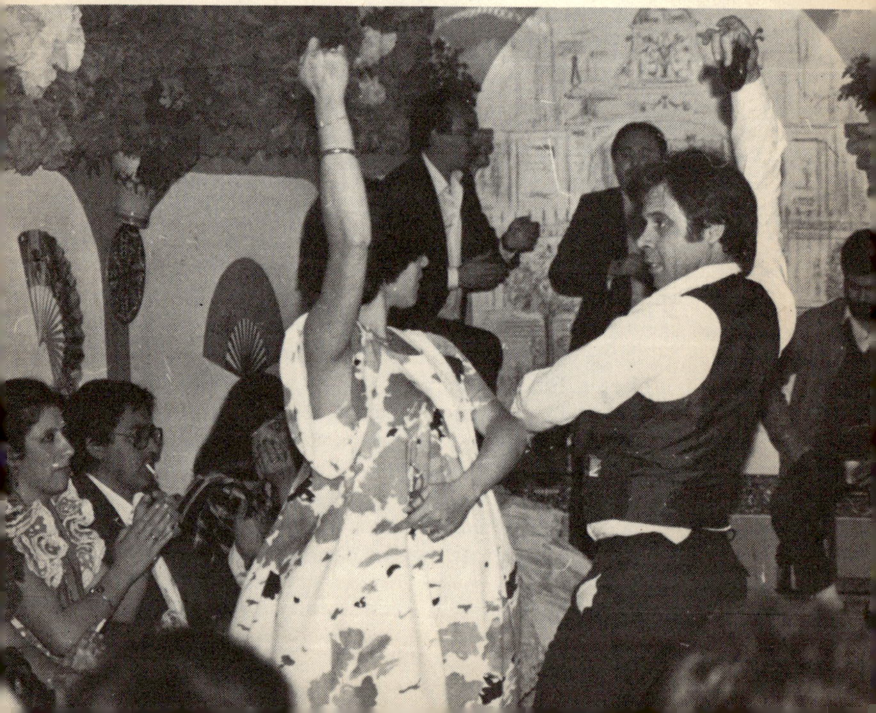

und Aficionados wechseln miteinander einstimmende »ay's«, die Zuhörer geben ihrer Zustimmung mit Zurufen wie »Ja, so ist es!« Ausdruck, unterstützen den Ablauf mit rhythmischem Händeklatschen (Palmas). Das entspricht etwa dem »Yeah, man«, das den Blues-Sängern zugerufen wird, oder dem »Falou«, das Brasilianer ihren Sambistas als Zustimmung geben. Die Atmosphäre, das Miteinander, erinnert auch an nordamerikanische Gospel-Gottesdienste.

Alkohol ist im Spiel, wenn auch in Maßen. Wein, Whiskey und Cognac lockern Flamencos und Aficionados auf. Molina über den Alkohol: »Es gibt keinen Cante ohne diese goldene Kommunion.«

Das beste Publikum des Flamenco gitano-andaluz sitzt nicht in den Stuhlreihen eines Theaters. Es sucht vielmehr diesen intimen Rahmen, dieses Gemeinschaftserlebnis, in dem einer stellvertretend für sie singt, tanzt oder spielt. Das sind die Aficionados und Cabales. Aficionados sind die Flamenco-Insider, die Liebhaber mit Wissen um die Kunst des Flamenco. Für die vollendeten Liebhaber, die Aficionados cabales, prägte Climent die Kurzform Cabales. Ein Cabal kann mehr als ein Aficionado, »sabe sentir«, er weiß, wie man fühlt.

So erreicht eine Juerga flamenca fast den Status eines Rituals, einer Zeremonie, von Religiosität. Dies ist auch der Grund, weswegen man im Flamenco so gern von Eingeweihten spricht, als bedürfe es einer bestimmten Initiation, um in den Kreis der Cabales vorzudringen. Der kleine Rahmen, in dem sich Flamenco üblicherweise abspielt, hat selbst unter dem Franco-Regime keinen Anlaß gegeben, kontinuierliche Zensur auf die Cantes auszuüben. Dem Cante fehlt die Massenwirkung. (Vereinzelt hat es im Franco-Spanien Verbote politischer Texte, bes. von Pepe el de la Matrona, s. S. 50, gegeben.)

Die Catédra de Flamencologia in Jerez wählt alljährlich unter Flamencokünstlern und Persönlichkeiten aus den Bereichen Stierkampf, unter Schriftstellern und Künstlern Andalusiens die Damas y Caballeros cabales in ihren »Orden Jonda«. Bedingung für die Wahl ist, daß der Kandidat ein(e) gebürtige(r) Andalusier(in) ist und in irgendeiner Form zum Ruhm des andalusischen Volkes (Jondos) beigetragen hat. Ausgenommen sind öffentliche Bedienstete.

Cabales und Liebe – Flamencoforschung und Öffentlichkeit

Cabales und Aficionados sind nicht zwangsläufig Gitanos. Sie kommen aus allen gesellschaftlichen Schichten: Kaufleute, Angestellte, Beamte, Politiker usw. Früher waren den Erzählungen Pepe el de la Matronas

Oben: Familienfeier bei Gitanos; unten: Sevillana

31

zufolge sogar Aristrokraten darunter, die oft ein paar Peseten springen ließen.

Manuel de Falla, der Komponist aus Cádiz (1876–1946), und Federico García Lorca (1898–1936), der Dichter aus Granada, waren Aficionados. Lorca als einer der Protagonisten des Gitanismo, der vielleicht mit der Negritude eines Senghor zu vergleichen ist (Senghor war schwarz, Lorca aber kein Gitano!), hat erstmals die Dokumentation von Cante-Texten besorgt und eigene Verse im Cante-Stil hinzugefügt (El Romancero Castellano, Romancero Gitano u. a.). R. Molina attestiert Lorca aber »überholte Fehleinschätzungen des Flamenco« (S. 74), da Lorca einen Unterschied zwischen Cante jondo und Flamenco insofern gemacht habe, als er den Cante jondo als Cante primitivo andaluz klassifizierte. Sein Glaube an die »alma musica« des Volkes hat wahrscheinlich den Blick auf die wirklichen Ursprünge des Flamenco getrübt. Sein Zeitgenosse aus Cádiz, Manuel de Falla, hat die Musik des Flamenco erforscht und Wesenszüge in viele seiner Kompositionen und Werke übernommen (z. B. seine Oper »La Vida Breve«, 1923; sein Ballett »Gitano«, 1915; »Fantasia Bética«, 1919). Lorca und de Falla waren auch die Initiatoren des Centro Artistico von Granada, das sich besonders dem Cante jondo widmete. 1922 veranstalteten sie in Granada einen ersten »Concurso de Flamenco«. Molina (s. o.) beurteilt dieses historische Ereignis rückblickend jedoch eher skeptisch. Es sei ein Fest für Intellektuelle gewesen, an dem die wahren Meister des Cante nicht teilgenommen hätten (es fehlten z. B. Pastora Pavón u. a.).

Der Flamenquismo Lorcas hatte wenig Einfluß auf andere Dichter Spaniens, die dem Flamenco lange Zeit eher mit Ablehnung begegneten. Auch Ortega y Gasset zeigte keineswegs dieselbe Begeisterung, wie er sie für den Stierkampf besaß.

Bis zum Granada-Fiasko hatte der Flamenco nicht zuletzt durch die Cafés cantantes einen großen Auftrieb erfahren. Oper und Ballett sogen die neue Kunst aus Andalusien dankbar auf. Die Gesetzmäßigkeiten dieser Genres aber ließen einer annähernd authentischen Übernahme der Flamencokunst keine Chance.

In festen Programmen und mehreren Vorstellungen pro Abend (Tablaos der Kneipen) sowie in den aufkommenden Festivals bekamen die Cafés Cantantes in dieser Zeit auch Konkurrenz.

In den Tablaos verlor der Cante inhaltliche Werte. Dafür bezahlt, ein gemischtes Publikum aus Unwissenden und Cabales zu unterhalten, versagte sich mancher Cantaor Texte, die das Publikum »schockieren« könnten. In den Tablao-Shows wurde der Flamenco zu einer revueähnlichen Vorstellung, in der Sex-Appeal und Aktion in Form von Flamenco-untypischen Zapateado-Darbietungen überhand nahmen.

Viele Städte Andalusiens besaßen zu jener Zeit Flamenco-Zentren der einen oder anderen Art, die noch heute in Anekdoten, Biografien und Historie immer wieder genannt werden: In Cádiz waren dies »La Habanera«, »Palacio de cristal«,»Corona«, »La Europa« und »Los Tres Reyes«; in Cordoba »La Bombilla« und »Los Califas« im Bairro de Mesquita; in Granada »El Carteró«, »El Polinario« und »La Ciega de la calle de la Cruz«.

Die Cabales gründeten später auch die Peñas, die Flamenco-Clubs, die sich an Veranstaltungen, Forschung und Dokumentation des Flamenco beteiligten. In Cádiz wurde 1973 die Peña Flamenca Gaditana »Enrique de Mellizo« gegründet.

Die Flamencoforschung, die mit de Falla und Lorca erste Ansätze gezeitigt hatte, wurde zunächst durch wichtige Publikationen vorangetrieben: die »Flamencologia« von Anselmo Gonzales Climent (1955), die »Geografia del Cante jondo« von Domingo Manfredi (1955). »El Cante Andaluz« von J. M. Caballero Bonald u. a. (1956), Donn E. Pohrens »The Art of Flamenco« (1962), Ricardo Molinas und Antonio Mairenas »Mundo y Formas del Cante Flamenco« (1963) sowie weitere Arbeiten von Climent, Molina, Blas Vega, Quiñones u. a. (s. Anhang).

1955 wurde in einer Schallplatten-Anthologie erstmals eine umfangreiche Dokumentation des Cante flamenco mit vielen damals lebenden Meistern des Cante veröffentlicht (s. Discographie, Hispavox, der eine weitere ein Jahr später bei Columbia folgte).

Die Flamencologia und die Flamencoforscher waren und sind auch an vielen Concursos und Festivales des Flamenco gitano-andaluz beteiligt (aktueller Stand s. Anhang).

Seit 1958 öffnete sich in zunehmendem Maße auch die Wissenschaft dem Flamenco, nachdem die zuvor genannten Autoren wesentliche Forschungsergebnisse, aber auch die Forderung nach weiterer Forschung auf den Tisch gelegt hatten. Es ist interessant, daß die wenigsten von ihnen Wissenschaftler waren und sind, sondern Journalisten und Schriftsteller.

Die Catédra de Flamenco de Jerez wurde 1958 ins Leben gerufen und veranstaltete 1961 in Cádiz den ersten Curso Nacional de Cante Andaluz. Es folgten Malaga (1963, Semanas de Estudio Flamenco), Sevilla (1964, Semana Nacional Universitaria de Flamenco) und Madrid (1968, Centro de Estudios de Musica Andaluza y de Flamenco, UNESCO). 1972 wurde das Museu del Arte Flamenco in Jerez eröffnet (s. auch Anhang).

Die Flamencoforschung beschäftigte sich auch mit den Beziehungen des Flamenco zur lateinamerikanischen Musik. Pepe el de la Matrona und andere Flamencokünstler gastierten in den zwanziger Jahren in Cuba und brachten von dort die Stilvariante Rumba Flamenca als Rumba Gitana mit. Guajiras und Puntos aus Cuba, Milongas vom La Plata und Columbianas, die in Kolumbien als Canciones Columbianos der kubanischen Habanera verwandt sind, fanden ebenfalls den Weg nach Andalusien.

33

Im vergangenen Jahrhundert wanderten viele Gitanos freiwillig und unfreiwillig (Deportationen) nach Santiago de Chile, Montevideo und Buenos Aires aus. A. Gonzalez Climent gibt eine stattliche Namensliste von Flamencokünstlern am La Plata wieder, die dort geboren sind oder von dort aus nach Spanien kamen.

Es ist schließlich kein Geheimnis, daß die iberische Musik und besonders auch die andalusische Musik überall in den hispano-amerikanischen Ländern bedeutende Spuren hinterlassen hat. Es bleibt jedoch vage Theorie, daß an den Entwicklungsprozessen lateinamerikanischer Musik in irgendeiner Form auch der Flamenco gitano-andaluz beteiligt sein könnte. Fandango, Zarabande und Chacona, die von Cervantes als Varianten »de las Indias« (aus Indien) beschrieben wurden, werden hier immer wieder genannt. Aus meiner konkreten Kenntnis der lateinamerikanischen Musik ergeben sich überhaupt keine Anhaltspunkte der Mitwirkung des Flamenco gitano-andaluz an der Entstehung dortiger musikalisch-tänzerischer Formen. Dagegen spräche auch, daß die lateinamerikanische Musik im wesentlichen das Produkt eines Akkulturationsprozesses unter den Amerindern oder Afrolatinern ist, die in erster Linie höfische Tänze wie Menuett, Kontertänze, Quadrillen, Walzer und Polka der Herrschenden mit ihren amerindischen oder afrikanischen Liedern und Tänzen mischten. Die iberische Volksmusik ist ebenfalls akkulturativ eingeflossen, denn schließlich waren auch die Siedler Spaniens gegenüber den Indios und Afrikanern ein Teil der besitzenden Klasse. Unmöglich sich vorzustellen, daß die zahlenmäßig viel geringeren Gitanos in ihrer gegenüber anderen Siedlern niederen sozialen Stellung einer Akkulturation in umgekehrter Richtung die Vorlagen geliefert hätten.

Die Kultur der Europäer traf in Lateinamerika auf Kulturen der amerindischen Ureinwohner mit ganz unterschiedlichem Niveau zwischen Selva und Küstenregion. Jedoch waren sowohl bei den Naturvölkern als auch bei den Hochkulturen der Kolonialepoche musikalisch-tänzerische Äußerungen gemeinschaftliche Aktionen mit vorwiegend rituellen Inhalten.

Der Flamenco gitano-andaluz (in seinen Frühformen des 17. und 18. Jahrhunderts) war jedoch eine zutiefst solistische Kunstform, die kollektiv erlebt wurde. Daher ist wahrscheinlich, daß die Folklore Andalusiens, die ja auch den Flamenco speiste, als im Kollektiv ausgeübtes Brauchtum in diesem Sinne vertrautere Vorlagen einer Vermischung der musikalisch-tänzerischen Strukturen anbot.

Neue Zeiten?

Mit den neuen Massenmedien unseres Jahrhunderts hat für den Flamenco auch eine neue Zeit begonnen. Es gibt nur wenige gute Flamencofilme wie der preisgekrönte »Los Tarantos« (u. a. mit Carmen Amaya, La Singla

34

und Antonio Gades) oder Edgar Nevilles »Duende y misterio del Flamenco« (1964). Aber Sauras »Carmen« und »Bluthochzeit«? Mit Flamenco haben diese Filme kaum Gemeinsamkeiten, so gut sie gemacht sind und so exzellent Antonio Gades und seine Truppe tanzen.

Flamenco als Kunst der Cantaores, Bailaores und Tocaores, in der sich die Künstler einem intimen Kreis von Zuschauern in einem Klima der Vertrautheit und Wahrheit präsentieren, könnte fragwürdig werden, wenn er dank Video- oder Ton-Aufzeichnung jederzeit wiederholbar wird – ganz gleich, an welchem Ort und vor welchen Menschen. Der Cantaor Cepero allerdings beklagt sich: »Die Aficionados, die sich mit dem Cantaor vereinigen können, gibt es schon nicht mehr«. (Climent, 159) Sicher haben die frühen Aufzeichnungen von Cantes auf Schallplatte Forschern und Aficionados unschätzbare Dokumente erhalten. Und gewiß läßt sich die moderne Magnetaufzeichnung nicht wegen dieser besonderen unmittelbaren Intimität des Flamenco ächten. Im Gegenteil: Platte und Video ersetzen manchen Flamencokünstlern schon den direkten Kontakt auch mit denen, die eigentlich ihre persönlichen Meister sein sollten. Cabales und Flamencologen sehen dies nicht gern, bejammern einen »Verlust des Mysteriums des Flamenco«. Es stellt sich aber die Frage, ob diejenigen, die den Flamenco beschreiben, erforschen und als Insider-Gruppe bisher begleiteten, auch berechtigt sind, über Entwicklungen zu urteilen, die von den Künstlern selbst vollzogen werden. Dies ist das in anderen Kulturbereichen ebenfalls bekannte Problem der allzu großen Einflußnahme durch Nicht-Aktive. Es gibt moderne Ansätze für den Flamenco, die Marion Papenbrok am Ende ihres Kapitels schildert. Die Verbindung von Flamenco und Theater wäre aber nur *eine* Lösung der jungen Flamencos, ihre Kunst unserer Zeit anzupassen.

Jazz und Rockmusik sind nicht nur moderne Musizierformen, sondern auch zeittypischer Ausdruck bestimmter Generationen. Eine Verbindung von Flamenco und moderner Popmusik liegt durchaus im Bereich des Möglichen. Man muß dann nur die Frage stellen, ob z. B. ein Flamenco-Rock noch zum Flamenco gitano-andaluz gerechnet werden darf. Gibt in dieser Verbindung der Flamenco nicht wesentliche Charakteristika preis? Gleichzeitig aber fragt man sich, ob eine Ansprache der andalusischen Jugend, also auch der jungen Gitanos, diese Verbindung geradezu herausfordert – will der Flamenco nicht zu einer aussterbenden Kunst werden. »Los Chunguitos« nennt sich z. B. ein Trio, das drei Gitanos von der Extremadura nahe der portugiesischen Grenze gebildet haben. 1981 wurden sie mit zwei Songs aus dem Carlos Saura-Film »Deprise, Deprise« im Stile des Flamenco-Pop in ganz Spanien populär. In dieser Form ist der Flamenco für ein Massenpublikum nicht nur »leichter verdaulich«, sondern sicher auch akzeptiert.

Der Flamenco kann bestimmte rhythmisch-melodische Eigenheiten in die

Popmusik einbringen. Dies ist nicht erst in der Rockmusik unserer Tage geschehen und berechtigt nicht, in diesem Falle von kommerzialisiertem, verwässertem Flamenco zu sprechen, solange es gleichzeitig den authentischen Flamenco weiterhin gibt.

Die Popmusik hat in den Strukturen des Flamenco immer wieder Anregungen gefunden. Selten sind in diesem Bereich wirklich innovative Fortschritte geglückt, wie man sie derzeit bei den »Canti Romanti« des Gitano-Bailaor Candy Roman beobachten kann.

Im Jazzbereich hat es Zusammenführungen von Flamencos und Jazzmusikern wie Albert Mangelsdorff gegeben. Olaf Hudtwalcker, Kunsthändler, Jazzfreund und Flamenco-Aficionado, erzählte, daß Albert Mangelsdorff den Tänzer Caraestaca »wegen seinem ungeheuren Beat« spontan umarmt habe. Der Baske Pedro Itturalde spielte mit seinem Quartett und Paco de Lucia 1967 die SABA-LP Flamenco-Jazz ein. Miles Davis/Gil Evans (Sketches of Spain) und John Coltrane (Olé) haben Flamenco, wie sie ihn von de Falla und anderen Quellen kannten, in ihren Kompositionen verarbeitet. Paco de Lucias strenge Gitarre ist in den gemeinsamen Aufnahmen mit John McLaughlin und Al di Meola sicher ein wichtiges Element der Gruppe.

Das Ende der Franco-Epoche hat im Grunde die Phase der Stagnation der Flamencokunst in eine zweite Renaissance übergehen lassen. Unter Franco war der Flamenco wegen der ihm eigenen literarischen Freiheit wenig gelitten. Mit der neuen sozialistischen Regierung, deren Chef selbst Andalusier ist, rückten auch auf sie eingeschworene neue Alcaldes (Bürgermeister) in die Stadtverwaltungen Andalusiens nach, die seither dem Flamenco weitaus mehr Beachtung als ihre Vorgänger schenken. Mit oder ohne die Unterstützung von Cabales und Penas entstanden viele neue lokale Flamenco-Festivals und Concursos.

Neueste Berichte aus Andalusien lassen allerdings schon wieder das Aufkeimen eines Anti-Gitanismo erkennen. Dem Flamenco gitano-andaluz täte dies – bei aller Kritik an jeder Diskriminierung – gut, denn Druck erzeugt Gegendruck und könnte somit in irgendeiner Form eine Stärkung des Flamenco von innen heraus zur Folge haben.

Vielleicht haben besonders die Gitanos unter den Flamencokünstlern zu lange Zeit Zugeständnisse an ein großes Publikum gemacht. Solange es Cantaores, Tocaores und Bailaores gab, war die Existenz des Flamenco gitano-andaluz zu keiner Zeit gefährdet. Sein Charakter widerspräche im Grunde jedem Versuch der Kommerzialisierung. Die fehlende Wirkung des reinen Cante auf ein großes, anonymes Publikum hat ihn auch vor politischen Repressionen weitgehend geschützt. Der Flamenco gitano-andaluz kann somit durch äußeren Einfluß so lange nicht als Kunst zugrunde gehen, solange nicht innere Entwicklungen dazu Anlaß geben.

36

MARION PAPENBROK

Zur Geschichte des Flamenco

Was ist das – Flamenco?

In den zahlreichen Versuchen, die Herkunft des Wortes »Flamenco« zu erklären, spiegelt sich weniger die Sachkenntnis des jeweiligen Autors als das Bestreben, eine möglichst originelle Herleitung zu finden. Ricardo Molina (Molina 1971, S. 19) nennt einige dieser angeblichen Wortwurzeln, die man vor allem im Arabischen suchte: felag-mengu (wandernder Bauer), felaicum oder felahmen ikum (Bauer) oder felagenkum bzw. flahencou (maurische Gesänge der Alpujarra).

Bei all diesen gewundenen Interpretationen wird etwas Wesentliches vergessen: Erst ab Ende des 18. Jahrhunderts war das Wort »Flamenco«, das ursprünglich nur »Flame, flämisch« bedeutete, auch ein Synonym für »Gitano«, bezeichnete also einen spanischen Roma. (Das macht die Herleitung aus dem Arabischen, 350 Jahre nach der Eroberung Granadas, nicht gerade plausibel.) Mit größter Wahrscheinlichkeit erklärt sich diese Bedeutungsverschiebung aus dem Argot den 18. Jahrhunderts, in dem »flamenco« als Adjektiv den Sinn von »prahlerisch, forsch« hatte, mit einem leicht negativen Unterton. Diese Bedeutung geht mit ziemlicher Sicherheit auf die flandrischen Soldaten Karls V. zurück, deren arrogantes Auftreten dazu führte, daß »flamenco« nicht mehr nur im regionalen, sondern im übertragenen Sinn benutzt wurde. Bis zum Zeitpunkt, da man die Gitanos mit diesem Namen zu bezeichnen begann, hatte sich die abwertende Nuance des Wortes aber schon wieder verloren, so daß Karl III., der 1782 die jahrhundertelange Verfolgung der Gitanos beendete, »Flamenco« als Ersatz für das unbeliebte »Gitano« vorschlagen konnte. (Bis heute hat sich übrigens auch diese Bedeutung des Wortes erhalten, die – schwer übersetzbar – eine bestimmte Haltung zum Leben bezeichnet: Stolz, Selbstbewußtsein, Stil. Auch für besonders kühne Stierkämpfer wird es benutzt.)

Dementsprechend war also »música flamenca« im Sprachgebrauch der Zeit schlicht »Zigeunermusik« – all denen zum Trotz, die sich weiterhin weigern, den Gitanos die Rolle der Schöpfer der Flamencomusik zuzugestehen.

Erst am Ende der jahrhundertelangen Verfolgungen der Gitanos, d. h.

nach 1782, trat diese Art von Musik überhaupt aus dem bis dahin für Außenstehende unzugänglichen Zirkel der Gitano-Familien heraus. Zumindest bis 1860 wurde sie ausschließlich von Gitanos interpretiert, von denen dann auch allmählich die »Payos«, die Nicht-Gitanos, zu lernen begannen.

Inzwischen ist die musikalische Bedeutung von Flamenco nicht mehr so eindeutig wie vor 200 Jahren, im Gegenteil. Fast jeder Autor, der über dieses Thema schreibt, versucht sich (ähnlich wie bei der sprachlichen Herleitung des Wortes) in neuen, oft nur ihm selbst verständlichen Definitionen des Begriffes und Klassifikationen der damit bezeichneten Musikformen.

Als konkurrierender Begriff dient oft »Cante jondo« (= andalusische Aussprache für »hondo« = tief, tief empfunden), der als reinste, ursprünglich tragische Form einem angeblich vordergründigen (González Climent, S. 158) oder zu stark »akademisch« formalisierten (Caba, S. 7) Flamenco entgegengestellt wird. Auch eine Einteilung des Flamenco in Cante grande und Cante chico wurde von J. Carlos de la Luna versucht. Diese Begriffsbestimmungen kranken aber daran, daß sie stark vom subjektiven Eindruck des jeweiligen Autors abhängen und wenig allgemeine Verbindlichkeiten haben – irgendwann, so scheint es, werden die Definitionskriterien beliebig.

Molina (Molina, 1971, S. 21 ff.) richtet sich nach der historischen Entwicklung der verschiedenen Formen des Flamenco; damit gelingt ihm m. E. die beste Systematisierung der Cantes und Bailes, die unter dem Namen Flamenco zusammengefaßt sind.

Ausgehend vom Cante, dem Gesang (der Baile – Tanz – ist in der historischen Entwicklung sekundär), definiert er Flamenco als »Cante gitanoandaluz« und nennt dementsprechend zwei Hauptgruppen von Cantes:

– Cante gitano: die musikalischen Formen, die von den im 15. Jahrhundert eingewanderten Gitanos entwickelt wurden, und

– Cante andaluz (agitanado): die Folklore Andalusiens, die Allgemeingut aller Volksgruppen war und erst relativ spät von den Gitanos aufgegriffen und umgestaltet wurde, ca. im 19. Jahrhundert.

Zur ersten Gruppe zählen Toná, Soleá, Siguiriya, Tango und Bulería; zur zweiten die zahlreichen Varianten des Fandango und der Cantiñas, wie z. B. die Alegría.

Molina nennt noch die Gruppe der »Cantes folklóricos aflamencados«, Volkslieder und -tänze aus Andalusien, aus anderen spanischen Provinzen oder aus Südamerika, die nur geringfügig vom Flamenco beeinflußt wurden und nicht mehr zum Cante gitano-andaluz gezählt werden können. Hierzu gehören die Sevillanas, die Farruca, der Garrotín und die aus Cuba stammende Rumba. Eine Sonderstellung nehmen auch die Cantes

38

und Bailes ein, die auf dem Sacromonte entstanden, heute allerdings längst durch kommerziellen Pseudo-Flamenco ersetzt worden sind. Sie sind eine spezielle, stark arabisch geprägte Variante spanischer Gitano-Folklore, am ehesten noch mit den Tangos gitanos verwandt, z. T. mit Chorbegleitung und Anklängen an Bauchtanz. Sie werden ebenfalls nicht mehr zum Flamenco gezählt.

Ganz klar Stellung bezieht Molina zu der Frage, wie stark der Anteil der Gitanos an der Schöpfung des Flamenco sei: Sie seien die »Schmiede«, die aus dem »Metall« der andalusischen Musik den ursprünglichen Flamenco geformt hätten – ein einzigartiges Produkt, das sich weder in anderen Provinzen Spaniens noch bei Roma anderer Länder findet. Die Hartnäckigkeit, mit der immer noch, vor allem in Spanien, die These vertreten wird, die Gitanos seien »bloße Interpreten« ohne eigene Kreativität, zeigt das ambivalente Gemisch aus Neid und Bewunderung, Furcht und Verachtung, das diesem Volk seit jeher entgegengebracht wird.

Die Geschichte der Roma

Linguistische Untersuchungen brachten vom 18. Jahrhundert an zunehmend Gewißheit über die indische Herkunft der Roma. Von dort wanderten sie etwa im 9./10. Jahrhundert n. Chr. aus. Wahrscheinlich stammt die Mehrheit von ihnen aus der Provinz Punjab, im Nordwesten Indiens. Da der indische Anteil in den verschiedenen heutigen Varianten ihrer Sprache nicht einheitlich ist, liegt der Schluß nahe, daß ihre Vorfahren aus verschiedenen Provinzen mit verschiedenen Sprachen kamen. Natürlich ist es äußerst schwierig, eine genaue regionale Herkunft nach so langer Zeit zu rekonstruieren.

Ähnliche Probleme wirft die Frage auf, ob die Vorfahren der Roma derselben Kaste angehörten, und wenn ja, welcher. Clébert hält sie für Unberührbare (Clébert, S. 125–126), Kochanowski für Rajputs, also Angehörige der Kriegerkaste (Vortrag auf dem 2. Roma-Festival in Chandigarh, 1983).

Für die erste Hypothese spricht die erstaunliche Übereinstimmung der »klassischen« Roma-Berufe mit den Tätigkeiten, die im Buch des Manu als unrein und deshalb den niedrigen Kasten zugehörig bezeichnet werden, wie Handel mit Tieren, Handlesen, Akrobatik, Musik und Tanz, Tierdressur und Metallverarbeitung.

Für die zweite Hypothese spricht das allgemein verbreitete »aristokratische« Bewußtsein der Roma, ihre immer wieder geschilderte Gewohnheit, sich bei der Einwanderung nach Europa mit Adelstiteln vorzustellen, und der auffallende Schutz, den sie zunächst von seiten der europäischen Adligen genossen.

39

Es ginge jedoch sicher zu weit, aus Berufen und Verhaltensweisen der Roma ca. 500 Jahre nach ihrem Auszug aus Indien auf ihre Lebensweise und gesellschaftliche Stellung in ihrem Ursprungsland schließen zu wollen. Zu viele Fragen sind ungeklärt – etwa, aus welchen Gründen sie Indien verließen; ob sie dort bereits nomadisierten; ob sie die Berufe, die sie heute noch überwiegend ausüben, aus ihrer Heimat mitbrachten oder erst während der Wanderjahre entwickelten, entsprechend den jeweiligen Gegebenheiten und Erfordernissen. Immerhin ist die berufliche Variationsbreite der Roma in den verschiedenen Ländern (oft auch zwischen Gruppen im selben Land) sehr groß, der Prozeß der Entwicklung neuer Berufe längst nicht abgeschlossen. Nicht umsonst leiten sich die Namen einiger Roma-»Stämme« von den Tätigkeiten ab, die sie hauptsächlich ausgeübt haben und durch die sie sich von anderen Gruppen unterscheiden: Kalderara (Kupferschmiede), Ursari (Bärenführer), Lovara (Pferdehändler) usw. Wo und wann genau diese Spezialisierung eingesetzt hat, dürfte schwierig zu rekonstruieren sein; die Berufe sind also kaum geeignet, die Roma als ehemalige Parias einzuordnen.

Ebensowenig ist aber auch der oft bezeugte Status des Adligen ein Beweis für die tatsächliche Zugehörigkeit zur Adelskaste. Es kann sich hier schlicht um eine Überlebensstrategie handeln: Als »Personen von Stand« könnten die Roma versucht haben, Vertrauen und gute Behandlung des Adels zu gewinnen – wie man weiß, gelang dies nur für kurze Zeit. Der Konflikt in Europa war vorprogrammiert.

Während des Zuges durch Asien und den Vorderen Orient ähnelte die Lebensweise der Roma der ihrer provisorischen Heimatländer offenbar genug, um nennenswerte Konflikte mit der dortigen Bevölkerung zu vermeiden; zumindest sind keine solchen Konflikte überliefert. Dies änderte sich in Europa aber bald: Nachdem die Bevölkerung zunächst die Fremden als Pilger und Adlige bestaunt oder bemitleidet und die Herrschenden ihre Fähigkeiten als Waffenschmiede und Soldaten ausgenutzt hatten, verschlechterte sich die Situation rapide, als man ihre Dienste nicht mehr brauchte.

Von nun an waren die Roma bestenfalls eine lästige Konkurrenz für die in Zünften organisierten Handwerker, im schlimmsten Fall aber galten sie als ohne anerkannten Beruf umherziehendes Gesindel, dessen fremdartige Sitten und Tätigkeiten (Handlesen, Wahrsagen, Heilkunst, Tierdressur) sie bald in den Geruch der Hexerei brachten. Daß sie außerdem, wie viele Bevölkerungsgruppen im von Kriegen, Hunger und Pest verwüsteten Europa, oftmals zum Stehlen gezwungen waren, um überleben zu können, und daß sich gelegentlich entlaufene Verbrecher oder abtrünnige Mönche und Nonnen als Roma ausgaben (sich ihnen auch teilweise anschlossen), vergrößerte ihre Beliebtheit nicht gerade. Verfolgung, Vertreibung, Versuch zur Zwangsassimilierung – das waren die Kennzeichen

40

einer bald überall in Europa betriebenen »Zigeunerpolitik«. Auch Spanien machte da keine Ausnahme.

Spanien, besonders der Süden, scheint den Roma besonders gefallen zu haben. Die stark orientalisch geprägte Kultur Andalusiens und eine größere Toleranz von seiten der Bevölkerung erleichterte ihnen eine relativ bessere Integration als in anderen Provinzen.

Unklar ist immer noch, ob sie nur vom Norden her in die iberische Halbinsel einwanderten (1447 wurde in Barcelona zum ersten Mal ihr Auftreten dokumentiert) oder auch von Süden, über die Straße von Gibraltar. Angesichts der jahrhundertelangen Mobilität der Roma, immer wieder unterbrochen durch längere Seßhaftigkeit, z. B. in Vorderasien, ist nicht einzusehen, warum sie ausgerechnet Nordafrika gemieden haben sollten. Daß ihr Durchzug durch diese Länder nirgends dokumentiert wurde, ließe sich dadurch erklären, daß dort eine vielfältige, größtenteils nomadisierende Bevölkerung lebte, unter denen sie weder durch ihr Aussehen noch durch ihre Lebensweise aufgefallen wären.

Bis heute besteht eine deutliche interne Trennung zwischen den nord- und den südspanischen Gitanos (außerdem leben in Nordspanien heute etliche Kalderara, die von den Gitanos als »Húngaros« bezeichnet werden und einer ganz anderen Gruppe angehören). Auffällig ist die Tatsache, daß diese beiden Gruppen zwar nicht miteinander verfeindet sind und sich auch gegenseitig als Gitanos anerkennen, jedoch keine Heiratsverbindungen untereinander eingehen. Die Vermutung liegt nahe, daß es sich hier um zwei Gruppen mit unterschiedlicher historischer Entwicklung handelt.

In ihrem Schicksal jedoch unterschieden sich die beiden Gruppen weder voneinander noch von den Roma im übrigen Europa. Anfänglich gut aufgenommen, wurden sie bald geächtet, verfolgt und schließlich gejagt wie wilde Tiere. Der im 16. Jahrhundert veranlaßten Einrichtung von »Gitanerías«, Zigeunerghettos, in denen dieses Volk sein Nomadenleben »verlernen« sollte – dem weiterhin Wandernden drohte u. a. die Galeere –, folgte kaum 100 Jahre später die Auflösung eben dieser Ghettos: Die Gitanos sollten unter der übrigen Bevölkerung verstreut werden, vom Akkerbau leben und ihre Kultur völlig aufgeben.

Die Gitanos wurden keine Ackerbauern und ließen auch ihre Sippen nicht auseinanderreißen und getrennt ansiedeln. Sie zogen ein unstetes, illegales Leben vor. Dabei kam es besonders in Andalusien zu einem jahrhundertelangen Zusammenleben mit anderen Verfolgten, denen man seit der »Reconquista« (die mit der Rückeroberung Granadas als letzter maurischer Bastion als abgeschlossen galt) ebenfalls das Recht auf die eigene Kultur absprach: den Juden und Moriscos.

41

Andalusien

Kaum eine andere Gegend Europas hat eine so wechselvolle Geschichte, ist von so vielen Völkern durchzogen, besiedelt und beherrscht worden wie Andalusien. Phönizier, Griechen, Römer, Westgoten und Mauren eroberten das vom Meer und über die Straße von Gibraltar leicht zugängliche Land. Die intensive Durchdringung verschiedener Kulturen und der häufig gewaltsame Wechsel der Herrscher und der mit ihnen jeweils dominierenden Kultur haben diese Provinz geprägt. Für die Entwicklung des Flamenco hat das reiche musikalische und poetische Leben Andalusiens eine große Rolle gespielt; untrennbar damit verbunden ist das allgegenwärtige tragisch-anarchistische Lebensgefühl.

Von den musikalischen Elementen, aus denen sich die andalusische Volksmusik entwickelte, welche die Gitanos bei ihrer Einwanderung vorfanden, sollen hier nur diejenigen genannt werden, die als gesichert gelten und vom 8. bis zum 15. Jahrhundert wesentlich zur Entwicklung einer andalusischen Musikkultur beitrugen:

– altindische Notensysteme, die auf dem Umweg über Persien durch den Sänger und Dichter Zyriab nach Spanien kamen, wo dieser unter der Herrschaft Abderrahmans II. Gesangsschulen unterhielt;
– maurische Gesänge und Tänze, deren Einfluß bis ins 17. Jahrhundert reichte, besonders im westlichen Andalusien;
– jüdische Synagogenlieder, vom 9. bis zum 15. Jahrhundert;
– mozarabische Volkslieder, zu denen als wichtigste die »Jarchyas« und »Zamras« (oder »Zambras«) gehörten.

Alle diese Einflüsse fielen auf fruchtbaren Boden bei einer Bevölkerung, die von jeher eine große Begeisterung für Musik und Tanz hatte – bereits Juvenal erwähnte voller Bewunderung die Künste der Tänzerinnen im antiken Cádiz.

Auch für die Poesie scheint der Andalusier besonders begabt zu sein. Bis heute ist die weitverbreitete Fähigkeit, spontan poetische Metaphern zu bilden, ebenso erstaunlich wie die Sensibilität für Lyrik, unabhängig von formaler Schulbildung.

Allerdings war in der Geschichte Andalusiens die Realität weniger poetisch. Die jeweiligen Herrscher brachten ja nicht nur Musik und Poesie, sondern vor allem Unruhen, neue Gesetze und neue Kulte.

Besonders die Herrschaft der katholischen Könige hatte tiefgreifende Folgen. Durch die Ausweisung oder Zwangsbekehrung von Juden und Moriscos, durch Razzien und Gewissenskontrollen schufen sie ein Klima der Angst und Unsicherheit.

Aber auch wirtschaftlich ging es bergab. Die Landwirtschaft und das Finanzwesen, die sich jahrhundertelang, besonders im Süden der Halbinsel, in den Händen von Moslems und Juden befunden und die Grundlage auch

für ein blühendes kulturelles und wissenschaftliches Leben gebildet hatten, wurden von den weniger erfahrenen christlichen »Conquistadores« in kurzer Zeit ruiniert. Die Volksmassen verarmten, das Land wurde nach und nach von den Meistbietenden aufgekauft: die Latifundienwirtschaft, unter der Südspanien bis heute zu leiden hat, degradierte die ehemaligen

Bauern zu rechtlosen Tagelöhnern. Im 18. und 19. Jahrhundert waren in Andalusien 4–7 Prozent der Bevölkerung Eigentümer des Landes, 70 Prozent völlig mittellos. Das Land wurde von Hungersnöten heimgesucht, bei denen die besitzlosen Massen über keinerlei Reserven verfügten. Díaz del Moral schildert in seiner »Historia de las agitaciones campesinas« die Situation in einigen andalusischen Dörfern Mitte des 19. Jahrhunderts: Täglich starben Menschen am Hunger, und Frauen boten ihr abgeschnittenes Haar zum Verkauf an, um ihre Kinder ernähren zu können (Díaz del Moral, S. 63–64). In dieser Umgebung und unter diesen Bedingungen lebten auch ca. 40 000 Gitanos, vor allem in der Gegend um das Weinbauzentrum Jerez de la Frontera.

Man kann jedoch sagen, daß sie in Andalusien, verglichen mit anderen Provinzen, etwas günstigere Lebensbedingungen hatten. Die harten, repressiven Gesetze wurden hier weniger streng durchgeführt. Die Protektion von seiten des Adels hielt länger an als anderswo. Oftmals fungierten Adlige als Taufpaten und Namensgeber – daher die Häufigkeit bestimmter Familiennamen unter den Gitanos, wie Vargas, Heredia oder Reyes.

Das relativ einige und solidarische Zusammenleben von Gitanos und Andalusiern der unteren sozialen Schichten, deren Lebensweise und gesellschaftliche Stellung der der Gitanos ähnelte, und die Zuwendung der Oberschicht, die es sich leisten konnte, sich zu den deklassierten Gitanos »herabzulassen«, ist übrigens charakteristisch für mehrere Länder. Andalusien, das lange Zeit die Besitzverhältnisse der Feudalherrschaft konservierte und bis heute kaum einen bürgerlichen Mittelstand hat, erlebte daher auch nicht sehr ausgeprägt die spezielle, in vielen Ländern tödliche Ablehnung der Roma von seiten der aufstrebenden Bourgeoisie, die sich in ihrem Selbstverständnis bedroht sah. Seit dem 16. Jahrhundert wurde eine recht große Anzahl von andalusischen Gitanos seßhaft; ihre »Gitanerías« in Sevilla, Jerez, Cádiz und Granada waren offenbar nicht auf Druck der Herrschenden, sondern auf eigene Initiative entstanden und existierten (unterbrochen immerhin doch durch einige Auflösungs- und Vertreibungsmaßnahmen, von denen sie nicht verschont blieben) bis in unser Jahrhundert hinein als ausschließliche Wohnviertel der Gitanos.

Diese frühe Seßhaftwerdung, die nach dem Erlaß Karls III. von 1782, zu menschenwürdigen Bedingungen erlaubt und bald in ganz Spanien zur vorherrschenden Lebensweise wurde, ist übrigens auch ein Beweis dafür, daß es keinen »zigeunerischen Wandertrieb« gibt: Wo immer es den Roma ermöglicht wurde, zwischen reisender und seßhafter Lebensweise zu wählen, entschieden sie sich für die wirtschaftlich und sozial günstigste Lösung, und das konnte eben auch ein dauerhaftes Leben in Häusern sein. Gründe für die Beibehaltung des Reisens waren (und sind) vorwiegend die Diskriminierung durch die Mehrheitsgesellschaft und eine berufliche Orientierung, die einen häufigen Ortswechsel erfordert. Wenn ein solches

44

Gewerbe nicht mehr genug einbringt und Roma die Möglichkeit haben, auf andere Weise ohne wesentliche Behinderungen zu leben und zu arbeiten, ist ein Übergang zur seßhaften Lebensweise sinnvoll und wahrscheinlich. Dies geschah auch in Spanien nach Aufhebung der »Berufsverbote« für Gitanos, denen dann auch erlaubt wurde, sich in beliebig großer Anzahl am selben Ort anzusiedeln.

Erste Zeugnisse des Flamenco

Zwischen der Einwanderung der ersten Roma in Spanien und den ersten schriftlichen Zeugnissen über ihre Musik liegen mehr als 300 Jahre. So erwähnt Cadalso in seinen »Cartas marruecas« 1774 den Polo, den er als Besucher eines privaten Festes bei Gitanos hört (Cadalso, S. 77 ff.). In dieser Zeit war es den Gitanos auch in Andalusien noch nicht möglich, sich völlig unbehindert in der Öffentlichkeit zu bewegen und etwa durch Musikdarbietungen Aufmerksamkeit zu erregen. Diese blieben strikt auf den Familienkreis und gelegentliche Gäste beschränkt.

Nach dem historischen Erlaß von 1782 jedoch trat die Musik der Gitanos aus ihrer hermetischen Abgeschlossenheit heraus, und von da an werden auch die Autoren, spanische wie ausländische, immer zahlreicher, die diese bisher unbekannte Kunst beschreiben. Viele der dort genannten Bezeichnungen von Liedern und Tänzen sagen dem heutigen Leser nichts mehr – diese Formen sind offensichtlich ausgestorben. Aber auch bei den Namen, die uns vertraut sind, können wir nichts Sicheres darüber aussagen, wie diese Lieder geklungen haben mögen. Denn schon ein Vergleich der Stile, die wir seit der Einführung der Tonaufnahme kennenlernen konnten, zeigt sowohl die großen Unterschiede von einer Region zur anderen als auch die oft rasche, stark von der Persönlichkeit des Interpreten abhängige Weiterentwicklung. Trotz des strengen Formenkodex, der für den Flamenco gilt, ist die Variationsbreite bis heute groß – die wenigen Stile, die praktisch keinen Raum für Improvisation lassen, wie Polo und Caña, gelten als »museale« und leblose Cantes ohne große Ausdruckskraft.

Gesungen wurde in der Zeit, in der eine größere Anzahl von Beobachtern über den Flamenco schreibt, hauptsächlich von Männern. Viele Cantes waren Klagelieder (wie z.B. die Playera, ein häufig genannter Cante, der als Vorform der Siguiriya anzusehen ist und dessen Name sich von plañir = klagen ableitet) und schilderten Verfolgung, Leid und Tod. Die unbegleiteten Tonás, die wohl die älteste Form des Flamenco darstellen, wurden viel gesungen; aber auch bei den anderen Cantes war die Begleitung sparsam und bestand meist nur aus dem Schlagen des Taktes mit den Fingerknöcheln oder mit einem dünnen Stöckchen. Auch das rhythmische

45

Händeklatschen, die »Palmas«, war schon üblich, weniger dagegen die Gitarrenbegleitung. Die Gitarre setzte sich erst nach und nach durch, als Soloinstrument sogar erst im 20. Jahrhundert.

Die heiteren »Cantes festeros« wurden auch getanzt, was die Domäne der Frauen war. Einen der ernsten Cantes mit einem Tanz zu begleiten, wäre niemandem in den Sinn gekommen, zumindest nicht in der Öffentlichkeit.

Die Künstler waren zu dieser Zeit (d. h. bis etwa zur Mitte des 19. Jahrhunderts) Amateure oder Halbprofis, die nicht allein von ihrer Kunst lebten, sondern noch ein anderes Gewerbe nebenher ausüben mußten, wie z. B. Schmied, Händler oder Torero. Sie reisten zwischen Dörfern und Städten umher, ließen sich von reichen Familien für bezahlte Auftritte bei Festlichkeiten unter Vertrag nehmen oder sangen und tanzten – nur für Kost und Logis – auf einem der abgelegenen Gutshöfe, bei religiösen Festen, Familienfeiern von Angehörigen und Freunden und bei jeder anderen Gelegenheit, die sich eben bot. Das Einkommen war sehr schwankend, der Künstler oft von der Willkür seiner Gastgeber abhängig, die ihn manchmal nur aus einer Laune heraus verpflichteten und das Dargebotene durchaus nicht immer zu schätzen wußten. Diese privaten Fiestas sind bis heute eine der Einnahmequellen vieler Flamencokünstler. Die Demütigungen, die ein in Geldnöten befindlicher Künstler dabei oft ertragen mußte und muß, sind anschaulich in den Autobiografien zweier berühmter Sänger, Pepe el de la Matrona und Pericón de Cádiz, nachzulesen.

Das »Goldene Zeitalter«

Etwa ab 1860 veränderte sich die Situation der Künstler entscheidend. Die bereits seit 1842 existierenden »Cafés cantantes« (oder »Cafés de cante«), die Gastronomie und Flamencodarbietungen kombinierten, setzten sich durch. Sie schufen neue Existenzmöglichkeiten für die Künstler und setzten einen kreativen Schub in der Geschichte des Flamenco in Gang. Die Epoche ihrer größten Aktivität wird mit einer gewissen Berechtigung oft als das »Goldene Zeitalter« des Flamenco bezeichnet.

Im Café del cante hatten die Künstler einen Arbeitsvertrag, bezogen eine feste Gage und konnten, anstatt für launische »Señoritos« aufzutreten, eines interessierten und kritischen Publikums sicher sein, das ihre Qualität zu würdigen wußte. Der Prestigegewinn für die singenden und tanzenden Gitanos und die professionelle Notwendigkeit, sich ständig aneinander zu messen, begünstigte die Schöpfung von neuen Cantes und von persönlichen, unverwechselbaren Stilen. Sänger wie Enrique El Mellizo, Tomás Nitri, Merced La Serneta, Loco Mateo oder El Gloria machten sich einen Namen. Gesungen wurde in einer zunehmenden Zahl von lokalen

46

und persönlichen Varianten: Siguiriya, Soleá, Bulería, Tango (aus dem die Tientos entstehen); die Tonás verloren an Bedeutung; Tanz und Gitarrenspiel wurden weiterentwickelt. Die Gitanos begannen nun auch, die andalusischen Volkslieder aufzugreifen und sie auf charakteristische Weise zu verändern und zu bereichern. So entstand, parallel zum Cante gitano, der Cante andaluz, zu dem vor allem die Formen des Fandango und die Alegrías zählen.

Von 1860 an wurde der Cante gitano nun auch von Nicht-Gitanos, den »Payos«, gesungen. Der berühmteste dieser Interpreten war Silverio Franconetti, der versuchte, den rauhen und fremdartigen Cante gitano gefälliger für die Ohren des Publikums zu machen. Damit war der erste Schritt in einer Richtung getan, die dem Flamenco auf lange Sicht nicht gut tat: In den Cafés de cante begann die Kommerzialisierung, die Anpassung an den Geschmack des Publikums, das inzwischen gewachsen war, nicht mehr nur aus Anhängern des »Cante jondo« bestand und zeitweilig durchaus leichtere musikalische Kost wünschte. Und da nicht jeder Sänger den Rang eines Franconetti oder Chacón hatte (letzterer wurde auch von den Gitanos sehr respektiert und erhielt den Ehrentitel »Don«), gab es eben auch künstlerische Entgleisungen.

Nun wäre es aber einseitig, wegen dieser negativen Erscheinungen die Cafés cantantes generell als Ort der Dekadenz abzulehnen, wie es Machado y Alvarez in der Einleitung seiner Sammlung von Coplas tat (Machado y Alvarez, S. 11). Die schon oben genannten Fortschritte – Verbesserung der sozialen Lage der Künstler, kreative Weiterentwicklung des Flamenco, größerer Bekanntheitsgrad einer zuvor streng »privaten« Kunst – wären ohne das Café de cante nicht denkbar. Hier profilierten sich auch die Frauen im Gesang und die Männer im Tanz; hier wuchs die Bedeutung des Tanzes, der jetzt allmählich auch zu den ernsten Cantes möglich wurde, und der musikalischen Begleitung.

Hier wurde aber auch deutlich, daß bei aller Durchdringung und gegenseitigen Beeinflussung der andalusischen und »zigeunerischen« Musik eine totale Vermischung und Nivellierung nicht stattfand. Bis heute haben sich deutliche Unterschiede zwischen Gitanos und Payos als Interpreten erhalten.

Die ersten hielten überwiegend an ihren alten Cantes fest – Soleá, Siguiriya, Toná, Tango, Bulería – und waren meist ausgesprochene Spezialisten, die den Stil ihrer Wahl mit unnachahmlicher Perfektion und Anteilnahme kultivierten. Die Payos waren häufig »universelle« Sänger, die viele Stile beherrschten, sich aber eher auf den Cante andaluz konzentrierten und bestimmte Cantes lieber ganz den Gitanos überließen – die Bulerías z. B. werden bis heute kaum jemals von Payos gesungen oder gar getanzt.

Einige Cantes sind übrigens erst in den letzten Jahrzehnten aus der Intimität der Gitano-Familien und ihrer Feste herausgetreten. Die Alboreá, der traditionelle Hochzeitsgesang, mit dem die Jungfräulichkeit der Braut gepriesen wird, war (und ist z. T. noch heute) von einer Aura des Sakralen und der Furcht umgeben, dem »Fremden«, der sie hört, ebenso Unglück zu bringen wie dem Gitano, der sie vor ungebetenen Ohren singt ...

Als sich in den Cafés cantantes, die bis 1915 existierten, die Gunst des Publikums mehr und mehr dem Cante andaluz und seinen Abwandlungen zuwandte, zogen sich die Gitanos (und auch diejenigen Payos, die sich nicht an das sinkende Niveau anpassen wollten) wieder ganz zurück in das Milieu, das neben den Cafés schon immer Gelegenheit zu Auftritten in kleinem Rahmen gegeben hatte: Privathäuser, Kneipen und ländliche Gasthöfe, die »Ventas«. Der Niedergang des »öffentlichen« Flamenco war nun nicht mehr aufzuhalten.

Dekadenz und Renaissance

Antonio Chacón hatte – in bester Absicht, aber mit katastrophalen Folgen – den Flamenco aus den Cafés de cante, die inzwischen für die wachsenden Zuschauermassen zu klein geworden waren, auf die Theaterbühnen verpflanzt. Das war aber der denkbar ungeeignetste Rahmen für eine so intime, auf ein aufmerksames, teilnehmendes Publikum angewiesene Kunst.

Im Theater setzten sich dann endgültig die Formen durch, die jahrzehntelang (z. T. bis heute) das verfälschte Bild vom Flamenco bestimmen sollten: die Fandangos, bis zur Unkenntlichkeit verkitscht, und die aus der südamerikanischen Folklore übernommenen Rumbas, Milongas, Guajiras etc. Hinzu kamen sentimentale Lieder, die den Namen »Cuplé flamenco« erhielten, und Anleihen bei der Zarzuela. Kehlkopfakrobatik, theatralisches Gehabe und schwülstige Texte waren üblich. Vom authentischen Flamenco bekam das Publikum nicht mehr allzuviel zu hören.

1922 versuchte ein Kreis von Intellektuellen um Federico García Lorca und Manuel de Falla, den mittlerweile als vulgär und niveaulos verachteten Flamenco als das zu rehabilitieren, was er in ihren Augen war: als eine würdige Volkskunst mit langer Geschichte. Deshalb veranstalteten sie den »Concurso de cante jondo« in Granada, unter großer Anteilnahme der Presse und in Anwesenheit zahlreicher intellektueller Zuschauer.

Allerdings begingen die Veranstalter einen schwerwiegenden Fehler: Sie hielten den Flamenco für eine Domäne des ganzen andalusischen Volkes; dementsprechend sollten sich zum Wettbewerb nur »Menschen aus dem Volke« melden – Amateure. In totaler Unkenntnis der Verhältnisse hatten sie übersehen, daß selbst auf dem Höhepunkt der Kommerzialisierung immer noch Künstler ihren Lebensunterhalt mit dem Flamenco verdienen konnten, ohne Konzessionen machen zu müssen, unter ihnen so geniale

48

Sänger wie Pastora Pavon (»Niña de los peines«), Manuel Torre, Pepe El de la Matrona und viele andere. Allerdings fanden ihre Vorträge nicht im großen Rahmen statt, und ihre Namen waren hauptsächlich denen bekannt, die den Cante gitano-andaluz kannten und liebten und ihn dem Bühnenspektakel vorzogen.

Die romantische Vorstellung der Organisatoren des »Concurso« vom unbekannten Amateur, der irgendwo im Verborgenen, bislang unentdeckt, den Schatz des alten, reinen Flamenco bewahrt hatte, erwies sich als unrealistisch: Je mehr ein Künstler sich mit anderen messen konnte und mußte, je mehr er herumkam, um sich mit den verschiedensten persönlichen und regionalen Stilen auseinanderzusetzen, desto größer wurde seine Chance, zu reifen und schöpferisch zu sein – und diese Bedingungen trafen eben fast ausschließlich auf den professionellen Sänger, Tänzer und Gitarristen zu.

Die Amateure, die am Wettbewerb teilnahmen, waren dementsprechend mittelmäßig. Für einige Cantes konnte mangels geeigneter Kandidaten nicht einmal ein Preis vergeben werden. Prämiert wurden Diego Bermúdez El Tenazas aus Morón, den man durchaus als Halb-Profi bezeichnen kann, und der jugendliche Manolo Caracol, von dem man in seiner nachfolgenden Karriere als Profi die schlimmsten »Cuplés« hören konnte. Al-

Diego Pantoja, El Farruco, Adela-Matilda Cortes, Rafael El Negro

lerdings war er im Kreis von Freunden auch ein großartiger Interpret des reinen Cante jondo, wie Pericón de Cádiz zu berichten weiß (Pericón de Cádiz, S. 258–259).

Im ganzen gesehen war das Ergebnis des Concurso also eher enttäuschend. Es war Lorca und de Falla (dessen zuvor großes Interesse an der andalusischen Musik unter dem Eindruck des Wettbewerbs plötzlich und definitiv erlahmte) nicht gelungen, einem großen Publikum ein neues Bild von Flamenco zu präsentieren. Im Theater wurde die sogenannte »Opera flamenca« zur neuen Attraktion, längere Spektakel, die Sängern wie Pepe Marchena zu ungeheurer Popularität verhalfen.

Mit der Etablierung der Franco-Diktatur nach dem Bürgerkrieg hatte die künstlerische Entwicklungsmöglichkeit ihren Tiefpunkt erreicht. Das Oberflächlich-Heitere des kommerziellen Flamenco wurde von der staatlichen Kulturpolitik gefördert, da der Eindruck von den angeblich »fröhlichen Armen« in Andalusien so recht ins ideologische Bild paßte. Zwar war der beliebte Fandango oft traurig-sentimental, aber solange nur über die treulose Geliebte oder die sterbende Mutter geklagt wurde, war dagegen nichts einzuwenden. Sozialkritische Texte, wie sie etwa in den Cantes mineros häufig gewesen waren, durften nicht mehr gesungen werden.

Diese Entwicklung dauerte bis ca. 1950; dann bereitete sich eine merkwürdige Renaissance vor – vom Ausland her.

Die Theater- und Tanzkompanien, die mit spanischem Ballett und Volkstänzen auf Auslandstournee gingen, schlossen oft auch Flamencotruppen mit ein; meist von der geschilderten kommerziellen Sorte, aber gelegentlich auch aus guten Künstlern zusammengesetzt. Der Eindruck war enorm. Zuschauer in Frankreich, Deutschland oder Amerika begannen zu ahnen, daß sich hinter der aufdringlich-spektakulären Fassade, hinter Geschrei, Flitter und fliegenden Röcken eine Musik verbarg, die viel mehr aussagen konnte und deren Ursprung sich zu suchen lohnte.

Auf der Suche nach dem reinen Cante jondo besuchten musikbegeisterte Intellektuelle Spanien; ihnen folgten bald Impresarios und Vertreter von Plattenfirmen. Künstler wie Pepe El de la Matrona, in Spanien nur von einer kleinen Zahl von Kennern geschätzt, sangen vor vollen Häusern in New York und Hamburg. Die erste Flamenco-Anthologie wurde in Frankreich aufgenommen.

Nun wuchs auch in Spanien das Interesse wieder. Der 1948 in Madrid gemachte Versuch, den »alten« Flamenco wieder einem größeren Publikum zugänglich zu machen – in Form des Tablaos »La Zambra«, einer Neuauflage des Café cantante – stieß auf große Resonanz und wurde mehrfach nachgeahmt (Pohren, S. 81). Bald wurde in diesen Tablaos wieder guter Flamenco geboten.

Und doch war auch hier, trotz der hohen Ansprüche des Publikums, die Gefahr einer neuerlichen Kommerzialisierung nicht zu vermeiden. Poh-

50

ren (S. 82) führt dies auf die wirtschaftlichen Interessen der Impresarios zurück. Der Sänger Antonio Mairena, ein kürzlich verstorbener Gitano aus Sevilla, der sich große Verdienste um die Klassifizierung und Tonaufnahme alter Cantes erworben hat, sieht auch eine Mitschuld bei den Künstlern selbst (Mairena, S. 174 ff.). Sie seien vom Auf und Ab in der Flamenco-Szene verunsichert und trauten ihrem Publikum kein wirkliches Verständnis mehr zu. Deshalb machten sie von vornherein Abstriche an ihre eigene Qualität. So wirft Mairena auch vielen Künstlern einen Mangel an Ehrlichkeit, Verantwortungsgefühl und Mut vor, der eine Gefahr für den reinen Flamenco darstelle. Mairena, für den im Flamenco die Essenz der Geschichte und Kultur seines Volkes und seiner Heimat enthalten ist, warnt vor einem Übermaß an persönlichem Ehrgeiz und Karrierestreben, bei dem dieses immense kulturelle Erbe zerstört und verzerrt werde. Wer die Entwicklung der letzten Jahre beobachtet hat, muß ihm teilweise recht geben: Die Zahl der Künstler, die auf den in jedem Sommer stattfindenden Festivals automatenhaft ein Standardprogramm abspulen und ihre Gage einstreichen, ist nicht gering. Konkurrenzdenken und Starallüren rangieren gelegentlich an erster Stelle; die Kreativität trocknet in solchen Fällen dabei leicht aus. Aber es gibt glücklicherweise auch andere Tendenzen.

Neue Wege

In drei Aspekten hat sich das Spektrum des Flamenco in den letzten Jahren wesentlich erweitert: im Textrepertoire, in der Musik und in der Szenerie.
Zu den traditionellen Texten ist eine große Zahl von politisch engagierten hinzugekommen, die allerdings, wenn man die Geschichte der Texte vor dem Bürgerkrieg betrachtet, so neu nicht sind. Sänger wie José Menese und Diego Clavel sind auf diese Texte mehr oder weniger spezialisiert und sprechen damit ein großes Publikum an, für das eine dezidiert politische Aussage durchaus nicht im Widerspruch zu den historischen Wurzeln des Flamenco steht: die intime, persönliche Klage der Sänger früherer Zeiten könne durchaus auch als Verlagerung eines Aufbegehrens gegen soziale und politische Mißstände aufgefaßt werden, das so explizit nicht geäußert werden durfte. Von vielen Puristen wird allerdings »politischer Flamenco« nach wie vor abgelehnt; Gitanos singen ihn kaum.
Die Musik des Flamenco wird von einigen jungen Künstlern, wie Lole y Manuel aus Sevilla, seit einiger Zeit, wohl in Rückbesinnung auf die z.T. maurischen Wurzeln, mit arabisierenden Elementen durchsetzt, was einigen Cantes, besonders den Tangos, erstaunlich gut bekommt. Diese Stilrichtung wird besonders von jungen Gitanos geschätzt.

Experimente mit der Instrumentierung des Flamenco glücken selten, da die meisten Instrumente den Klangcharakter zu sehr verfälschen. Am ehesten scheint sich noch das Klavier zu eignen. Pepe Romero und Felipe Campuzano spielen (als Vertreter von Gitanos und Payos in dieser Richtung) eine auf dem Flamenco basierende Musik mit intensivem Lokalkolorit.

Andere Richtungen, die ebenfalls von Flamencomusik ausgehen, aber so viele Elemente von Rock und Blues eingearbeitet haben, daß sie nicht mehr dem Flamenco als solchem zuzuordnen sind, werden z.B. von der Gruppe »Gualberto« oder von Manzanitas repräsentiert, der aber auch klassischen Flamenco singt.

Die bedeutendste Bereicherung des Flamenco liegt aber vielleicht in seiner Einbeziehung in moderne, meist politisch engagierte Theaterstücke. Beispiele für dieses Flamencotheater sind die Stücke der Gruppe »Cuadra de Sevilla«, die in einer Kombination von Gesang, Tanz und Pantomime die Situation der andalusischen Landbevölkerung (»Quejío«) oder des ausgebeuteten Industriearbeiters (»Herramientas«) auf die Bühne bringt.

Die intensivsten und zugleich künstlerisch brillanten Inszenierungen dürften aber nach wie vor die des aus Granada stammenden Tänzers und Choreographen Mario Maya sein. »Camelamos naquerar« (in Caló, der Sprache der Gitanos »Wir wollen sprechen«) behandelt die jahrhundertelange Verfolgung der Gitanos, die durch die Verlesung von Erlässen und Gesetzestexten aus fünf Jahrhunderten dokumentiert, in Cante und Baile kommentiert und verarbeitet und in ihrer historischen Einmaligkeit doch nur als *ein* Beispiel für die Verfolgung einer Minderheit aufgefaßt wird. Die politische Aussage dieses Stückes, im Jahr nach dem Tod Francos zum ersten Mal inszeniert, wurde gerade von den Rechten in Spanien sehr gut verstanden und zum Anlaß für Diffamierungen und Bombendrohungen an die mitarbeitenden Theater genommen.

Angesichts dieser Anregungen und Erweiterungen, die der Flamenco erfährt, fällt es schwer, an den immer wieder prophezeiten bevorstehenden Tod dieser Kunst zu glauben. Als abschließendes Urteil sei das des alten Cantaors Pepe El de la Matrona zitiert, der an die Zukunft des Flamenco glaubt:

»Puede pasar que tenga un bache, como lo ha tenío, pero quién puede dudar de que el día de mañana salga uno que tenga tanto valor o más que sus antecesores (. . .)

Y aparte de eso, si algunos dicen que porque ya no haya suplicio o cautiverios, ya se va a acabar eso, yo digo que están equivocaos. Razones? El hombre seguirá sintiendo emociones de las dos clases, por el procedimiento que sea, porque aunque cambien los nombres, los edificios o qué sé yo, tó seguirá lo mismo. (. . .)

Quiero decir que hay diferencias de emociones, pero emociones siempre hay, y mientras el mundo sea mundo existirá eso.« (. . .)

»Kann schon sein, daß es wieder mal bergab geht, wie's schon mal war, aber wer weiß? Vielleicht gibt es schon morgen etwas, was so gut ist wie das, was früher war – oder sogar besser! (. . .)
Und außerdem: Wenn Leute sagen, daß ohne Folter und ohne Kerker der Flamenco aufhören wird, dann sage ich: Die haben unrecht. Warum?
Der Mensch wird immer Gefühle haben, Freude und Leid. Denn die Namen und die Gebäude und weiß ich, was noch – das kann sich ändern, aber alles andere, das bleibt gleich. (. . .)
Ich will sagen, daß es verschiedene Gefühle gibt, aber Gefühle, die gibt's immer. Und solange die Welt besteht, wird das nicht aufhören . . .«
(Pepe El de la Matrona, S. 228.)

MARION PAPENBROK

Die spirituelle Welt des Flamenco

Jedem sensiblen Teilnehmer an einer Flamencoveranstaltung, die nicht
völlig bestimmt ist von der Anpassung an die Erwartungshaltung eines
unkundigen und oberflächlichen Publikums, fällt eine enorme Dramatik
in den Darbietungen auf. Besonders die Mimik der Sänger und Tänzer ist
für den mitteleuropäischen Betrachter oft befremdlich: schmerzlich ver-
zerrte Gesichter – sogar bei Liedern, die von der Melodie her eher heiter
klingen – oder ein Ausdruck tiefen, religiösen Ernstes. In der Gestik der
Sänger und den Bewegungen der Tänzer scheint sich eine große innere
Spannung, ein Kampf zu manifestieren, der – gesteigert durch immer wieder unerwartet auftretende Brüche im Melodie- oder Bewegungsablauf –
eine erschreckende Intensität erreichen kann.
Auch die Stimmen entsprechen nicht den Vorstellungen, die man nach
den uns gewohnten Regeln der Ästhetik von einer »guten Stimme« hat:
Sie sind rauh, oft heiser; viele Passagen werden mehr geschrien als gesungen; die Texte sind oft unverständlich. Jeder Künstler scheint außerdem
als absoluter Solist auf der Bühne zu stehen. Sänger und Gitarrist arbeiten
zwar in genau eingespielter Partnerschaft zusammen, Tanz kann dazu-
kommen, aber einen ausgesprochenen Gruppenvortrag, etwa Chorge-
sang oder gruppen- oder auch nur paarweise getanzte Stücke gibt es nicht.
Es dominiert der Solo-Auftritt, oft inmitten einer Gruppe, die intensiv
daran teilnimmt (mit Kommentaren, Ansporn – dem »Jaleo« – und Händeklatschen – dem »Palmas« –), in die Darbietung des Sängers oder Tänzers aber nicht eingreift.
Von den uns vertrauten Volksliedern und -tänzen ist ein solcher Vortrag
weit entfernt. Eine völlig andere Ästhetik scheint hier zu herrschen, bei
der die Expressivität einen höheren Stellenwert hat als eine nach dem uns
Gewohnten definierte »Schönheit«. Wie ist die Dramatik, die Heftigkeit
und Tragik dieser Kunst entstanden? Wie lassen sich die Exzesse erklären,
die immer wieder von Teilnehmern an Flamencositzungen (meist den privaten »Reuniones«) berichtet werden – Menschen, die in Tränen ausbre-
chen, sich die Kleider zerreißen, sich gar aus dem Fenster stürzen wollen?
(Pericón de Cádiz, S. 255, 239). Welcher unwiderstehliche Drang trieb
Enrique El Mellizo, nachts an den Mauern des städtischen Irrenhauses zu
singen; oder Gabriel El Macandé, zeitlebens Geld für seine Kunst abzu-

54

lehnen und in den letzten Jahren seines Lebens in demselben Irrenhaus für Fremde und Besucher die letzte Kraft aus seinem Körper herauszusingen, der von Armut und Krankheit ausgehöhlt war? (Pericón de Cádiz, S. 235; Cobo, S. 60). Was ist der Duende, dessen Wirken García Lorca beschreibt, ohne über seine Herkunft und Natur anders als in poetischen Metaphern sprechen zu können? (García Lorca, S. 1067–1079).

Die Antwort liegt in der Geschichte des Flamenco. So wie die andalusische Musik und die musikalische Tradition und schöpferische Kraft der Gitanos die Entwicklung der Formen des Flamenco bestimmten, so sind die Lebenserfahrung und das Lebensgefühl von Andalusiern und Gitanos die Wurzeln seiner spirituellen Welt.

Im vorhergehenden Kapitel war bereits die Rede von Andalusien als einer Region, deren Bevölkerung sich im Laufe der Geschichte den unterschiedlichsten Herrschern, ihrer Willkür und ihren Zwangsmaßnahmen unterwerfen mußte, bis hin zum großen Trauma der Inquisition. Sie zwang alle Andersgläubigen, die sie nicht ausweisen, umbringen oder »bekehren« konnte, in den Untergrund, in die heimliche Ausübung ihrer Kulte, die ständig bedroht war von Verrat und Anklage. »La fiesta interrumpida es un asunto totalmente andaluz.« – »Das abgebrochene Fest ist eine sehr andalusische Angelegenheit« (Cansinos, S. 50). Cansinos (S. 123) leitet daraus eine tiefverwurzelte Empfindung im Wesen des Andalusiers ab: »desencanto político« – »politische Enttäuschung, Desillusionierung«. Er meint damit die Verbitterung darüber, sich immer wieder aufs neue unterwerfen zu müssen. Aber auch als die konkreten Anlässe bereits Geschichte waren, blieb das Gefühl des Mißtrauens gegenüber jeder Form von Herrschaft – und gegenüber dem eigenen Anspruch auf Glück; tiefe Skepsis und eine geradezu abergläubische Furcht vor der Freude und Lebensfülle.

García Lorca schildert in seinen Dramen immer wieder, wie die Suche nach dem Glück des einzelnen vergeblich bleiben muß, weil die moralischen Konventionen oder materiellen Interessen, die sich ihr in den Weg stellen, zu mächtig sind und die Menschen es nicht wagen, sich diesen Mächten entgegenzustellen. Viele seiner Figuren machen sich zu Komplizen der Umstände, die sie unterdrücken, weil sie von vornherein nicht an ihren Anspruch auf Glück zu glauben vermögen. Die einzige Ausnahme, die Adela in »Bernarda Albas Haus«, bezahlt ihren konsequenten Ausbruch mit dem Leben.

Das Bewußtsein, einem grausamen Schicksal ausgeliefert zu sein, vor dem selbst die Frage nach Leben und Tod gleichgültig wird, hat in Andalusien aber nicht nur zu stoischer Resignation, sondern auch zu zahllosen, oft überraschend und mit ungeheurer Heftigkeit ausbrechenden Revolten geführt. Wie häufig es in dieser Provinz zu Aufständen kam, darüber berichten Cansinos, Díaz del Moral, Calero und die Gebrüder Caba. Geheimbünde wie die »Schwarze Hand« hatten hier großen Einfluß; auch der Gedanke einer kommunistischen Lebens- und Wirtschaftsordnung hat eine lange Tradition, vor allem aber der Anarchismus.

So gegensätzlich sind die Versuche, sich mit einem übermächtigen Schicksal auseinanderzusetzen ... Und was ist der Stierkampf anderes als der ritualisierte Kampf des Menschen mit den Mächten, die ihn zu unterwerfen versuchen und gegen die er sich auflehnt? Zwar ist der Sieg nur Illusion, die Wiederholung des Rituals kann das Gefühl der Vergeblichkeit nicht aufheben, und der Kampf ist nicht selten tödlich. »España es el único país donde la muerte es el espectáculo nacional.« – »Spanien ist das einzige Land, wo der Tod nationales Schauspiel ist«, schrieb García Lorca (S. 1078). Auch im Stierkampf wird, wie im Flamenco, vom Duende gesprochen; bestimmte Haltungen und Bewegungen des Toreros werden mit dem Adjektiv »flamenco« bezeichnet; die berühmtesten Flamencokünstler unter den Gitanos stammten meist aus denselben Familien wie große Matadore. Und das ist sicher kein Zufall. Dasselbe Bewußtsein von der Vergeblichkeit allen Aufbegehrens gegen die Mächte des Schicksals, die aber dennoch immer wieder herausgefordert werden, bestimmt den Flamenco wie den Stierkampf.

Die »Coplas«, Strophen der andalusischen Volkslyrik, die in das Repertoire des Flamenco eingingen und seitdem in großer Zahl, meist spontan und anonym, weiter entstanden, legen Zeugnis von diesem Lebensgefühl ab: Verstand und Willenskraft des Menschen, der nach Schönheit, Harmonie und Glück strebt und die Welt begreifen möchte, müssen verzweifeln vor der Grausamkeit und Absurdität, von der er umgeben ist – sei es im Verhalten der Herrschenden, sei es in der Ungerechtigkeit, die er in Liebe und Haß, Reichtum und Armut, Gesundheit, Krankheit und Tod erfährt.

Einige Beispiele von Texten (aus der riesigen Auswahl) sollen diese Haltung verdeutlichen.

»Pensamiento – aonde me llevas que no te pueo seguir? No me metas en caminos que yo no puea salir.«	Meine Gedanken, wohin führt ihr mich, daß ich euch nicht folgen kann? bringt mich nicht auf Wege, die ich nicht mehr verlassen kann!
»Tengo yo un pozo en mi casa y yo me muero de sed porque la soga no alcanza.«	Ich habe einen Brunnen in meinem Haus und ich sterbe vor Durst weil das Seil nicht hinunterreicht.
»Dónde están los hombres buenos que los busco y no los hallo unos están en presidio y otros en contrabando.«	Wo sind die guten Männer? Ich suche sie und kann sie nicht finden: Die einen sind im Zuchthaus und die anderen beim Schmuggel.

56

»En el viaje de la vida van los ricos a caballo los caballeros a pata y los pobres arrastrando.«	Auf der Reise des Lebens sitzen die Reichen zu Pferde die Bürger gehen zu Fuß und die Armen schleppen sich dahin.
»Es tu queré como er viento y er mío como la piedra que no tiene movimiento.«	Deine Liebe ist wie der Wind und meine wie der Fels, der bleibt, wo er ist.
»Se lo peí yorando A la Binge de er Carmen Que me quitara a mí la salud Se la dé a mi mare.«	Weinend bat ich die Heilige Jungfrau sie möge meine Gesundheit nehmen und sie meiner Mutter geben.
»A l'audensia van dos pleitos uno verdad y otro no la verdad perdió er juisio qu'er dinero lo mandó.	Vor Gericht gehen zwei Prozesse ein wahrhaftiger und ein falscher die Wahrheit hat den Prozeß verloren weil das Geld es so bestimmt hat.
»Yo no tengo más remedio que agachá la cabesita y desí que blanco es negro.«	Mir bleibt nichts anderes übrig als den Kopf zu senken und zu sagen: das Schwarze ist weiß.

So spricht die Resignation, der Fatalismus, aus vielen Coplas. Trost wird gesucht in der intensiven Kommunikation mit der Natur, im Rückzug auf die wenigen stabilen menschlichen Beziehungen (vor allem zur Mutter) und in der Freude an kleinen alltäglichen Dingen:

»A las yerbitas del campo Les cuento lo que me pasa Porque no encuentro en el mundo Persona de mi confianza.«	Den Gräsern des Feldes erzähle ich meine Sorgen Denn auf der ganzen Welt finde ich niemanden, dem ich vertrauen kann.
»Maresita mía en un laíto e mi corasón te traigo metía.«	Meine Mutter ich trage dich immer in meinem Herzen.
»Vengo de mi meloná traigo melones reondas y sandías colorás.«	Aus meinem Melonenfeld komme ich und bringe runde Melonen, auch rote Wassermelonen.
»Tienes los dientes como granitos de arrroz con leche.«	Deine Zähne gleichen Körnchen von Milchreis.

Aber nicht alles im Flamenco ist Fatalismus oder Rückzug ins Private, wie es uns ein einseitiges Andalusienbild glauben machen will. Das Aufbegehren gegen Armut und Unterdrückung und die heftigen Revolten reflektieren sich auch in zahlreichen Texten:

»Señorito a caballo
que no das los buenos días
si el caballo tropezara
otro gallo cantaría.«

Du Herrensöhnchen zu Pferde
der du uns nicht einmal grüßt
wenn dein Pferd strauchelte
würde ein anderer Wind wehen!

»Obrero, por qué trabajas
si pa tí no es el producto
para el rico es la ventaja
y para tu familia el luto.«

Arbeiter, wofür schaffst du,
wenn die Frucht nicht dir gehört?
Der Reiche hat den Vorteil
und deine Familie die Trauer.

»La tierra pa el señorito
p'al obrero las fatigas
Cuándo pensará el obrero
deshasé estas injustisias
que ayudan los manijeros!«

Das Land ist für die Herrschaften
für den Arbeiter bleiben nur Sorgen.
Wann wird der Arbeiter daran denken,
diese Ungerechtigkeiten abzuschaffen,
an denen die Vorarbeiter noch
Mitschuld tragen!

Die Liste der Beispiele ließe sich weiter fortsetzen. Die hier zitierten Coplas sollen nur einen Eindruck geben von der Vielfalt ihrer Inhalte und Stimmungen, die von tiefer Resignation bis zum Aufruf zur Revolte reichen und damit das Nebeneinander von Extremen widerspiegeln, das so charakteristisch für Andalusien ist. Dieses Land hat mystische Frömmigkeit und politische Anarchie hervorgebracht; in der Volkslyrik wird der »gute Bandit« ebenso verehrt wie die »gefallene Frau«. Gerade diese beiden Prototypen zeigen, daß die Verletzung geltender Gesetze und Moralvorschriften aus »edlen Motiven« wie verletzter Ehre, bedingungsloser Liebe oder Suche nach Gerechtigkeit, die Schuldigen adelt und sie in einer fast gnostischen Berührung der Extreme in die Nähe der Heiligen rückt.
Julio Romero de Torres, ein außerhalb Spaniens kaum bekannter Maler aus dem Córdoba des 19. Jahrhunderts, stellte diese Thematik in immer neuen Varianten dar: Dirnen und Klosterfrauen, Stierkämpfer und Mörder aus Leidenschaft. Eins seiner größten Gemälde faßt alle diese Motive zusammen in einer beklemmenden Kombination mit dem Titel »Cante jondo«.
Dieser Cante jondo bedurfte zu seiner Entstehung aber erst der Gitanos. In ihnen kulminierte das Lebensgefühl, das für Andalusien charakteristisch ist.
Die nomadisierende Lebensweise hatte den Gitanos ähnliche existentielle

58

Erfahrungen vermittelt wie die wechselvolle Geschichte den Andalusiern. Das Provisorische ihres Daseins, die Unmöglichkeit, den nächsten Tag zu planen, gehörte bereits zum Alltag dieses Volkes, bevor es nach Andalusien kam. Auch die Gitanos hatten von ihren Herrschern nichts Gutes erfahren; jedenfalls nicht lange – grausame Verfolgung hatten sie dezimiert und weitergetrieben. Bald nach ihrer Ankunft in Spanien durften sie sich nicht mehr unbehelligt zu ihrer Kultur bekennen, die wie die der Juden und Moriscos nur noch im Untergrund überleben konnte, bedroht durch Pogrome und erneute Vertreibung. Das Ausgeliefertsein an ein undurchschaubares Schicksal und die Heimatlosigkeit in einer feindlichen Welt haben die Eingewanderten, die ja oft nicht einmal wußten, wo sie am nächsten Tag sein würden, wohl noch intensiver empfunden als die seßhaften Andalusier. Und wo sie sich unter ihnen in großer Zahl niederließen, teilten sie mit den untersten sozialen Schichten der Andalusier auch das soziale Elend, die Hungersnöte, die Notwendigkeit, sich oft von Diebstahl und Schmuggel zu ernähren, und die grausamen Strafen der Kerkerhaft und Zwangsarbeit. Die Welt wurde als Schauplatz eines Kampfes angesehen, als grausam und bedrückend. Die einzig mögliche Antwort war da zuerst der Schrei, als Ausdruck des Schmerzes, der Verzweiflung und des Aufbegehrens, als Ursprung und Essenz auch dessen, was zum Flamenco werden sollte. Bei den alten Cantes gitanos ist der Schrei zu Beginn des Gesangsvortrages zum festen Bestandteil geworden, etwa bei den Siguiriyas. Der Schrei kann den Text sogar ersetzen, die menschliche Stimme, ohne Rücksicht auf verbale Verständlichkeit, wie ein Instrument eingesetzt werden. Das klagende »Ay«, das so viele Cantes einleitet und strukturiert, entstand aus der instinktiven Reaktion des einzelnen auf Not und Leiden; es erreicht jedoch im gleichen Maße die tiefsten Wurzeln aller Anwesenden. Der Schrei ist Gespräch ohne Worte und findet sein Echo im Mit-Leiden der anderen. Flamenco in seiner reinsten Form ist ein dramatisches Kollektiverlebnis, gegründet auf eine überindividuelle, jahrhundertealte Erfahrung. Die emotionale Aussagekraft des Interpreten reißt jeden in ein Gemeinschaftserlebnis hinein, in dem er selbst über sich hinauswächst und in der Kommunion mit den anderen und ihrer gemeinsamen Geschichte aufgeht: »Inexplicablemente, dolores y gozos seculares se amontonan en su garganta«, sagt F. Quiñones (S. 70) von einem derart »beseelten« Künstler. – »Auf unerklärliche Weise sammeln sich in seiner Brust die Schmerzen und Freuden von Jahrhunderten.« Für Fremde kann es erschreckend sein, welche emotionalen Veränderungen bei sehr jungen Künstlern innerhalb von Sekunden vor sich gehen können – dieser Ausdruck von Schmerz und Leidenschaft kann noch nicht aus der eigenen Lebenserfahrung kommen, er muß in langen kollektiven Erlebnissen und Erinnerungen wurzeln. Der »Duende«, von dem man im Flamenco voller Ehrfurcht immer dann spricht, wenn die Intensität des Erlebens die Gren-

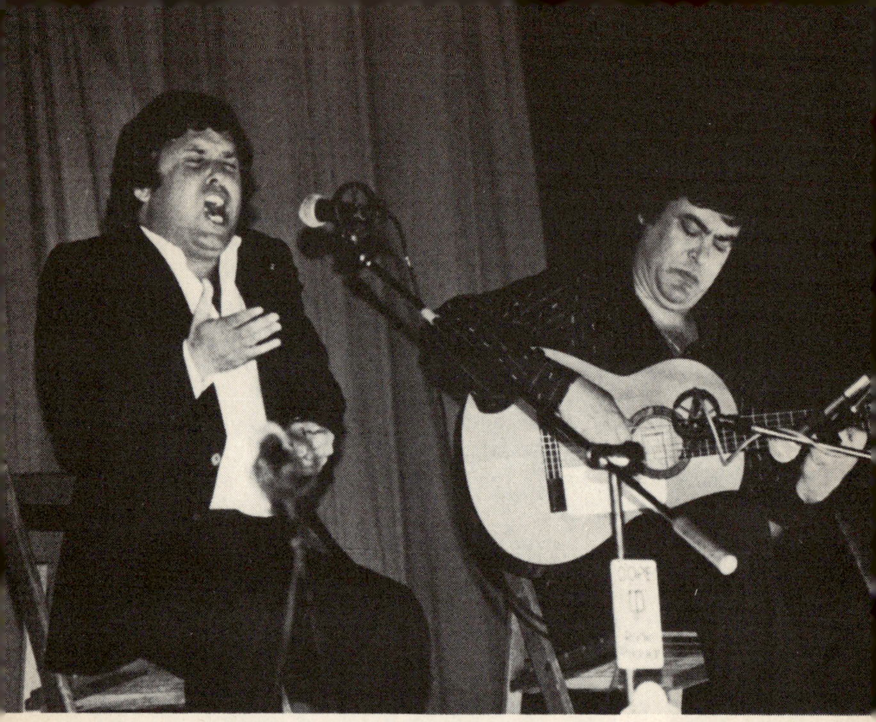
COPE

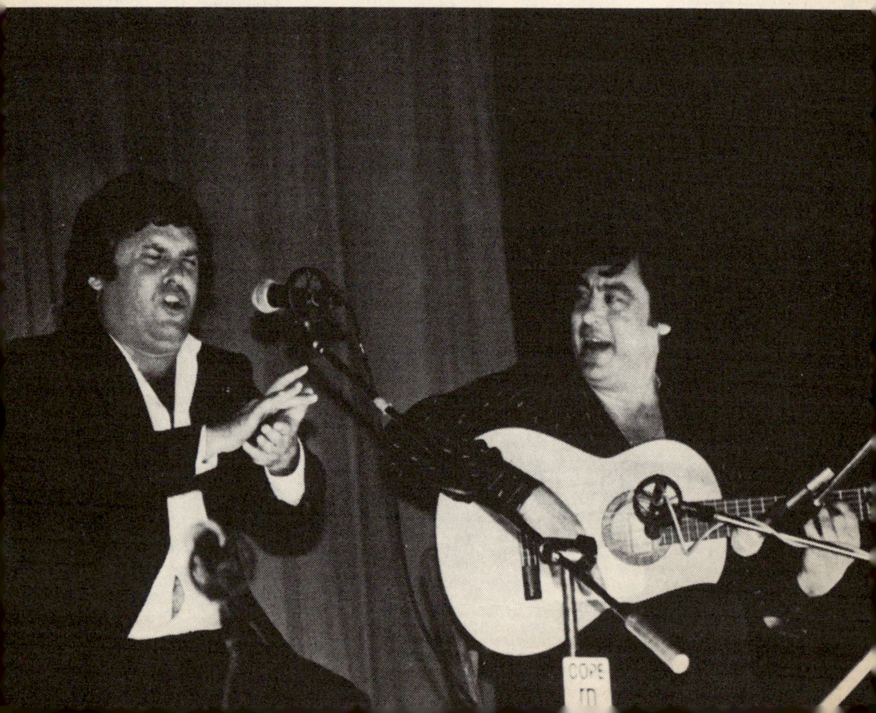
COPE

zen von Zeit und Individualität zu sprengen scheint, wird als unwiderstehliche Kraft angesehen, die nur in besonderen Augenblicken Besitz von
einem Künstler ergreift und dann zu jenen »rauschhaften« Zuständen
führen kann, in denen die Teilnehmer an einer solchen »Reunión« offenbar exzessive Reaktionen zeigen, wie das Zerreißen der Kleider, die
völlige Gleichgültigkeit gegenüber Müdigkeit und Hunger, hemmungslo-
ses Weinen oder gar aggressive Handlungen – Manuel Torre soll einmal
von einem der Anwesenden in die Wange gebissen worden sein . . .
In derartigen Fällen spricht man vom »Tarab«, den José Heredia (Interview) beschreibt als »(. . .) comunicación a nivel profundo, casi irracional,
(. . .) comunicación casi física, producida por una situación paroxística.« –
»Eine tiefe Kommunikation, fast irrational, fast körperlich, erzeugt durch
einen Zustand, der einem Anfall gleicht.« Das Wort »fast« scheint hier
deplaziert: diese Kommunikation *ist* irrational und erzeugt körperliche
Reaktionen – Blutdruck, Herzschlag und Schmerzempfindlichkeit können sich verändern, das Bewußtsein ist manchmal getrübt. Der Flamenco
ist eine hypnotische Kunst und sein Effekt ein gnostischer Prozeß: die
Selbsterlösung des Menschen in der Ekstase. Durch die Musik und emotionale Erschütterung (meist verstärkt durch langes Wachen und erhebli-
chen Konsum von Alkohol) löst sich der Teilnehmer an diesem kollektiven Drama von dem Druck, der auf ihm lastet: Druck von außen durch
Verfolgung, Gefangenschaft, Hunger; Druck von innen durch existentielle Angst, unerfüllbare Wünsche und Begierden, abergläubische Furcht
vor Zauberkräften und Dämonen und Verzweiflung angesichts der Hilf-
losigkeit gegenüber dem unverständlichen Schicksal.
Im Tanz wird die Auseinandersetzung des Menschen mit den Mächten, die
ihn bedrohen und unterdrücken, sein Aufbegehren oder seine Resignation besonders intensiv dargestellt, da hier die Konflikte und Emotionen
unmittelbar in Positionen und Bewegungen umgesetzt werden können. So
kommt in den so unterschiedlichen Tanzstilen von Männern und Frauen –
dem statuenhaften, stark auf Hand- und Armbewegungen konzentrierten
Frauentanz und dem erdverbunden-sinnlichen, mehr vom Fußtanz bestimmten Stil der Männer – die traditionelle Auffassung von der sozialen
Männer- und Frauenrolle zum Ausdruck, auch die reglementierte, teils
tabuisierte Beziehung zwischen den Geschlechtern: Die ohnehin selten
auftretenden Tanzpaare berühren sich praktisch nie, und vordergründig
erotische Bewegungen sind ohnehin dem kommerziellen Flamenco vor-
behalten. Ebenso verpönt ist auch ein unkontrolliertes Tanzen, das den
strengen Formenkanon mißachtet, innerhalb dessen sich der gesamte
Flamenco bewegt, sei es im Gesang, im Tanz oder im Gitarrenspiel. In der

Curro Malena (links), Pedro Pena (rechts)

61

Darstellung von Leiden und Konflikten sollen diese ja gerade sublimiert und überwunden werden, was in einem regellosen und chaotischen Singen und Tanzen nur scheitern könnte. Deshalb wird der Takt – »el Compás« – als wichtigstes Element aller Bereiche des Flamenco angesehen: Mag die Gitarre verstimmt, der Sänger heiser und der Tänzer grotesk übergewichtig sein – solange der Compás stimmt, in dem die Emotionen kanalisiert werden, hat der Vortrag nichts von seiner Expressivität eingebüßt.

In einem solchen Kontext ist kein Platz für eine »l'art pour l'art«-Auffassung. Der Flamenco ist die Manifestation einer Geschichte und Kultur, die den Teilnehmern einer Reunión gemeinsam ist und deren sie sich im Erlebnis eines kollektiven Psychodramas immer wieder versichern. Er drückt aber auch existentielle menschliche Erfahrungen und Empfindungen aus, die an keine bestimmte Kultur gebunden sind. Wie sonst wäre die Erschütterung und Faszination zu erklären, die völlig Fremde, über den Flamenco Uninformierte oft spontan bei einer Konfrontation mit dieser Kunst empfinden? Allein die Offenheit für diese existentiellen Erfahrungen kann Zugang zum Flamenco verschaffen, der nicht aus dem Wunsch nach einem ästhetischen Gebilde entstand, sondern aus der elementaren Notwendigkeit, das Leben zu begreifen und zu meistern und inmitten von Chaos und Grausamkeit seinen Platz zu finden – »el difícil equilibrio entre cuerpo, alma y espíritu« – »das schwierige Gleichgewicht zwischen Körper, Geist und Seele« (González Climent, S. 169). Diese Verwurzelung und Funktion im Leben seiner Schöpfer und Interpreten hat der Flamenco mit dem Blues gemeinsam. Die spanischen Gitanos brauchten ebenso wie die schwarzen Sklaven in Amerika einen Ausdruck ihres Leidens, um es ertragen zu können, um zu überleben. Für beide Musikformen trifft die Definition zu, die R. Molina (1967, S. 42) vom ursprünglichen Flamenco gibt: »(. . .) grito elemental – en sus formas primitivas – de un pueblo sumido en la pobreza y la ignorancia para quien sólo existen las necesidades perentorias de la existencia primaria y los sentimientos instintivos.« – »In seinen primitiven Formen ist er der elementare Schrei eines Volkes, das in Armut und Unwissenheit versunken ist und für das nur die drängenden Notwendigkeiten des unmittelbaren Überlebens und die instinktiven Gefühle existieren.«

Wie heftig und extrem diese Gefühle sein können, mögen zum Abschluß einige Texte zeigen, die zum Standardrepertoire des Flamenco gehören und bis heute häufig gesungen werden.

»Cuando me echaras de menos el día que me eches de menos te tienes que volver loca y has de salir a buscarme como el caballo sin frenos.«	Wenn du mich vermissen wirst am Tag, an dem du mich vermißt sollst du wahnsinnig werden und nach mir suchen wie ein Pferd ohne Zügel.

62

»Lo que has hecho conmigo tú no lo pagas ni hecho cuartos ni puesto por los caminos.«	Was du mir angetan hast kannst du niemals sühnen auch. wenn man dich vierteilt oder verbannt.
»Entre la hostia y el cáliz a mi Dios se lo pedí que t'ajoguen las duquelas como m'ajogan a mí.«	Zwischen Hostie und Kelch habe ich zu meinem Gott gebetet: das Leid soll dich ersticken so wie ich daran sterbe.

Auch wenn diese Texte nur einen kleinen Ausschnitt der vielen Themen darstellen, sind sie doch symptomatisch für die Absolutheit, mit der elementare Gefühle empfunden werden. Diese Intensität durchzieht alle Bereiche des Flamenco – Gesang, Tanz und Spiel. Wo sie fehlt, verkommt der Flamenco zum billigen Spektakel oder zur leeren Technik.

»El flamenco está en la espontaneidad terrible del que sabe dolerse del mundo por cuenta suya y tener, arrebolada, la tremenda vocación del grito.«

(Der Flamenco ist in der schrecklichen Spontaneität dessen, der an der Welt leiden kann und in sich – wie ein Morgenrot – die unwiderstehliche Berufung zum Schrei fühlt.)

(González Climent, S. 214)

CHRISTOF JUNG

Cante flamenco

Über San Miguel, dem Gitanoviertel von Jerez, flimmert die Mittagshitze. Es ist erst Ende Mai, aber täglich klettert das Thermometer auf 36/38 Grad Celsius. Im Patio (Hof) einer alten Schmiede, seiner früheren Arbeitsstätte, steht der Gitano-Cantaor Manuel Agujetas an der Schmiededeesse und bereitet ein Fischgericht. Groß, schlank, etwas hager ist seine äußere Erscheinung »muy gitano«, die eines Gitano de cuatro costao (»von allen vier Seiten«). Fast könnte man ihn wegen seines dunklen Teints und des verwitterten Gesichts für einen Indianer halten. Geschickt bewegen seine kräftigen Schmiedefäuste auch die Pfanne in der Esse. Einige Freunde und Aficionados finden sich ein; es wird gegessen, diskutiert, und der starke Vino de Jerez macht in einer Korbflasche endlose Runden. So beginnt langsam eine Juerga, die bis in die Abendstunden hinein dauern wird. Fandangos und andere Cantes chicos werden von einigen Aficionados angestimmt und improvisiert. Manuel hält sich zurück, singt wenig, nur ab und zu erklingt seine ausdrucksstarke und rauhe »Voz afillá« mit wunderbaren Fandangos grandes oder Malagueñas.
Urplötzlich fängt er dann an, »por Martinetes« zu singen, eine Martinete nach der anderen. Bei den schwierigen Partien schwellen seine Halsschlagadern an. Immer mehr steigert er sich in einen ekstatischen Zustand hinein, »singt sich tief hinunter« (muy jondo) – seine Kraftreserven scheinen unerschöpflich. Vom Unglück, als Gitano in diese Welt hineingeboren zu sein, klagt sein Lied, vom uralten Leid seines Volkes, das in Schmutz und Elend lebt. Sein Gesang ist voller Trauer, hat eine ungeheure expressive Kraft, ist rein und archaisch; ohne Tricks, ohne akrobatische Schnörkel, Schluchzer und langgezogene »Aayys«. Nein, sein Schrei ist kurz – aber er verwundet wie ein Ätzbrand.

Martinetes

Desgrasiao de aquel que vive y
come pan de mano ajena.
Siempre mirando a la cara,
si la pone mala o buena.

Unglücklich, wer da lebt
und ißt sein Brot von fremder Hand,
der immer schauen muß, nach dem
  Gesicht,
ob es ihm Gutes oder Böses zeigt.

64

Estoy viviendo en el mundo
con la esperanza perdia,
no es menester que me entierren
porque estoy enterrao en via.

Ich lebe dahin auf dieser Welt
und hab' alle Hoffnung verloren;
es ist nicht nötig, mich zu begraben,
da mich das Leben schon begraben hat.

Viele große Cantaores habe ich schon in Spanien gehört, doch keiner von ihnen war fähig, drei oder vier Martinetes hintereinander zu singen. Manuel aber singt sie nun schon seit Stunden – es ist unbegreiflich! Nach dieser einmaligen Darbietung wagte es keiner der Anwesenden mehr, an diesem Abend zu singen. Selbst in späteren Jahren habe ich Manuel Agujetas nie mehr so perfekt und mit solcher Intensität singen gehört. Auf meine Frage, warum er sich so verausgabt und nur Martinetes gesungen hat, war seine lakonische Antwort: »Hombre, me ha gustao cantar por martinetes« (Ich hatte eben Lust, Martinetes zu singen) – »Y si no siento hambre, no canto« (Und wenn ich kein Hunger(gefühl) spüre, singe ich nicht). Wie viele Cantaores hat auch Manuel Probleme bei Festivals oder mit Schallplattenaufnahmen, da es ihm schwer fällt, unter einem gewissen Zeitzwang gut zu singen. Lachend erzählt er mir über seine Schallplattenaufnahmen in einem Madrider Studio, wo er morgens um 8 Uhr erscheinen und für die Aufnahmen 3–4 Stunden singen mußte: »Als ob man morgens singen könnte.« Por eso, amigo, mis discos no valen ná – son discos de mañá. (Deshalb taugen meine Schallplatten nichts – es sind Morgenschallplatten.)
Es ist erstaunlich, daß er Hunderte von Coplas im Gedächtnis behält und sogar viele traditionelle Liedtexte durch eigene Ideen variiert und umformt. Sein Cante-Repertoire beschränkt sich zwar hauptsächlich auf den Cante gitano, mit starker Spezialisierung auf Siguiriyas, Tonás (Martinetes, Debla), Soleares und Tientos, doch diese beherrscht er in großer Stilbreite. Manuel Agujetas singt den Cante »cien años atras« (hundert Jahre zurück). Flamencogesänge, wie sie im letzten Jahrhundert entstanden ...
Erst seit der Cante flamenco, zunächst durch die Cafés cantantes im 19. Jahrhundert und später dann in Tablaos der Touristenzentren und in neuerer Zeit schließlich in Tourneen kreuz und quer durch Europa und die Welt, sein authentisches Ambiente verließ, um sich einem größeren Publikum zu präsentieren, geschah es ihm, daß man ihn nicht mehr verstand. Die Künstler haben diese Schwierigkeiten eines nicht-spanisch-sprechenden Publikums bald erkannt und resigniert dem Tanz (Baile) und der Gitarre (Toque) den Vorrang auf den Bühnen überlassen. Flamenco-Shows, in denen mehr oder weniger ganz auf Gesang verzichtet wird, sind an der Tagesordnung. Historische Tatsache aber ist, daß der Ursprung und die Geschichte des Flamenco gitano-andaluz im wesentlichen die Geschichte des Cante und der Cantaores ist. Weder Gitarristen noch Tänze-

rinnen oder Tänzer haben wichtige Impulse in den jeweiligen epochalen Entwicklungen des Flamenco gegeben. Es war der Cante, der alle Stilepochen des Flamenco von der Vergangenheit bis zur Gegenwart entscheidend prägte.

Im authentischen Flamenco gitano-andaluz ist die Priorität des Cante bis heute ungebrochen. Gitarre und Tanz orientieren sich unmittelbar am Gesang. Der Cantaor beherrscht das Geschehen, denn Flamenco ist in erster Linie gesungene Übermittlung von Gefühlen und Inhalten und nicht die von optisch-akustischen Reizen.

Dafür hat der Cantaor ein breites Repertoire von Liedformen zur Verfügung, die ihm als struktureller Rahmen für seine individuelle Gestaltung von Inhalt und Form dienen.

Epochen/Geschichte

Bis zur Mitte des 19. Jahrhunderts ist die Geschichte des Cante flamenco mit der Geschichte des Flamenco gitano-andaluz identisch. Baile und Toque wurden erst später Teil der Arte Flamenco. Aus dem vorangegangenen Kapitel zur Geschichte des Flamenco seien wesentliche Voraussetzungen wiederholt:

– Die archaischen Formen des Cante entstanden im 18. Jahrhundert, seine Frühformen mit Sicherheit aber schon früher.

– Der Cante entstand im Gitano-Milieu, und seine Verbreitung war zunächst auf einen Bereich Niederandalusiens beschränkt (Triana (Sevilla), Cádiz, Jerez usw.)

– Die Entstehung des Cante ist ohne die kulturellen Wechselbeziehungen mit der andalusischen Volksmusik nicht denkbar.

Gegen Ende des 18. Jahrhunderts, dem eigentlichen Beginn der Flamencogeschichte, lebte der größte Teil des andalusischen Volkes in großer Armut und Elend. Andalusien wurde von Hungersnöten heimgesucht; es gab keine Arbeit, und wenn, dann war sie schlecht bezahlt. Bettlerbanden durchzogen das Land auf der Suche nach Nahrung, und die allgemeine Verelendung war groß. Aus dem Jahr 1787 berichtet der englische Reisende Townsend: »In den Städten zwischen Ecija und Sevilla gleichen Hütten und Häuser Ruinen, die Bauern sind halbnackt, in den Dörfern wimmelt es von Bettlerbanden, nicht nur Tagelöhner, sondern auch Handwerker leben in großer Not, ja selbst Kleingutsbesitzer betteln in den Straßen Sevillas« (Quiñones, El Flamenco vida y muerte). Die Gitanos befanden sich in derselben Situation, denn sie lebten inmitten städtischer und ländlicher Unterschichten. Aus diesem Elend heraus erhoben sie ihre Stimmen zum Cante voller Verzweiflung und Leid. Im Gesang lag

66

scheinbare Erleichterung. Der Cante flamenco wurde für sie Lebensstil und Weltsicht. Zuerst wurde der Cante »unter Verschluß gehalten«, nur im engeren Kreis der Gitano-Familien gepflegt und seine Stile und Coplas dort mündlich überliefert.

Aus dieser Frühzeit des Flamenco, die man auch die »Primitive Phase« nennt, stammen vorwiegend Liedformen, die dem Cante grande (Jondo) des Flamenco zugerechnet werden: Caña, Carcelera, Tonás (Martinete, Debla), Corríos, Playeras (Frühformen der Siguiriyas), Siguiriyas Polos und Soleares. Der Fandango andalusischer Herkunft ist vermutlich bereits in dieser Zeit eine Verbindung mit den Gitano-Liedern eingegangen.

Mitte des 19. Jahrhunderts wurde der Cante gitano auch in anderen andalusischen Provinzen bekannt. Es entstand eine gewisse Dualität zwischen Cante gitano und den andalusischen Volksliedern, die auch eine gegenseitige Beeinflussung zur Folge hatte. Der Cante gitano öffnete sich in einem gewissen Umfang dem Cante andaluz, nachdem die Cafés cantantes entstanden waren. In der andalusischen Volksmusik zeigten sich die ersten Lieder ›aflamencados‹.

Das Repertoire des Cante gitano-andaluz wurde in dieser Zeit durch verschiedene Liedformen ergänzt, die heute überwiegend dem Bereich des Cante chico, des leichteren Cante, zugeordnet werden: Alegrías, Bulerias, Cantiñas, Cartageneras, Granainas, Romeras, Tangos gitanos u.a. Gleichzeitig wurden im Gitano-Milieu die traditionellen Stile weiterentwickelt.

Dieser Epoche gab man den Namen ›La Edad de Oro‹ (Goldenes Zeitalter). Einerseits übten die Cafés cantantes eine gewisse Anziehung auf die Gitano-Cantaores aus, die hier sowohl Verdienstmöglichkeiten als auch ein ständig wachsendes Publikum fanden, andererseits aber war dies bereits der Beginn der Verwässerung des authentischen Flamenco: In den Cafés verlor der Cante seine ursprüngliche Funktion, solistischer Ausdruck des gemeinschaftlichen Gefühls einer Minderheit zu sein. Der reine Hörgesang, der »Cante para escuchar«, war dort nicht gefragt. Er wurde durch ein »Cuadro flamenco« ersetzt, das erstmals Sänger, Tänzer, Gitarristen und Jaleadores gemeinsam präsentierte. In den Cafés arbeiteten zunehmend professionelle Künstler, die dem leichten Cante chico den Vorzug vor den vermeintlich monotonen Jondo-Gesängen gaben. Denn diese Cantes ließen sich mit viel mehr Tanz, Verve und Showeffekten vortragen als die Cante jondos. So erfuhr das Genre der Cante chicos eine Aufwertung, die die Entstehung seiner großen Stilbreite begünstigte.

Trotz dieser Konkurrenz verdankt der authentische Cante gitano dieser

El Lebrijano (Seite 68), Enrique Morrente (Seite 69 oben),
Jose Menese (Seite 69 unten)

67

Epoche auch eine Reihe von Cantaores, die heute als Schöpfer neuer Cante-Formen und als unübertroffene Interpreten traditioneller Cantes gerühmt werden (Silverio, Tomás el Nitri, Curro Dulce, El Mellizo, Loco Mateo, La Serneta, Chacón, M. Torre usw.).

»Nach der goldenen Phase des Cante Flamenco folgte im zweiten Jahrzehnt unseres Jahrhunderts die sogenannte Epoche der ›Opera Flamenca‹. Dieser Flamenco lyrischer Falsetts und falscher melodramatischer Schreie (der dann mit nicht wenig Fallsucht in der Kinnlade irgendeines -Niño- herumirrte), dieser schlechte Flamenco, der herausgeputzt, akademisch und protzig geschmückt sich seiner bescheidenen Herkunft schämte – ging nun voll belastet von der spanischen Operette (Zarzuela) auf die Bühne« (Manuel Urbano Pérez).

Viele Cafés hatten um 1910 ihre Pforten schließen müssen, Theater und Oper hatten sich des Flamenco (chico) angenommen. In dieser popularisierten Form war der Flamenco nur noch ein Zerrbild seiner einstigen Ursprünglichkeit. Von einer reichen Tradition waren in der Öffentlichkeit nur Verfälschungen und Couplets im Flamencostil übriggeblieben. Diese Situation dauerte bis zum Beginn der 50er Jahre an. Während dieser Zeit aber hatten sich die Gitanos wieder als Traditionshüter des authentischen Cante erwiesen, sie hatten ihn erneut »unter Verschluß« genommen. So konnten die Flamencólogos (Flamencoforscher) bei den Gitanos auf einen reichen Fundus zurückgreifen, als zu Beginn der 50er Jahre die Epoche der Wiederentdeckung des Flamenco infolge einer systematischen Erforschung eingeleitet wurde. Die Gesangsstile noch lebender älterer Cantaores, zu denen natürlich auch seit den Café cantantes Payo (NichtGitano)-Cantaores gehörten, wurden für Schallplatten-Anthologien aufgenommen. Ein neu entstandenes Archiv, die Cátedra de Flamencologia, erstellte eine Bestandsaufnahme des vorhandenen Materials. Bücher und unzählige Schallplatten erschienen und versuchten, Geschichte und Vielfalt des Flamenco zu erhellen. Intellektuelle interessierten sich plötzlich verstärkt für diese Musik, und selbst im Ausland gab es nun die ersten Aficionados.

Die Strukturen des Cante

Inhalte

Die meisten Coplas, die Liedtexte des Flamenco, sind anonymer Herkunft und sind aus der großen poetischen Substanz des andalusischen Volkes erwachsen. Den ersten Flamenco-Interpreten, den Gitanos, wurde oft die Kreativität eigener Texte abgesprochen, doch bezeugen viele Verse in der Schilderung ihrer Lebensweise und in ihrer biographischen Färbung die Urheberschaft der Gitanosänger. Coplas von Dichtern wie Manuel

Machado, García Lorca, Manuel Balmaseda u. a. bereicherten später noch den Flamenco-Liedschatz.

Wie die Gesangteile, so wurden auch berühmte Coplas der Cantaores mündlich weitergegeben. Noch heute greifen Flamencosänger auf die alten traditionellen Texte zurück und ergänzen sie mit eigenen Variationen. In den oft pathetischen Coplas des Cante jondo vermittelt der Sänger individuelles Leid, erzählt er uns Begebenheiten seines Lebens, singt er in wenigen Versen (meist Drei- und Vierzeiler) eine tragische Geschichte und läßt er die erschütternde Klage seines Gesanges zu einem Leidensgesang des Menschen werden. Mal in einer schmucklosen Direktheit, mal in großartigen, lyrischen Sprachbildern handeln die Texte vom Widerstreit zwischen Hoffnung und Verzweiflung, Liebe und Liebesleid, Schuld und Sühne, Fluch und Schutz der Gottheit. Die Nichtigkeit menschlichen Lebens mündet in einen tiefen Fatalismus. Eines der Hauptthemen des Cante jondo, der Tod, ist in einer immerwährenden Präsenz vorhanden. In den Gitano-coplas wird die Mutter (mare) als Teilnehmerin des Schmerzes mit einbezogen (Marecita de mi arma!).

Penas tié mi mare	Kummer hat meine Mutter,
penas tengo yo	Kummer hab' auch ich,
y las que siento son las e mi mare	den ich fühl', ist der meiner Mutter
y las mias no.	den meinen fühl' ich nicht.
(Siguiriya)	

Die Liedverse des Cante chico umweht oft auch ein Hauch von Traurigkeit, trotz Lebensfreude, Witz und Spott. Spontan entstehen da oft Stegreifdichtungen, und wie in einem kleinen Chanson gibt es genau plazierte Aperçus in einer erstaunlichen »Treffsicherheit des Gefühls« (Lorca).

Tienes los ojiyos grandes	Du hast so große Augen,
como pieras e molino,	wie die Steine in der Mühle,
y parten los corasones	und sie zermalmen die Herzen
como graniyos e trigo.	wie Getreidekörner.
Eres chiquita y bonita,	Klein bist du und schön,
eres como yo te quiero,	bist eben so wie ich dich liebe,
eres una campanita	ein Glöckchen bist du
en las manos de un platero.	in den Händen eines Silberschmiedes.

(Copla-Beispiele des Cante chico, keiner Cantegruppe genau zuzuordnen)

Obwohl viele Cantes im Umfeld äußerster Armut und bedrückendster sozialer Ungerechtigkeit entstanden, beinhalten nur wenige Texte eine direkt ausgesprochene Sozialkritik. Im Vergleich zu anderen, unter ähnlichen Umständen entstandenen Liedern unterdrückter Minderheiten bieten die Cante-Texte auch keine Lösungsmöglichkeiten an und rufen nicht zu Aktionen auf, das besungene Leid z. B. politisch zu ändern. Coplas mit direkten politischen Aussagen sind aus dem 18. und 19. Jahrhundert nicht bekannt. Dagegen sind Manuel Gerena und José Menese zeitgenössische Cantaores, die unter dem Franco-Regime sogar das Verbot ihrer politischen Cantes hinnehmen mußten.

Versformen

Eine Copla kann aus drei, vier oder fünf Zeilen bestehen. In den einzelnen Liedformen existieren keine festen Regeln für die Anzahl der Zeilen, jedoch ist z. B. der Vierzeiler bei Alegrias, Carceleras, Tonás und Martinetes

Pepe el de la Matrona (links), Pedro Soler (rechts)

vorherrschend, während Fandangos vier oder fünf Zeilen, Soleares aber auch nur drei Zeilen haben können.Die Endreime ordnen sich ebenfalls in jeder Cante-Art keinen einheitlichen Regeln unter. Die Endreimfolgen AABA, ABCB, AAAAB, ABCD usw. werden beliebig kombiniert. Werden mehrere Coplas gesungen (eine Siguiriya besteht z.B. aus zwei, drei oder mehr Versen), fällt auf, daß zwischen dem Inhalt eines Verses zum folgenden keine direkte Verbindung besteht. Die Coplas wirken dadurch unabgeschlossen und fragmentarisch.

Sprache

Die meisten Flamencotexte werden in andalusischem Dialekt gesungen. Das Caló, die Sprache der Gitanos, findet kaum noch Verwendung. Im Gegensatz zu anderen Dialekten europäischer Roma zeigte sich das Caló schon recht früh vom andalusischen Dialekt durchsetzt und ist seit dem 19. Jahrhundert kaum noch in Gebrauch.
Die wenigen Caló-Wörter, die in die Flamenco-Coplas eingeflossen sind, werden auch von jedem Andalusier verstanden und gebraucht. Vielleicht gab es am Anfang des 19. Jahrhunderts noch einige Coplas in Caló wie dieses Beispiel:

Peno men ducas guiyabando   Mein Leid, ich sag es singend
sos guiyabar sina orobar   denn singen ist weinen,
Peno retejos quelarando   Meine Freude, ich sag sie tanzend
sos quelarar sina guirrar.   denn tanzen ist lachen.

Aber sie wurden spätestens, als der Cante aus dem Gitano-Milieu hinausgetragen wurde, dem Spanisch-Andalusischen angeglichen. Einige Caló-Wörter, die manchmal in den Liedtexten auftauchen, sind u.a.: camelar = lieben, wollen; chanelar = wissen; endiñar = geben; merar = töten; ducas (duquelas) = Schmerz, Pein; eray = Herr, Spanier; clisos = Augen; sacaís = Augen; parné = Geld; garlochí = Herz; Undebel = Gott, oder auch die Eigenbezeichnungen der Gitanos: calorró, calé, caló.

Musikalische Strukturen

Das musikalische Bild des Flamencogesangs ist kaum mit dem irgendeines europäischen Kulturbereiches vergleichbar. Das macht ihn für Außenstehende schwer zugänglich. Dabei sind die stimmbildnerischen Mittel, die der Cantaor benutzt, durchaus auch typisch für volkstümliche Liedformen vieler Kulturen. In der Kombination dieser Stilistiken, die wohl durch den

73

Einfluß so vieler Gesangsstile, denen die Gitanos begegneten, begründet ist, ist der Cante flamenco jedoch einzigartig.

Der Cantaor verwendet oft Halbtöne, die doppelt erhöht sind, ohne zu einer neuen Tonstufe zu führen (Enharmonik). Der Intervall-Bereich umfaßt eine Sexte. Der Cantaor benötigt diesen enharmonischen »Spielraum«, um zusätzlich zur Ganztonleiter eine Fülle von Klangfarben zur Verfügung zu haben, die dem emotionalen Ausdruck ausreichend Nuancierungsmöglichkeiten bieten. Er verstärkt diesen Effekt durch gleichbleibende oder variierende Wiederholungen und durch Schleifen bzw. Ziehen der Silben und Worte (Melismen). Oft wird die Melodie des Cante durch zusätzliche Töne innerhalb der melodischen Linie bereichert. All diese Techniken »werden von dem Cantaor nur dort angewandt, wo die emotionale Kraft des gesungenen Wortes eine Erweiterung oder einen jähen Gefühlsausbruch suggeriert. Diese Verzierungen sind also eher erweiterte stimmliche Modulationen, als ornamentale Läufe« (de Falla).

Um die Gesangstechnik zu verdeutlichen, hier als Beispiel die lineare Aufzeichnung einer Siguiriya von Manuel Torre, gesungen von seinem Sohn Tomás Torre auf der Schallplatten-Anthologie »Archivo del Cante Flamenco«:

Siempre por los rincones	Immer find ich dich
te encuentro llorando,	an den Ecken steh'n und weinen,
que libertad no tengo yo en mi via	möge ich keine Freiheit mehr im
si te endiño mal pago.	Leben haben,
	wenn ich zu dir undankbar bin.

Tiri ti ri ti .. ay.. ay.. ay.. ay.. i.. a.. a.. ay
ti.. a.. ay.. i..
siempre por loo … siempre por loo..
rin.. in.. in.. coné.. o.. ay
te e.. en.. encuentro.. o.. yorando
que libertá .. aa.. que libertá ..aa
no tenga.. a.. yoo.. o.. en mi viivia..
si.. i.. si.. i.. te doy mar pago …
que no.. i.. tenga.. a.. la libertá yo.. o.. en mi viiaa..
si te.. e … endiño … i.. mar pago.

Die Stärke des dramatischen Ausdrucks ist also im Cante jondo von der Stimmbildungsfähigkeit seines Interpreten abhängig. Die Qualität seines Vortrags steht und fällt mit seiner Virtuosität, seiner Intuition und seiner Fähigkeit, Liedinhalt und persönliche Emotion seinem Gegenüber zu vermitteln.

Schon im 19. Jahrhundert haben viele Cantaores die von ihnen bevorzugten Cante-Stile durch ihre persönliche Interpretation berühmt gemacht.

Ein wahrer Cantaor ist eben kein Nachahmer! Er ist im Augenblick des Singens schöpferisch tätig, ein Vorzug übrigens, den er z. B. mit den spontan komponierenden Musikern des zeitgenössischen Jazz teilt.

Cantaores vergangener Zeiten prägten Gesangstechniken, die bis heute als beispielhaft gelten und seither als »Schulen« (Triana, Jerez usw.) stilbildend waren. So hört man z. B. die Soleares »im Stile« von Triana, Alcalá, Cádiz oder Cordoba, aber auch »in der Art« von Loco Mateo, El Mellizo, La Serneta, Curro Frijones, Juaniqui, Joaquin el de la Paula, Tomás Pavón . . . (s. auch im Abschnitt über die Cantaores, S. 93).

Zur Beurteilung der stimmlichen Qualität des Flamencogesangs können unsere ästhetischen Maßstäbe von einer »kultivierten Stimme« nicht herangezogen werden – hier zählt allein die emotionale Ausdruckskraft des Cantaors.

Innerhalb des Cante jondo gibt es bevorzugte Stimmlagen:

Voz afillá (Voz rajo, eco gitano) = die rauhe, tiefe Gitanostimme;

Voz redonda = die volltönende, runde, männliche und harmonische Stimme;

Voz naturá = die natürliche Stimme ohne stimmliche Tricks, wie die voz redonda, aber expressiver.

Ferner spricht man vorzugsweise im Cante chico von Voz facil (leichte Stimme) und der Voz de falsete (Falsettstimme).

Aufbau des Cante

Unter Cante versteht man nicht nur ein Lied mit unterschiedlicher Anzahl von Versen. Der Cante besteht aus mehreren Teilen, die nach den klassischen Regeln des Dramas aufeinander folgen:

1. *Temple* (span.: Stimmung): Einsingen der Stimme ohne Worte, sich wiederholende ›ay‹-Schreie, Einstimmen und erste Kontaktaufnahme mit dem Rhythmus;
2. *Planteo* (span.: Entwurf): Beginn und Melodievorstellung des Cante;
3. *Tercio grande* (span.: großes Drittel): Zentrum des Gesangs mit den Flamenco-Coplas, ausgeführt mit der ganzen Intuition und Kraft des Interpreten;
4. *Tercio de alivio* (span.: entspanntes Drittel): Zunächst ein Nachlassen der emotionalen Anspannung des Tercio grande;
5. *Tercio valiente* (span.: starkes Drittel): Forcierung der Eigenständigkeit und Persönlichkeit des Cantaors, seines Stils und seiner Inspiration;
6. *Cambio o remate* (span.: Wechsel/Abschluß): Beendigung des Cante bzw. Übergang in einen Ausgesang. Bei diesem Wechsel übernimmt der Cantaor meist einen ähnlichen Cante.

Ein guter Cantaor wird nie, wie heute oft üblich, einen ernsten Cante grande mit einem leichten, schnellen Cante chico abschließen, da er dadurch die Wirkung seines ersten Cante zerstören würde. Umgekehrt ist ein Beginn mit einem Cante chico (oder mehreren) und der Übergang zu Cante jondo durchaus üblich.

Trotz des scheinbar strengen Aufbaus läßt der Cante grande dem Sänger ausreichend Spielraum für Variationen von Melodie und Tonbildung, besonders im Tercio grande. Er darf dabei aber die Gesamtstruktur des Cante nicht verlassen, die in starkem Maße vom Compás, dem Rhythmus, bestimmt wird. Zumindest Aficionados bemerken Verstöße gegen diese Regeln.

Cante und Begleitung

In frühen Epochen des Flamenco bis zur Mitte des 19. Jahrhunderts sangen die Cantaores ohne musikalische Begleitung. Mit einem Stock (Palo) schlugen sie sich selbst den Rhythmus. Seit den Cafés cantantes trat neben den Palmas die Gitarre als Begleitung des Cante in Erscheinung. Sie erweiterte den klanglichen Reichtum des Cante und milderte zugleich seine Monotonie und Strenge. Der Tocaor (Gitarrist) führt zwar den Rhythmus des Cante, doch darf er nur das musikalische Gerüst für den Sänger liefern. Er markiert mit seinem Spiel den Compás, stützt den Gesang und hält ihn innerhalb des vorgesehenen Ablaufs. Es ist keineswegs selten, daß ein Cantaor in der Hitze seines Gesangs die Orientierung verliert, an welcher Stelle des Cante er sich befindet. Eine allzu große Virtuosität des Gitarristen würde allerdings die Konzentration des Sängers beeinträchtigen und den Gesangsablauf stören. In den Gesangseinleitungen und Pausen zwischen den Tercios zeigt allerdings ein guter Tocaor sein Können im Spiel uralter Falsetas (Melodiefolgen).

Der Cante wird in die Stille hineingesungen. Der Cantaor muß die äußerste Konzentration aufbieten, um die Schwierigkeit des Cante grande zu meistern. Nur die Zurufe der Aficionados können diese Stille unterbrechen, um dem Sänger Mut zu machen oder ihn bei besonders schwierigen Gesangspassagen durch Zurufe (Así se canta, eso es, muy valiente) anzufeuern und zu loben.

Wo der Cante gesungen wird

Früher wurde der Cante gesungen, wenn Leid und Schmerz so übermächtig wurden, daß der Sänger im Gesang nach Befreiung suchte: auf dem Feld, in der Einsamkeit der Nacht, bei der Arbeit in der Schmiede und

Tenne, im Patio einer Taverne, in der Geborgenheit des Clans und der Familie. Der Cante grande benötigte ein besonderes Ambiente und eine spezifische Zuhörerschaft. Mit nur wenigen Aficionados – den Freunden, Liebhabern und Kennern des Cante – als Zuhörer, galt es einen Raum der Intensität und Kommunikation zu schaffen. Sie mußten geduldig warten können, um den Sänger in Hochform zu erleben.

In diesem Zusammenhang ist es interessant, einen Bericht des irischen Gitano-Forschers Walter Starkie wiederzugeben, der in den 20er Jahren einen der bedeutendsten Cantaores in der Flamencogeschichte hörte, den Gitano Manuel Torre: »Er (Torre) pflegte seinen Auftritt Stunde um Stunde zu verschieben. Immer wieder schenkten wir ihm ein und hörten widerspruchslos zu, wenn er seine Rennhunde prahlerisch mit denen seiner Sevillaner Freunde verglich. Ein hochgewachsener, sehniger Mann mit blitzenden Augen im bronzefarbenen Gesicht, blieb unser Star unempfindlich und unbeweglich wie ein Orakelpriester, was immer wir auch unternahmen, um ihn zum Singen zu bewegen. Mit seiner weißen Locke im blauschwarzen Haar und seinem orientalischen Hexergesicht hatte er etwas Vampirhaftes im Ausdruck. Da er die Fandanguillos genannten Lieder für modern und verkommen hielt, stichelten wir: Sie mögen doch Fandanguillos, nicht wahr, Meister? Worauf er erwiderte: ›Eso pa mi está en Inglé.‹ – (Meinetwegen können sie auch Englisch sprechen.) Wenn endlich der Morgen schon graute und wir heimgehen wollten, vernahmen wir das rhythmische Klopfen des Taktstocks, entdeckten Schweißperlen auf Don Manuels Stirn und sahen, wie sich die kupfrige Farbe seines Gesichts vertiefte, als glühe der Dämon unter seiner Haut. Da brach das große Lied, der Cante grande, wie Kenner den Meistergesang nennen, aus ihm hervor. Hingerissen lauschten wir dieser Siguiriya, die mehr als volkstümliche Schwermut ausdrückte. Ein unendlicher Pessimismus, ein dunkles Gefühl der Tragik menschlichen Lebens durchdrang sein Lied« (Walter Starkie, S. 85).

Die Stilformen des Cante

Seit sich die Flamencologia in Andalusien und Madrid ausführlich mit Erforschung und Dokumentation des Cante beschäftigt, hat es viele Versuche gegeben, die Cantes zu klassifizieren. Je nach Einschätzung der Flamencologen über den »Reinheitsgrad« des Cante oder der vermuteten Vermischung mit andalusischer Volksmusik entstanden verschiedene Systeme der Zuordnung der Cante-Stile. Da die Herkunft in den meisten Fällen nicht nachgewiesen werden konnte, erweist sich die Klassifizierung nach den Wurzeln als besonders schwierig. Möglich wäre auch die Erfassung nach historischen Epochen, d.h. den Zeitpunkten ihres Auftauchens, oder nach literarischen Aspekten usw.

Molina und Mairena schlagen eine Klassifizierung nach folgenden Kriterien vor:
1. Cantes flamencos basicos;
2. Cantes flamencos, mit ersteren verwandt oder von ihnen beeinflußt;
3. Cantes flamencos, die aus dem Fandango andaluz hervorgingen;
4. Cantes folkloricos (regionale) mit Flamencoeinfluß.

Da mir selbst bei diesem einleuchtenden System eine Zuordnung aufgrund der ungesicherten Ursprünge der Cantes schwerfällt, möchte ich einer traditionellen Einteilung in drei Gruppen den Vorzug geben, obwohl mir auch die Problematik dieser Klassifizierung bewußt ist.

1. Cante jondo (tiefer Gesang) oder Cante grande (großer Gesang)

Der Cante jondo ist die Essenz aller Flamencokunst und bildet den Stamm, aus dem sich eine Vielzahl weiterer Stile entwickelte.
Mir ist kein vergleichbarer Volksgesang von so dramatischer Dichte und tragischer Schönheit bekannt. In der Poesie seiner Liedstrophen werden Leid, Liebesschmerz, Trauer und Pessimismus vermittelt. Der Cante jondo fußt auf einer komplizierten musikalischen Struktur. Seine Melismatik erinnert bisweilen an orientalische Gesänge. Fast alle Jondogesänge sind Cantes gitanos und fanden auch überwiegend in den Gitanos ihre großen Interpreten. Seit Mitte des 19. Jahrhunderts sind auch einige Payo-Cantaores sehr berühmt geworden.
Beispiele: Cante jondo y grande:
Bulería por Soléa, Cabales, Caña, Carcelera, Corríos, Debla, Liviana, Martinete, Playera, Polo, Pregones, Saeta, Serrana, Siguiriya, Soléa (Soleares), Toná.

2. Cante intermedio (mittlerer Gesang)

Diese Mischform ist zwar aus dem Cante jondo hervorgegangen, hat aber nicht dessen Tiefe (jondo) und ist auch meist andalusischer Herkunft.
Beispiele: Cante intermedio:
Granaina, Jabera, Malagueña, Medio Polo, Mineras, Petenera, Policaña, Taranta, Taranto, Tientos.

3. Cante chico (kleiner Gesang)

Der Cante chico ist nicht so kompliziert aufgebaut wie der Jondogesang; er ist melodiöser, farbiger und viel leichter zu interpretieren. Auch er ist

78

stark in andalusischer Folklore verwurzelt und hat zudem noch Musikformen aus der lateinamerikanischen Folklore assimiliert.
Beispiele: Cante chico:
Alboréa, Alegrías, Bambera, Bandola, Boleras, Bulería, Calesera, Campanilleros, Cantiña, Caracoles, Cartagenera, Chuflas, Columbiana, Fandango, Fandanguillos, Farruca, Garrotín, Guajíra, Jaleo, Lorqueña, Mariana, Media Granaina, Milonga, Mirabrás, Murciana, Nanas, Panadero, Roás, Rocieras, Romeras, Rondeña, Rosas, Rumba Gitana, Sevillianas, Tangos Gitanos, Tanguillo, Tiranas, Trillera, Verdiales, Villancicos, Vito, Zambra, Zorongo Gitano.
Aus dieser Auflistung aller nachgewiesenen Flamencogesänge etwas ausführlicher die wichtigsten Cantes mit Coplasbeispielen:

Alegrías
(Cante chico, Gitarrenbegleitung und Tanz)

Cádiz war im letzten Jahrhundert neben Jerez und Sevilla ein Zentrum des Cante jondo. Aufgrund der Fröhlichkeit seiner Bewohner konnte sich dort auch ein leichterer Flamencostil entwickeln, der in den Cantiñas seinen Ausdruck fand. Aus der Gruppe der Cantiñas wurde die Alegrías die berühmteste, ein festlicher Tanz und Gesang.

Vente conmigo,	Komm mit mir,
vente conmigo,	komm mit mir
dile a tu mare	und sag' deiner Mutter
que soy tu primo.	ich sei ein Vetter von dir.

Que el sentio me lo quitas	Wie raubst du mir doch die Vernunft,
cuando te veo en la calle	wenn ich dich auf der Straße sehe,
que el sentio me lo quitas	fürwahr, du raubst mir die Vernunft,
y no paro de mirarte.	doch aufhören kann ich nicht, dich anzusehen.

Bulerías
(Cante chico y grande, Gitarrenbegleitung und Tanz)

Über die Ursprünge der Bulerías weiß man wenig. Man sagt, der Cantaor Loco Mateo habe erstmals seine Soleares Ende des 19. Jahrhunderts mit einem Remate (Ausgesang) der Bulerías ausklingen lassen. Zwar ist die Bulería der Prototyp des Cante festero (Tanzgesang) mit ihrem schnellen, mitreißenden Rhythmus und den spöttischen, oft spontanen Coplas. In seinen Anfängen aber soll dieser Gesang sehr ernst gewesen sein. Dies spürt man noch heute in den Bulerías por Soléa (Bulerías im Solares-Stil).

Man unterscheidet zwei Gruppen:

Bulería al golpe = existiert fast ausschließlich in Liedform (Cante para escuchar);

Bulería ligada = Begleitung zum Tanz mit schnellerem Rhythmus.

Es mi novio relojero cada vez que viene a verme se la para el minutero.	Ein Uhrmacher ist mein Bräutigam so oft er kommt, mich zu seh'n, bleibt der Minutenanzeiger steh'n.
Toas son de carne mi compañera de azúcar cande.	Alle sind aus Fleisch nur mein Liebchen ist aus Kandiszucker.

Bulería por Soléa

Yo me quisiera morir a ver si tú te ponías negro lutito por mi	Sterben möcht' ich um zu seh'n, ob du wegen mir dich in schwarze Trauer kleidest.

Caña
(Cante grande, Gitarrenbegleitung, selten als Tanz)

Die Caña ist eine der ersten Formen des Flamenco-Gesanges. Frühe Aufzeichnungen über den Flamenco im 18. Jahrhundert erwähnen bereits die Caña, die wahrscheinlich aus Cádiz kommt. Dieser ernste, sehr schwierige Jondogesang wurde von allen Meistern des Cante gepflegt. Er wird heute allerdings selten gesungen. Viele Flamencogesänge gehen direkt oder indirekt auf die Caña zurück, wie Polo, Soléa und Serrana.

En el querer no hay venganza tú te has vengaito de mi, castigo tarde o temprano del cielo te ha de venir.	Die Liebe kennt keine Rache, doch du hast dich gerächt an mir, Vom Himmel wird darum kommen bei Tag und Nacht die Strafe dir.

Carcelera
(Cante grande, »a palo seco«)

Dieser reine Cante jondo, eine der ältesten Formen im Flamencogesang, bietet dem Gitano-Sänger die größten Ausdrucksmöglichkeiten. Entstanden in den Cárceles (Gefängnissen) Andalusiens, erzählt dieser tragische, expressive Cante aus dem Leben des Sängers und vom Verlust seiner Freiheit. Der dramatische Ausdruck der Carcelera fordert das Äußerste an physischer Kraft von seinem Interpreten. Man singt heute die Carcelera im Compás der Martinete.

Venticinco calabozos tiene la carse de Utrera. Veinticuatro he recorrio y el más oscuro me quea.	Das Gefängnis von Utrera hat fünfundzwanzig Verliese. Vierundzwanzig habe ich schon durchlaufen doch sein dunkelstes bleibt mir noch.

Corríos
(Cante grande, »a palo seco«)

Eine der uralten Formen und Anfänge des Flamencogesangs finden wir in den Corríos, traditionellen Romanzen. Die Gitanos sangen die Corríos (Romanzen) in »ihrer Manier«, als »Cante a palo seco«, also mit allen Melismen und Modulationen des Cante jondo. Die Corríos bildeten wahrscheinlich die Grundlage der Tonás. Heute ist dieser Cante fast vergessen, und man hört ihn ganz selten.

Maria Vargas

Debla
(Cante grande, »a palo seco«)

Obwohl die Etymologie des Wortes »debla« bis heute nicht gänzlich geklärt wurde, nimmt man an, daß dieser Gesang wohl die älteste Form des Cante jondo darstellt. Man zählt die Debla zur Gruppe der Tonás. Über ihre ursprüngliche Form ist nichts bekannt, und man nimmt heute die Version als Vorlage, die der große Cantaor Tomás Pavón vor einigen Jahrzehnten rekonstruierte. Außergewöhnliche stimmliche Anforderungen befähigen nur wenige Künstler für die Gestaltung dieses tragischen, fast sakralen Gesanges.

Yo ya no era quien era,
ni quien yo fui ya seré;
soy un árbol de tristeza
pegaito a la paré.

Nie war ich wirklich, der ich war,
noch werde ich es jemals sein,
ich bin ein Baum der Traurigkeit
gepreßt an eine Wand.

En el barrio de Triana
se escuchaba en alta voz
pena de la via tiene
aquel que sea caló.

Im Viertel von Triana
hörte man mit lauter Stimme,
daß Leid im Leben müsse tragen,
wer ein Gitano ist.

Fandango
(Cante chico, Gitarrenbegleitung und Tanz)

Der Fandango tauchte schon vor dem 18. Jahrhundert als andalusischer Volkstanz in fast allen Regionen Spaniens auf. Seine Ursprünge werden sogar bis zur arabischen Invasion zurückverfolgt. Die Fandangoformen im Flamenco sollen aber auch eine starke Beeinflussung durch die nordspanische Jota (schneller Paartanz aus Aragon) erfahren haben. Der Fandango ist reich an regionalen Varianten, unter denen die bekanntesten in Alosno, Granada, Huelva und Lucena zu finden sind. Man unterscheidet zwischen Fandangos grandes und Fandanguillos, wobei sich die ersten in ihrem Ernst doch sehr dem Cante jondo nähern und die kleinen Fandangos (Fandanguillos) heiterer und witziger sind.

A los racimos de uva
se parece tu querer
la frescura viene antes
la borrachera, después.

Deine Liebe, sie gleicht
den Trauben des Weinstocks,
die erst erfrischen
und später berauschen.

Mi caballo y mi mujer
se me murieron a un tiempo.
Mi mujer! Dios la perdone!
Mi caballo es lo que siento.

Mein Pferd und mein Weib,
die starben mir zur selben Zeit.
Gott möge meinem Weib verzeihen,
doch meinem Pferde trauer ich nach.

Porque no la conosia
del amor yo me rei
y me enamoré de tí
para que llegará el dia
que se rieran de mi.

Als ich die Liebe nicht kannte,
verlachte ich sie,
jetzt, da ich in dich verliebt bin,
wird der Tag bald kommen,
wo man mich verlacht.

Granaina
(Cante intermedio, Gitarrenbegleitung, kein Tanz)

Dieser Cante de Levante ist als Variante der Fandangos de Granada noch relativ neu im Flamenco. Stärker als bei anderen Fandangos macht sich hier der arabisch-maurische Einfluß in einer Überladenheit der Melodie bemerkbar.

Gitaniya com yo
no la tienes que encontrar
aunque gitana se vuelve
toita la cristiandad.

Eine Zigeunerin wie mich
wirst du niemals wieder finden
selbst wenn die ganze Christenheit
noch zu Zigeunern würd'.

Liviana
(Cante grande, Gitarrenbegleitung, selten getanzt)

Die Liviana entstand wahrscheinlich Mitte des 19. Jahrhunderts und wurde früher ohne Gitarrenbegleitung als Toná liviana gesungen. Heute unterscheidet man zwischen zwei Gruppen: Als Cante campero hat sie starke Bezüge zur ländlichen Folklore und Thematik, und als Liviana gitana ist der Einfluß der Tonás (Debla, Martinete) stärker spürbar.

Olvidé padre y madre
por ir contigo
y ahora me dejas sola
por el camino.

Vater und Mutter hab' ich vergessen,
um mit dir zu gehen,
nun aber läßt du mich allein
hier auf diesem Wege.

Malagueña
(Cante intermedio, Gitarrenbegleitung, kein Tanz)

Aus den alten Fandangos de Malaga ging im letzten Jahrhundert die Malagueña hervor, die in der Zeit der Cafés cantantes zum Flamencogesang par excellence wurde. Ihre musikalische Struktur ist ähnlich variationsreich wie die der Fandangos. Der Reichtum der Melodien und die elegische Schönheit ihrer Coplas machen die Malagueña zu einem der großen Flamencogesänge.

Cuando me pongo a pensar lo lejos que estoy de ti no me canso de llorar porque sé que te perdi para no verte jamás.	Denk' ich darüber nach wie weit ich von dir bin, wird mein Weinen nie vergehn, weiß ich doch, ich hab' dich verloren und seh' dich nun nimmermehr.

Mi llanto a nadie conmueve,
cantando paso la via,
mi llanto a nadie conmueve,
yo soy como el ave fria
que canta al pie de la nieve
al amanecer el dia.
	Mein Weinen, es rührt ja niemand,
	und so verfliegt mir singend das
	  Leben,
	denn mein Weinen, es rührt ja
	  niemand,
	und ich bin wie der frierende Vogel,
	der dort singt am Rande des Schnees
	  den Anbruch des Tages zu künden.

Martinete
(Cante grande »a palo seco«)

Der Martinete ist der bekannteste aus der Gruppe der Tonás. Wiege dieses mächtigen Gesanges waren die Gitano-Schmieden Trianas. Während der Martinete früher keinerlei musikalische Begleitung hatte, hört man heute oft improvisierte Hammerschläge. Die Interpretation dieses »Worksongs« erfordert große physische Kraft und ist außerordentlich schwer. Man unterscheidet zwischen zwei Grundtypen, der naturá (natürlich) und der redoblao (verdoppelt), wovon die zweite Form die längere und schwierigere ist.

Lo mismo que aplasto el jierro pa jacerlo filigrana, quiero aplastá tu queré de la noche a la mañana.	So wie ich das Eisen forme zu einem Filigran, will ich deine Liebe formen vom Abend bis zum Morgen:
Mare mia de mi alma! Pare mio, qué vergüenza! Que los gitanos se enteren que tengo la fragua en venta.	Ach, Mutter meines Herzens, mein Vater, welch eine Schande, wenn die Zigeuner bemerken, daß die Schmiede zu verkaufen ist.

Chocolate de Granada

84

Petenera
(Cante intermedio, Gitarrenbegleitung, selten getanzt)

Die Ursprünge dieses Gesanges liegen im Dunkeln, und die angebliche Beeinflussung durch jüdischen Synagogengesang ist unbewiesen. Die Petenera ist ganz anders als andere Flamencogesänge, doch ist in ihrem schönen, gemessenen Rhythmus der Einfluß der Soleares spürbar.

Dónde vas, bella judia
tan compuesta y a deshora?
Voy en busca de Rebeco
que espera en la sinagoga.

Wohin gehst du, schöne Jüdin,
so geschmückt zu später Stund?
Ich gehe Rebeco suchen
der in der Synagoge wartet.

Polo
(Cante grande, Gitarrenbegleitung, manchmal getanzt)

Ein volkstümliches Lied des 18. Jahrhunderts oder auch sakrale Musik waren Ausgangspunkt dieses Gesangs zu Anfang des letzten Jahrhunderts. Während es früher noch verschiedene Stilformen gab, singt man heute nur den Polo natural. Es besteht eine große musikalische Affinität zur Caña und Soléa, deren Compás übernommen wurde.

Toitos le piden a Dios
la salud y la libertad;
y yo le pido la muerte
y no me la quiere dar.

Alle bitten Gott
um Freiheit und Wohlergehn,
ich aber bitte um den Tod,
doch ihn will er mir nicht gewähren.

Saeta
(Cante grande, »a palo seco«)

Die Ursprünge der Saeta liegen in liturgischen Gesängen der Karwoche. Für die Gesangsstruktur im Flamenco ist die Beeinflussung von Toná und Siguiriya spürbar. Die Saeta wird bei den Prozessionen der Karwoche in den andalusischen Städten, u. a. in Sevilla, Malaga, Granada, gesungen. In den Prozessionspausen stimmt der Sänger seine Saeta an. Sein »ay« zerschneidet wie ein Pfeil (= Saeta) die Luft, und sein Gebetslied fliegt hin zur verehrten Virgen (Jungfrau) und zum gekreuzigten Christus.

Ya viene el Cristo moreno
el Señor de los gitanos
el mas grande y el mas gueno.
Apretaitas las manos
Pobre Jesús Nazareno.

Schon kommt der braune Christus,
Herr der Zigeuner,
der größte und der beste,
mit gebundenen Händen,
der arme Jesus, der Nazarener.

86

Miralo por dónde vienc er Jesú de gran podé! A cada paso que da nace un lirio y un clavé.	Sieh doch nur, woher er kommt, Jesus mit der großen Macht! Bei jedem Schritt von ihm erblühn eine Lilie und eine Nelke.
Virgen de la Macarena reflejo de luna clara da en tu carita morena. No hay cara como tu cara ni pena como tu pena.	Du Jungfrau de la Macarena, der Abglanz des hellen Mondes, scheint dir in dein dunkles Gesichtchen. Kein Gesicht gibt's so wie das deine und keinen Schmerz wie den deinen.

Serrana
(Cante grande, Gitarrenbegleitung, selten getanzt)

Wahrscheinlich war die Serrana im 19. Jahrhundert ein Volkslied, das von dem berühmten Flamencosänger Silverio in den Flamenco übernommen wurde. Heute ist die Serrana ein echter Flamencogesang, der von der Caña, Liviana und Siguiriya entscheidende rhythmische Einflüsse erfahren hat. Die langen Coplas erzählen aus dem Leben der Bergbewohner, von Banditen und Schmugglern.

Por la Sierra Morena va una partia y el capitán se llama	Durch die Sierra Morena zieht eine Bande, und ihr Anführer heißt
José Maria. No será preso mientras su jaca torda tenga pescuezo.	José Maria. Und fangen wird man ihn nicht, solange sein Apfelschimmel sich den Hals nicht bricht.
Al llover en la sierra por primavera, toman color de sangre las torrenteras. Y entonces pienso: Asi sera mi llanto si caigo preso.	Wenn es in den Bergen im Frühling regnet, nehmen die Wildwasser die Farbe des Blutes an. Und dann denk' ich daran: so werden meine Tränen sein, nimmt man mich gefangen.

Siguiriya
(Cante grande, Gitarrenbegleitung, selten getanzt)

Mit großer Sicherheit wird angenommen, daß sich auch die Siguiriya aus den Tonás ableitet. Während der langen Wanderung von den Gitanos vielleicht schon in Persien assimiliertes, fremdes Musikgut hat sich auch in diesem Gesang, wie überhaupt im Cante jondo, niedergeschlagen. Eine erste Stilisierung der Siguiriya ist in der Playera seit Ende des 18. Jahrhunderts bekannt. Die Playera, eine phonetische Verfälschung von planidera (wehklagen), gehörte zu den einfachen Grab- und Trauergesängen der Gitanos. Für den Aficionado bedeutet die Siguiriya die Essenz aller Flamenco-Kunst. Sie ist der tiefste und traurigste Ausdruck des Jondo-Gesanges. Unergründlicher Pessimismus, unstillbares Leid, Verhängnis und Wunde des Schicksals, Schläge, Tod, Liebesleid, die Mutter – das sind die zentralen Themen dieses Klagegesanges. In seiner nuancierten Dramatik besitzt ihr Rhythmus den größten Schwierigkeitsgrad im Flamenco und erfordert großes Einfühlungsvermögen der Interpreten. Alle großen Cantaores haben sich um diesen Gesang bemüht, und er ist noch bis heute die Krönung des Cante jondo.

No soy d'esta tierra,	Aus diesem Lande bin ich nicht,
ni en eya nasí:	noch bin ich hier geboren;
La fortuniya, roando, roando	das Glück, rollend, rollend,
m'ha traío hasta aquí.	hat mich bis hierher geführt.

Ar campito solo
me boy a yorá;
como tengo yena e penas
el arma
busco soléa.

Allein geh' ich hinaus aufs Feld
gehe hinaus, um zu weinen,
weil mein Herz vom Leid so
schwer ist,
suche ich Einsamkeit.

Las cosas del mundo
yo na la jentiendo.
La mitad de la gente llorando
y la otra riendo.

Die Dinge dieser Welt,
ach, ich versteh' sie nicht,
denn eine Hälfte der Menschen weint,
und die andere lacht.

Horas de alegría
son las que se van,
que las penas se queden
y duran
una eternidad.

Die Stunden der Freude
sie sind es, die vergehen,
doch die Stunden des Schmerzes
bestehen und dauern
eine Ewigkeit lang.

Como sé que contigo
no me voy a lograr
así mis penas nunca van a menos
siempre van a má.

Da ich weiß, daß ich bei dir
nichts erreichen kann,
werden meine Qualen niemals weniger,
werden immer mehr.

Por esos munditos
me yaman er loco;
ar que tiene la curpa
e mis males
yo bien lo conosco.

Auf dieser Welt
nennen sie mich den Verrückten,
doch wer die Schuld an meinem
Kummer trägt,
ich kenne sie wohl.

88

Anhelaba vivir,
por verte y oírte;
ahora que no te veo
ni te oigo,
prefiero morirme.

Arbolito del campo
riega el rocio,
como yo riego las piedras
de tu calle
con llanto mio.

Qué desgracia terelo
mare en el andar
como los pasos que
p'alante daba
se me van atrás.

Cuando yo me muera
mira que te encargo:
que con la jebra de tu
pelo negro
me amarres las manos.

Ich wünschte zu leben,
um dich zu sehen und zu hören,
jetzt, da ich dich nicht sehe
noch höre
wünsche ich, zu sterben.

Das Bäumchen im Felde
benetzt der Tau,
wie ich das Pflaster
deiner Straße
mit meinen Tränen netze.

Mutter, welch Unheil trifft mich,
wenn immer ich auch gehe,
die Schritte,
die mich vorwärts tragen,
sie führen mich zurück.

Wenn einst ich sterbe,
siehe, dann erbitt' ich mir von dir,
daß du mit einer Strähne deines
schwarzen Haares
mir die Hände bindest.

Soleares
(Cante grande, Gitarrenbegleitung und Tanz)

Man nimmt an, daß sich der heute bestehende Soleares-Stil im Barrio
Triana (Sevilla) entwickelte. Über eine angebliche Beeinflussung durch
Caña und Polo wird viel diskutiert, doch gesichert erscheinen nur die
Entwicklung dieses Gesanges aus dem Cante para bailar (Tanzgesang)
und sein Gitano-Ursprung. Als vielleicht die perfekteste Form des Flamenco-Gesanges war die Soleares mit der Siguiriya Ausgangspunkt vieler
anderer Gesänge und Entwicklungen. Trauer und Tiefe der Soleares, begleitet von dem wohl schönsten Compás im Flamenco, zählen zu den Hö-
hepunkten der Flamencokunst. Der Sänger singt die unendlichen Facet-
ten des Schmerzes, und die sehr poetischen Coplas beinhalten Fragmente
aus dem Leben der Gitanos und des andalusischen Volkes. Gesungen wird
die vierzeilige Soléa grande und die dreizeilige Soléa corta oder Soleariya,
aus der sich die Bulerías ableiten.

Si yo pudiera tirando
mis penas a los arroyuelos
el aguita de los mares,
iba a llegar hasta er cielo.

Könnte ich all meine Pein
in die Bäche schütten,
das Wasser der Meere
stiege hinauf bis zum Himmel.

89

Los ojos de mi morena
se parecen a mis males;
negros como mis fatigas,
grandes como mis pesares.

Hasta los árboles sienten
que se caigan las hojas
y esta gitana no siente
la perdición de su honra.

Die Augen meiner Liebsten,
sie gleichen meinen Leiden,
schwarz sind sie wie meine Pein
und groß wie mein Kummer.

Spüren es doch die Bäume,
wenn sie die Blätter verlieren,
aber diese Zigeunerin spürt nicht
den Verlust ihrer Ehre.

Juan Varea (links), Pedro Soler (rechts)

A mi mare de mi alma lo que la camelo yo porque la tengo tan presente ay metia en il corazón.	Meine Mutter, sie meines Herzens, wie liebe ich sie doch, immer gegenwärtig trag' ich sie in der Mitte meines Herzens.
Yo creia que el querer era cosa de juguete y ahora veo que se pasan las fatigas de la muerte.	Erst glaubte ich, die Liebe wäre nur eine Spielerei, doch jetzt erst seh' ich recht, daß sie mich befällt mit Todespein.
Unos ojos negros vi. Desde entonces en el mundo Todo es negro para mi.	Schwarze Augen sah ich. Seither ist alles auf der Welt schwarz für mich.

Tangos Gitanos
(Cante chico, Gitarrenbegleitung und Tanz)

Entgegen mancher Annahmen hatte der Tango argentino keinen Einfluß auf die Tangos gitanos. Sie werden auch Tientos canasteros genannt und entstanden in Cádiz, Sevilla, Jérez und Malaga. Sie repräsentieren die Tradition der festlichen, brillanten Flamencogesänge und -tänze. Zwei andere Gesänge gehen auf die Tangos gitanos zurück: Die Tientos, ernste, traurige Gesänge, und die Tanguillos, die noch leichter und sprühender sind. Als funkelnder, fröhlicher Gesang und Tanz sind die Tangos gitanos eines der tragenden Elemente des Flamenco, die von den Gitanos meisterhaft interpretiert werden.

Toitos los ojos negros los van a prender mañana; y tú, que negros los tienes, échate un velo a la cara.	All' diese schwarzen Augen wird man morgen einsperren, und weil auch die deinen schwarz sind, verschleiere dein Angesicht.
Que te quiero yo, primita de mis sentrañas, más que la mare que me parió.	Ach, wie ich dich liebe, du meines Herzens Einzige, mehr als die Mutter, die mich geboren.

Tientos
(Cante intermedio, Gitarrenbegleitung und Tanz)

Wenn auch die alte Form der Tientos vergessen ist, ist man sich des Ursprungs dieses Gesanges in den Tangos gitanos bewußt. Der Compás ist langsam und feierlich, und der musikalische Aufbau wurde stark von den

Soleares geprägt. Nur im Ausgesang wird oft noch der schnellere Rhythmus der Tangos gitanos übernommen. Die traurigen und majestätischen Tientos gehören zu den großen Flamencogesängen, und sie wurden, wie auch ihre nahezu verschwundene Tanzform, von den Erfahrungen und vom Wesen der andalusischen Gitanos geprägt.

Qué pájaro será aquél que canta en la verde oliva? Corry y dile que se calle, que su cante me lastima!	Was für ein Vogel ist das, der da singt im Olivenhain? Lauf und sag ihm, er solle schweigen, sein Gesang macht mich so traurig!
Te vistes de colorado y yo me visto de negro pensando que me has dejado.	Du kleidest dich in prächtigen Farben und ich kleide mich in Schwarz, weil ich daran denke, daß du mich verlassen hast.
Yo no sé porqué ésta gitana me vuelve la cara cuando me ve.	Ich weiß nicht, warum diese Gitana den Kopf abwendet, wenn sie mich sieht.

Tonás
(Cante grande, »a palo seco«)

In dieser ehrwürdigsten Form der Flamencogesänge finden wir eine Frühform des Flamenco. Früher soll es 30 verschiedene Varianten der Tonás gegeben haben, doch sind nur wenige Formen davon überliefert. Wie schon bei der Debla und Martinete bemerkt, stellen die Tonás große gesangstechnische Anforderungen. Ihr Vortrag, ohne festen Compás und ohne jede Instrumentalbegleitung, ist traurige und pathetische Lamentation. Auch hier, wie bei vielen anderen Gesangsgruppen, sind nur wenige Texte überliefert.

El dia paso con pena y la noche con dolor, suspirando me anochece, llorando me sale el sol.	In Mühsal verbringe ich den Tag, und die Nacht in Schmerz, Seufzer bringt die Dämmerung mir, weinend geht mir die Sonne auf.
Yo soy gerá en el vestir calorró de nascimiento yo no quiero ser gerá siendo calé estoy contendo.	In der Kleidung bin ich Spanier, doch Zigeuner von Geburt, Spanier wünsch' ich nicht zu sein, fühle als Zigeuner mich zufrieden.

Die Cantaores

Anfang und Goldene Epoche

Am Anfang der zweihundertjährigen Geschichte des Flamencogesanges steht der Name eines Gitano-Cantaors: *Tío Luis el de la Juliana* (ca. 1750–1830) aus Jerez, legendärer Sänger und Spezialist der Tonás. Einer der ersten großen Sänger des Cante jondo war ein Gitano aus Cádiz: *El Planeta* (ca. 1785–1860), der maßgeblich an der Formung archaischer Cantestile beteiligt war und schon ein größeres Repertoire beherrschte: Tonás, Playeras, Siguiriyas und auch die Cañas und Polos.

Siguiriya des »El Planeta«:
A la luna le pio
la del alto cielo
como le pio que saque a mi pare
de onde está preso.

Zum Mond fleh' ich
droben am hohen Himmel,
Flehe, daß er meinem Vater helfe,
seinem Kerker zu entfliehen.

Schüler von El Planeta war ein Gitano aus Puerto Real, *Diego el Fillo* (ca. 1800–1878), der die ersten Formen der Siguiriyas und der Cantes »a palo seco« sang. Auch die Siguiriya al cambio (cabales) wird ihm zugeschrieben. Die rauhe, typische Stimmtönung des Gitano-Cantaors wurde später nach ihm benannt: voz aFillá. Die Geschichte des Cante flamenco führte *Silverio* (1831–1893) fort, den García Lorca den »letzten Papst des Cante jondo« nannte. Silverio Franconetti aus Sevilla, einer der wenigen Payos (Nicht-Gitano) unter den großen Cantaores, wird als einer der genialsten Sänger bezeichnet. Er war vor allem ein Meister der Stilformen der Siguiriyas bis hin zu den Cañas und Serranas. Sein großer Rivale in jener Zeit war *Tomás el Nitri* (ca. 1830–1890), ein Gitano aus Jerez. Über ihn, der Schüler und Neffe von El Fillo war, ist nur soviel bekannt, daß sein Leben exzentrisch und ruhelos gewesen sein soll. Sein Cante war einer der Höhepunkte des Jondo-Gesanges im 19. Jahrhundert. El Nitri kreierte zwei schwierige Siguiriya-Stile und erhielt als erster Cantaor den »Llave de Oro del Cante« (Goldener Schlüssel des Flamenco-Gesangs), eine Trophäe, die bis heute erst an drei Flamencokünstler vergeben wurde. Die legendäre Siguiriya-Interpretin *Maria Borrico* (ca. 1810–1880), eine Gitana, war eine der ersten Sängerinnen im Flamenco, und ihre Zeitgenossin, die Gitana *La Andonda* (ca. 1830–1890), sang der Überlieferung nach als erste die Soleares. Der Gitano *Tio Rivas* (19. Jahrhundert), ein eminenter Cantaor der Corrías, Tonás und Cañas, steht mit dem Gitano-Cantaor *Curro Dulce* (19. Jahrhundert) am Anfang der Cádiz-Stile. Curro Dulce machte als überragender Siguiriyero mit seinem Gesangsstil Schule. Seine Siguiriyas wurden häufig kopiert, genauso wie seine berühmte Caña-Version.

Caña des Curro Dulce:

A mi me pueden mandar	Mir kann man befehlen
a servir a Dios y al rey,	Gott und dem König zu dienen,
pero dejar tu persona,	doch mich von dir zu trennen,
no me lo manda la ley.	das kann mir kein Gesetz befehlen.

In Cádiz, der weißen Stadt am Meer, lebte einer der größten Stilisten in der Geschichte des Flamencogesangs, der Gitano *Enrique el Mellizo* (1848–1906). Mellizo beherrschte alle Gesangstile und war der Schöpfer verschiedener Stilrichtungen, so der Soleares de Cádiz, Tientos und einer Malagueña-Version mit langsamem, feierlichem Compás. Sein Einfluß war bedeutend, und sein Gesang machte ebenso Schule wie der von *Paquirri el Guanté*, Gitano aus Cádiz, mit seinem eigenen Soleares-Stil.

Auch *Curro Puya*, Gitano aus Triana, überlebte in der Erinnerung der Aficionados als bedeutender Exponent des Cante gitano im 19. Jahrhundert.

Wenden wir uns mit ihm einer Örtlichkeit zu, die berühmt werden sollte in der Stilgeschichte des Flamenco: Triana, ein Stadtviertel Sevillas, mit seiner berühmten Gitanería »La Cava«. In der Mitte des letzten Jahrhunderts lebte dort der Gitano-Clan Los Caganchos. Im Schuppen eines Krämerladens der »La Rufina« versammelten sich oft die Gitanos des Viertels zu ihren berühmten Juergas, wo kein Gachó (Nichtgitano) zugelassen wurde. Die Caganchos waren Schmiede aus Triana und sangen auch vorwiegend den Cante fraguero (Schmiedegesang = Martinete, Debla, Carcerela). *Tio Antonio Cagancho*, das Familienoberhaupt, mit seiner gewaltigen Stimme ein überragender Interpret der Martinete, Playera und Siguiriya, entwickelte zusammen mit seinen Söhnen Manuel und Joaquín den Triana-Stil.

Manuel wurde der bedeutendste Cantaor der Cagancho-Familie, und einige alte Aficionados, wie auch der Sänger und Schriftsteller Fernando el de Triana, berichteten über ihn:

»Ein Gitano, schon alt und traurig, kupferfarben, fast schwarz, vierschrötig, mit schwieligen riesigen Pranken, doch sehr würdevoll, sympathisch und bescheiden. Wenn er dann sang mit seiner gewaltigen, heiseren Stimme, dunkel und in Purpur gekleidet, mit seinem furchtbaren und plötzlichen temple, von Note zu Note immer stärker werdend, da sträubten sich die Haare seiner Zuhörer. Oft zerrissen sich die Gitanos nach seinem Vortrag vor Begeisterung die Kleider und zerschlugen alles, was ihnen unter die Hände kam, gefangen in einem kollektiven Wahnsinn.«

Manuel Cagancho war einer der größten Siguiriyeros im Cante gitano. Seine eigene Siguiriya-Version, reich an Melismen, wird wegen ihrer Schwierigkeit heute selten gesungen.

Siguiriya des Manuel Cagancho:

Reniego de mi sino
como reniego de la horita, mare,
en que la he conocío.

Ich verfluche mein Schicksal,
wie ich die Stunden verfluche, Mutter,
in der ich sie kennenlernte.

Im selben Barrio (Viertel) lebte der Gitano-Schmied *Juan Pelao* (1845–1910), der in der Flamenco-Tradition als bedeutendster Martinetero aller Zeiten genannt wird und außerdem ein einzigartiger Interpret der Siguiriyas und Soleares de Triana war. *Frasco el Colorao* war vielleicht der erste bekannte Interpret des Triana-Stils.

Es wären aus dieser Zeit noch einige große Cantaores, die aus Jerez (de la Frontera) kamen, zu nennen, der Stadt, die viele überragende Flamencokünstler hervorbrachte:

Ein wahrer Koloß des Cante gitano war *Diego el Marruro* (1850–1920), ein bedeutender Siguiriyero und Martinetero. Seine Siguiriyas gelten als die schwierigsten im Cante jondo. Der Gitano *Paco la Luz* (1835–1900) hinterließ in seiner Siguiriya mit »macho« einen Stil, der noch häufig gesungen wird, und der Gitano *Loco Mateo* (1832–1890), ein Spezialist der Jerez-Stile, trat als professioneller Sänger zusammen mit seiner Schwester in den ersten Cafés cantantes auf. Sein Meistergesang war die Soleares, an deren Ende er als erster die Bulerías reihte. Ebenfalls ein großer Meister des Jondo-Gesangs war in dieser Epoche der Gitano *Seño Manuel Molina* (ca. 1820–1880), der für seine gewaltigen Siguiriyas und Martinetes und seine eigene Tonás-Kreation gerühmt wurde. In dieser Zeit lebte auch die Gitana *La Serneta* (1837–1910). Sie kam aus Jerez und wird in der Cante-Geschichte als bedeutendste Soleares-Sängerin aller Zeiten gefeiert.

Die Gesangsstile wurden in dieser Epoche auch geprägt durch den großen Siguiriyero und Gitarristen *Juan el de Alonso*, Gitano aus Jerez; *Dolores la Parrala* (1845–1915), eine Schülerin des Silverio, war eine der besten Sängerinnen ihrer Zeit, die alle Cantes beherrschte; auch *La Alondra* (19. Jahrhundert), Gitana aus Puerto de Santa Maria, war eine wichtige Interpretin des Soleares und Siguiriyas. Noch drei Gitano-Interpreten aus Jerez: der Siguiriyero *Juanichí el Manijero*, *El Chato de Jerez* (1850–1905), ein Schüler des Loco Mateo, und *Tio José de Paula*, der seinen Gesangsstil an *La Piriñaca* weitergab.

Der Gitano *Seño Enrique Ortega*, genannt »El Gordo« (der Dicke), aus Cádiz, war in der Cantegeschichte als großer Siguiriyero und Interpret der Cañas und Polos ebenso berühmt wie der Jerezaner Gitano *El Puli* als Cantaor der Tonás, Carceleras und Martinetes. *Juanelo de Jerez*, ein einzigartiger Gitano-Interpret der Tonás, gab dem ersten Flamencologo (Flamencoforscher) Machado y Alvarez (Demofilo) für dessen Sammlung der »Cantes Flamencos« (erschienen 1881) unschätzbare Informa-

tionen über Künstler und Stile des Flamenco im 19. Jahrhundert. Die schwierigen Siguiriyas von *Joaquín la Cherna* machte später sein Neffe *Manuel Torre* bekannt. Der Gitano *Curro Frijones* (1870–1930) war der bedeutendste Soleares-Cantaor des Jerez-Stils und *El Carito* (1835–1910) ein Meister des Jerezaner Cante gitano.
Juan el Lebrijano (1847–1900), Gitano aus Lebrija, war ein überragender Interpret der Cantes fragueros, vor allem der Debla und der schwierigsten Martineteform, der redoblao.
Debla des Diego el Lebrijano:

En el barrio de Triana	Im Viertel von Triana,
ya no hay pluma ni tintero	gibt's keine Feder, keine Tinte,
pa escribirle yo a mi mare	daß ich meiner Mutter schreiben könnte,
que hace tres años que no la veo.	die ich drei Jahre nicht gesehen.

Der Gitano *Juaniqui* (1860–1920) aus Lebrija arbeitete sein ganzes Leben auf den Feldern Andalusiens und prägte die Soleares de Utrera.
Auch der Payo-Interpret *Juan Breva* (1840–1915) aus Velez-Malaga gehörte zu den berühmtesten Flamencosängern seiner Zeit. Wegen seiner Meisterschaft in den Malagueñas nannte man ihn »König der Malagueña«.
Das Cante-Kapitel des 19. Jahrhunderts, für viele Aficionados das »goldene Zeitalter« dieser Musik, schließt mit zwei Gitano-Interpreten aus Alcalá de Guadaira (bei Sevilla): *Agustín Fernández*, Vater von *Juan Talega*, und seinem Bruder *Joaquín el de la Paula* (ca. 1874–1933), die zusammen den vielleicht schönsten aller Soleares-Stile entwickelten, die Soleares de Alcalá:
Soleares de Alcalá des Joaquín el de la Paula:

Al infierno que te vayas	Zur Hölle, wohin du gehst,
me tengo ir contigo,	werde ich mit dir gehen;
porque yendo en tu companía	trage ich doch in deiner Begleitung
llevo la gloria conmigo.	alle Seligkeit mit mir.

Alle diese Cantaores, von denen die meisten nie professionell auftraten und oft nur lokal bekannt waren, wie ein El Bilili, El Rubichi, Antonio Farabú, Romerillo usw., verliehen dem Cante im letzten Jahrhundert seine endgültige Form, die sich bis in unsere Tage, zumal im Cante jondo, wenig verändert hat.

Mit *Antonio Chacón* und *Manuel Torre* begann dann die moderne Cante-Geschichte. Don Antonio Chacón (1865–1929), ein Payo-Cantaor aus Jerez und sicher der berühmteste Sänger seiner Zeit, machte auf seinen vielen Konzertreisen durch die Cafés cantantes den Flamencogesang auch außerhalb Andalusiens populär. Wir verdanken ihm einige neue Stilschöpfungen wie u. a. die Cartagenera, Media Granaina, Murcianas. Wenn auch Chacón für viele Aficionados als der perfekteste Sänger in der Flamencogeschichte gilt, müßte man einschränken, daß er dies höchstens in den andalusischen Stilen des Cante chico war, denn seine schöne Tenorstimme war gegenüber der expressiven Kraft einer Voz gitano für den Cante jondo doch eigentlich ungeeignet. In Manuel Torre (1878–1933) dagegen, der aus einer alten Jerezaner Gitano-Familie kam, ist der Prototyp des Gitano-Cantaors zu sehen. Manuel Soto Loreto, der den Spitznamen »Torre« (Turm) wegen seiner Größe erhielt, begann seine Sängerlaufbahn in seiner Heimatstadt Jerez und ging als junger Mann nach Sevilla, dem damaligen Mekka des Flamencogesangs mit seinen vielen Cafés cantantes. Dort trat er als professioneller Sänger auf und verdiente viel Geld. Doch sein extravaganter Lebensstil und seine Vorliebe für Kampfhähne und englische Jagdhunde ließen sein Vermögen zusammenschrumpfen. Er starb bettelarm in Sevilla. Als Cantaor warf man ihm seine Unregelmäßigkeiten vor, da er nicht die Ausgeglichenheit und Sicherheit anderer Berufssänger besaß. Er war exzentrisch und launisch. Hatte er aber einen guten Tag, dann sang er den Cante jondo so, daß seine Zuhörer von seinem Gesang erschüttert waren. Meisterhaft sang er die Siguiriya, von der er verschiedene Stile beherrschte und als deren bedeutendster Interpret er in die Flamencogeschichte einging.

Siguiriya des Manuel Torre:

Son tan grandes mis penas que no caben más, yo muero loco, sin caló de nadie en el hospitá.	So groß sind meine Qualen, daß ich sie nicht mehr ertragen kann, verrückt und ohne jemandes Gunst, sterbe ich dahin im Hospital.

Der Gitano *Juanito Mojama* (1898–1958) gestaltete seine Siguiriyas zu einem dramatischen Gebet. *El Tenazas* (1854–1929) gewann 1922 im berühmten Concurso de Cante jondo in Granada fast alle Cante-Preise und erregte Aufsehen durch die Interpretation von vergessenen Cantes. Er war der letzte große Caña-Spezialist. *El Niño Gloria* (1887–1937), Gitano aus Jerez, war der führende Saeta-Interpret des Flamenco, und mit seiner schönen Voz redonda sang *José Cepero* (1888–1960) aus Jerez seine wunderbaren Fandangos. Die Gitana *Isabelita de Jerez*

97

(1898–1955) spezialisierte sich auf die alten Jerez-Stile, und *Pepe Torre* (1887–1970), Gitano aus Jerez, stand zwar im Schatten seines berühmten Bruders, doch weisen ihn die wenigen Schallplattenaufnahmen als eindrucksvollen Siguiriyero aus. Der zweite Preisträger des »Llave de Oro del Cante« wurde *Manuel Vallejo* (1891–1960), ein Payo aus Sevilla. Er hatte eine hohe Stimme wie Chacón und interpretierte meisterhaft die andalusischen Stile. Eine der bedeutendsten Interpretinnen in unserem Jahrhundert war die Gitana aus Sevilla, *Pastora Pavón* (1890–1969), genannt »La Niña de los Peines«, die schon als Kind in den Cafés auftrat. Sie beherrschte alle Stile des Flamencogesangs, und ihr riesiges Repertoire ist uns auf vielen Schallplattenaufnahmen erhalten geblieben. Zu ihren Bewunderern zählten auch Manuel de Falla und García Lorca. In ihrem Bruder *Tomás Pavón* (1893–1952) sehen die Aficionados heute einen der genialsten Cantaores in der Flamencogeschichte. Pavón, ein Purist, sang nur den Cante gitano und lehnte die andalusischen Formen ab. Er galt als verschlossen, lebte sehr zurückgezogen und trat fast nie öffentlich auf. Nur für seine Freunde und Bewunderer sang er den Cante jondo in seiner dramatischen Schönheit. Die wenigen Schallplattenaufnahmen von ihm sind eine Art Reliquie des Cante jondo gitano. Es war die Tragik dieses Cantaors, daß man seine Größe zu seinen Lebzeiten nicht erkannte. In seiner besten Zeit (1925–1940) waren die Fandango- und Pseudoflamenco-Stile so beliebt, daß der echte Cante jondo kein Gehör fand. Durch Tomás Pavón erfuhr die Debla eine Wiederbelebung; er sang die Tonás und Martinetes der Caganchos, verschiedene Soleares-Stile und war als Siguiriyero einzigartig.

Mit *Juan Talega* (1890–1971), Gitano aus Alcalá (Provinz Sevilla), starb einer der letzten großen Repräsentanten der alten Gitano-Stile. In seinem Gesang, den ein außergewöhnliches jondo auszeichnete, übermittelt er uns die Gesangsstile seiner Vorfahren El Marruro, Cagancho, Paco la Luz usw. Auch der Gitano *Manolito el de la Maria* (1904–1966) kam aus der Familie von Juan Talega und sang die unvergleichlichen Soleares seines Onkels Joaquín el de la Paula.

Pepe el de la Matrona (*1887) aus Sevilla, ein Chacón-Schüler, erlebte noch sehr intensiv die Zeit der Cafés cantantes. Dieser Doyen des Cante flamenco hat als Payo-Interpret die Reinheit des Cante wie nur wenige bewahrt und auch vergessene Stile weitergegeben. *Pericon de Cádiz* (*1901) und *Aurelio Sellé* (*1887), beide aus Cádiz, waren die großen Interpreten der Cádiz-Stile unseres Jahrhunderts. Mit ihrer schönen Voz flamenca sangen sie die Soleares des Paquirri el Guanté, die Malagueña und Siguiriya des El Mellizo und in unnachahmlichem Stil und Compás

Chato de Utrera

die Alegrías und Cantinas ihrer Heimatstadt. Von der älteren Generation sei noch der Gitano *José el Negro* (*1906) aus Puerto de Santa Maria (bei Cádiz) genannt, der letzte Spezialist der Corríos; *El Viejo Agujetas* (1907–1977), Gitano aus Jerez, Erbe der Cante-Stile von Manuel Torre; der Jerezaner Gitano *El Borrico* (*1910), ein Meisterinterpret der Bulerías und des Cante grande; die unvergleichliche Gitana *Tia Anica la Piriñaca* (*1898) aus Jerez, die, erst vor wenigen Jahren entdeckt, eine Enzyklopädistin der alten Gitano-Stile ist. Auch *Manolo Caracol* (1910–1973), Gitano aus Sevilla, war mit seiner schönen Voz afillá einer der ganz großen Gitano-Interpreten unseres Jahrhunderts. In *Jacinto Almaden* (1905–1968) fand Chacón einen würdigen Nachfolger, und der Gitano *Rafael Romero* (*1917) repräsentierte im renommierten Flamenco-Tablao »La Zambra« in Madrid über viele Jahre den Jondo-Gesang. Auch *Bernarda* (*1930) und *Fernanda de Utrera* (*1922) sind überzeugende Interpretinnen des Cante gitano. Bernarda ist heute konkurrenzlos in den Bulerías. Dasselbe gilt bei Fernanda in den Soleares. Schließen wir diese Generation ab mit *Antonio Mairena* (1909–1983), dem »Rey del Cante gitano« (König des Gitano-Gesangs). Er erhielt als bisher letzter Cantaor den »Llave de Oro del Cante«. Ihm ist es u. a. zu verdanken, daß dem Cante gitano wieder ein Ehrenplatz eingeräumt wurde, und in seiner reichen Discographie bleibt uns seine unermüdliche Bemühung um den reinen Cante jondo erhalten.

Die neue Generation

Viele junge Sänger bemühen sich, auch in unserer Zeit das Erbe ihrer berühmten Vorgänger weiterzugeben. Die traditionellen Linien werden zwar beibehalten, doch wird auch im Cante flamenco in einer veränderten Welt nach neuen Ausdrucksmöglichkeiten gesucht und experimentiert. Die Namen der folgenden Interpreten sollen hier stellvertretend für viele neue Begabungen stehen: *Fosforito* (*1932) zählt heute zu den bedeutendsten Flamencosängern Spaniens. Den Cante grande beherrscht er so hervorragend wie den Cante chico. Auch *Enrique Morente* (*1943) aus Granada gehört zu den berühmtesten und besten Cantaores der jüngeren Generation. Er sang in »La Zambra« in Madrid und bevorzugt die Chacón-Stile. Die Popularität der jungen Gitano-Cantaores *El Camarón* (*1951) und *Juan el Lebrijano* (*1940) hat auch in den letzten Jahren nicht nachgelassen, und beide beherrschen meisterhaft ein großes Repertoire des Cante jondo und des Cante festero. Drei junge Cantaores kommen aus Puebla de Cazalla, einem kleinen Dorf bei Sevilla: *Diego Clavel*, Meister des Cante grande; *Manuel Gerena*, der mit seinen sozialkritischen und politischen Copla-Texten während der Franco-Ära häufig Auftritts-

100

verbot erhielt, und *José Menese* (*1942), der, obwohl Payo, in der Tradition des Cante gitano singt. Menese ist einer der bedeutendsten professionellen Cantaores unserer Zeit, der kongenial die Stile des Cante jondo interpretiert.

Am Ende dieses geschichtlichen Überblicks stehen drei Gitano-Interpreten. Mit dem Tode von *Terremoto de Jerez* (1934–1981) verlor der Cante gitano einen seiner genialsten Exponenten. In seiner Stimme, einer Voz afillá, erklangen jondo und duende seiner Rasse und die Cantes de Jerez. Die Siguiriyas und Soleares dieser schwierigen Schule fanden in diesem Cantaor ihren Meister. Und seine Bulerías? In der Flamencowelt weiß man, daß es in der Cante-Geschichte nie einen größeren Interpreten der Bulerías de Jerez gab. *El Chocolate* (*1932) aus Jerez, ein Cantaor mit ausdrucksstarker Voz gitana, singt alle Cantes, besonders die Triana-Stile. Er erhielt unzählige Preise und Auszeichnungen, wie den Premio Nacional de Cante. Im Gesang von *Manuel el Agujetas* (*1939) wird die Tradition des reinen Cante gitano einzigartig erneuert. El Agujetas war früher Schmied und ist erst seit einigen Jahren professioneller Cantaor. Das Erscheinen seiner ersten Schallplatte rief bei vielen Flamencokennern besonders wegen des archaischen Stils seines Cante große Verwunderung hervor. Besser hatten auch früher die großen Meister des Cante jondo nicht gesungen – und sein Gesang war die Wiederentdeckung dieser vergangenen Epoche. Diese alten Stile hatte er von seinem Vater gelernt, darunter auch vor allem den Cante von Manuel Torre. Es kann ohne Übertreibung gesagt werden, daß El Agujetas heute in einigen Gesangsstilen der beste Cantaor Spaniens ist. Dies gilt besonders für seine einmalige Interpretation der Siguiriyas, von der er verschiedene Stile beherrscht, der Cantes »a palo seco«, Tientos und Soleares. Sein Gesang ist oft schmucklos und ohne viel Technik, aber Trauer und Tragik des Jondo-Gesanges werden von ihm einzigartig artikuliert.

MADELEINE CLAUS

Baile flamenco

Das goldene Zeitalter

Die ersten Klänge einer Siguiriya erfüllen die Bühne. Auf einem Stuhl sitzt kerzengerade eine zierliche Frau. Das faltige Gesicht und die spärlich gewordenen schwarzen Haare verraten deutlich ihr Alter. Sie hat die Lider gesenkt, die Arme etwas vom Körper ausgestreckt angewinkelt und klatscht dumpf den Rhythmus zu den einleitenden »Falsetas«. In tiefer Konzentration erhebt sie sich. Die fast majestätische Haltung, die sie nun eingenommen hat, scheint die kleine Frau über ihre Größe hinauswachsen zu lassen. Halbkreisförmig bewegt sie die hochgehobenen Arme zur Seite, vor ihren Schoß, um sie dann vor ihrer Brust wieder in die Höhe gleiten zu lassen. Die Hände führen dabei mit lockerem Handgelenk kreisende Bewegungen aus. Die Tänzerin hat jetzt ihre Augen geöffnet, aber über das Publikum hinweg blickt sie in ihr Inneres. Mit einer eleganten Bewegung wirft sie die Schleppe ihres weißgepunkteten schwarzen Kleides herum, stampft einmal, zweimal mit ihren Schuhen auf den Boden und gibt sich dann langsam der tiefen Spannung der Siguiriya hin. *La Joselito* tanzt. Flamenco. Kein feurig-buntes Spektakel zu lauter Zigeunermusik, kein frivoler Sex-Appeal. La Joselitos Flamenco ist anders. Er wirkt fast wie ein Relikt aus längst vergangenen Zeiten. Dabei ist es noch gar nicht so lange her, daß das Showbusiness sich dieser Kunst bemächtigte und sie als oberflächliche Touristenunterhaltung vermarktete.

Als La Joselito zu Anfang dieses Jahrhunderts geboren wurde, feierten die ersten Berufskünstler des Flamenco gerade den Höhepunkt ihrer Karriere. Deren nie wieder erreichte Qualität läßt sich vielleicht damit erklären, daß sie noch die Zeit erlebt haben, als Andalusier und Gitanos den Flamenco ausschließlich innerhalb ihrer eigenen mehr oder weniger unterdrückten Minderheitengruppe sangen, spielten, tanzten, und Leben und Tod, Liebe und Arbeit, Alltag, Angst und Freude im Mittelpunkt standen. Gleichzeitig machten diese Künstler der Jahrhundertwende die ersten Schritte auf dem anspruchsvollen Boden des Professionalismus. Anspruchsvoll deshalb, weil das öffentliche Publikum damals noch sehr kompetent und mit der Kunst vertraut war, für die es sich hier verstärkt zu interessieren begann und für die es zahlte. Das »edad de oro«, das goldene Zeitalter, wird diese Blütezeit des Flamenco genannt.

Heute erscheint es als Glücksfall, daß mit der damals aufkommenden Technik der Schallaufnahme Gesang und Gitarre dieser Epoche auf Platten festgehalten werden konnten und uns eine Ahnung von der exemplarischen Qualität dieser Zeit vermitteln. Für den Tanz – nicht nur fürs Ohr, sondern auch fürs Auge bestimmt – besitzen wir solche Zeugnisse nicht; gerade er aber erfuhr in dieser Zeit seine intensivste Entwicklung. Schriftliche Aufzeichnungen, die zwar die wahren Dimensionen dieser Kunst nicht wiedergeben, aber als Anhaltspunkt dienen könnten, gibt es auch nicht. Von der Blütezeit des Baile flamenco bliebe uns heute wirklich nichts, lebten nicht noch vereinzelt Menschen wie La Joselito. Wer sie tanzen sieht, wer mit ihr spricht, der spürt schnell, daß er hier mit der großen Flamenco-Epoche konfrontiert wird. Denn La Joselito hat das »edad de oro« noch miterlebt, es mitgeprägt. Ihr Alter hat sie heute »vergessen«, und wenn man ihr begegnet, dann wird es sowieso schnell Nebensache.

In ihren Erzählungen tauchen all die Namen der großen Persönlichkeiten dieser gitano-andalusischen Kunst auf, Namen, die heute mit Bewunderung und Ehrfurcht ausgesprochen werden. Sie alle waren ihre Freunde, Lehrer, Weggenossen: die Sänger Antonio Chacon, Melchior de Machena, die Sängerin Pastora Pavón (»La Niña de los Peines«), der große Gitarrist Ramon Montoya, die Tänzerinnen Juana Vargas (»La Macarrona«) und Magdalena Seda (»La Malena«), die Tänzer Antonio de Bilbao und Juan Sanchez (»Estampio«) usw. usw. . . . Seit man sie mit sechs Jahren zum erstenmal heimlich auf eine große Bühne mitgenommen hatte, trat sie regelmäßig mit diesen Meistern auf.

La Joselito tanzt und singt Flamenco. Sie *ist* Flamenco. Für diese Kunst, deren intensive Weitervermittlung jahrhundertelang nur von Mensch zu Mensch stattfand, stellt sie eine lebende Enzyklopädie dar, legt sie ein in jeder Hinsicht lebendiges Zeugnis ab.

In den Flamenco wird man eingeweiht. Seit einiger Zeit versuchen einzelne Künstler, Methoden für Gitarre und Tanz zu entwickeln, jedoch ohne überzeugenden Erfolg. Der Flamencoschüler braucht einen Meister. Mit dessen Tod verschwindet jedesmal ein großer Schatz an musikalischem Wissen. Eine Copla zum Tod der größten Sängerin der Solea im 19. Jahrhundert (gestorben 1910) veranschaulicht diese innere Logik des Flamenco:

Cuando murió la Sarneta
la escuela quedó serrá
porque se llevó la llave
del cante por Solea.

Als die Sarneta starb
blieb die Schule geschlossen
denn sie nahm den Schlüssel mit
zum »Cante por Solea«.

Der Schlüssel zum Flamenco ist für mich La Joselito. Nur ein Mensch wie sie, die in und mit dieser Kunst gelebt hat, kann vermitteln, was das ist:

103

Flamenco. Und La Joselito lebt noch, sie tanzt noch, denn leben bedeutet für sie tanzen.

La Joselitos Beziehung zum Flamenco ist alles andere als intellektuell: Der Tanz sitzt ihr im Bauch, nicht im Kopf. Ein Schüler, der von ihr etwas über Technik und Innenleben des Flamenco erfahren will, darf keine Didaktikerin erwarten, die ihn nach modernen pädagogischen Regeln an diese Kunst heranführt. Die Haltung des Schülers angesichts einer »Maestra« wie La Joselito steht vielleicht dem Zen sehr nahe ...

So ist auch mein von La Joselito geleiteter Blick alles andere als distanziert oder gar objektiv. Der Tanz der Joselito berührt mich zutiefst. Und ich bin der traurigen Überzeugung, daß heute kaum noch jemand so singt wie La Niña de los Peines, daß die Gitarre eines Ramon Montoya bisher nie wieder erreicht wurde und daß auch der heutige Baile flamenco meilenweit von der Qualität dieser großen Epoche zu Anfang unseres Jahrhunderts entfernt ist.

Das mag mancher Entwicklung nicht gerecht werden, doch scheint der Kontakt mit Vertretern dieser Zeit eine solche parteiergreifende Haltung zu provozieren: Die Tänzerin Ilse Meudtner nahm in den fünfziger Jahren Unterricht bei einem der letzten großen Flamencotänzer, Juan Sanchez Estampio, der damals bereits ein alter Herr war. Einige Jahre später schrieb sie: »Ich machte die Erfahrung, daß Spanien hier eine Kunstform verschleudert (es hat sich inzwischen nicht viel geändert, d. A.), die zwar von einzelnen weitergetragen wird, aber mühevoll. Pseudokünstler mischen sich ein, machen Geschäfte, verderben den Ruf und die reine Weiterentwicklung des echten Flamencos – im Dreiklang von Gesang, Gitarre und Tanz –, der zwar Weltruf hat, aber immer dem Zugrundegehen ausgesetzt bleibt.« (Meudtner, S. 75)

Die Trivialisierung des Flamenco in den letzten Jahren, die Ilse Meudtner hier beklagt, traf wahrscheinlich den Tanz ganz besonders hart. Mehr als Gesang und Gitarre hat er unter der ständig wachsenden Touristenindustrie Spaniens gelitten, die den Flamenco als Hauptattraktion vermarktete. Denn sicherlich ist der Baile der zugänglichste Teil des Flamenco, der uns ja vor allem im Gesang eher mit einer scheinbar undurchdringlichen Fremdheit konfrontiert. Im Tanz wird die Spannung dieser gitano-andalusischen Kunst zum prächtigen Bild bewegter Körperlichkeit, das wir mit dem Auge plastisch und unmittelbarer erfassen können als die unseren Ohren oft ungewöhnlichen Klänge des Cante. Dessen Fremdartigkeit wurde ihm letztlich zum Schutz: Um den oberflächlichen Konsumenten nicht mit diesem oft spröden, sehr verinnerlichten Gesang zu schockieren, ließ man ihn lediglich als Tanzbegleitung zu. Die großen Flamencosänger

La Joselito

104

traten nur noch im kleinen Kreis von Kennern auf oder besangen Schallplatten. Ihre Auftrittsmöglichkeit war damit zwar erheblich eingeschränkt, gleichzeitig konnten sie so ihr Repertoire davor retten, sich mehr und mehr dem Geschmack eines Publikums anzupassen, das auf seiner Suche nach oberflächlichem Vergnügen auch heute kaum ahnt, daß die feurig-bunte Show auf der Bühne mit Flamenco wenig zu tun hat, daß es sich hier vielmehr um die Prostitution einer jahrhundertealten Kunst handelt.

Die Entwicklung des Flamenco zu einer Showbusiness-Kunst begann eigentlich schon vor dem Beginn des Massentourismus, und zwar paradoxerweise in der erwähnten Glanzphase um die Jahrhundertwende. Der damalige Wechsel vom fast familiären Milieu des privaten Festes zur anspruchsvollen Öffentlichkeit der Cafés cantantes erforderte sowohl eine Erweiterung des Repertoires als auch eine größere Variation der Ausdrucksmöglichkeiten. Der Tanz »öffnete sich wie ein Fächer« (Grande, S. 362). Doch zeigte sich bereits zu diesem Zeitpunkt eine Tendenz, die dann im Laufe der Jahre immer deutlicher wurde: Aufgrund seines größeren kommerziellen Erfolges setzte man den Akzent der Vorstellungen immer mehr auf den Tanz, das ursprüngliche Gleichgewicht zwischen den drei Flamenco-Elementen wurde zugunsten des Baile gestört. Und schon wenige Jahrzehnte später waren Gitarrist und Sänger dann auf den Bühnenhintergrund verdrängt worden, um Tänzern und Tänzerinnen Platz zu machen. Unter Flamenco stellte man sich allgemein nur noch feuriges Füßestampfen zu lauter »Zigeuner«-Musik vor.

Die Ursprünge

Im Gegensatz zu den Musik-Stilen des Cante ist der Flamencotanz nur unzureichend erforscht, und die wenigen existierenden Thesen sind nur ungenügend untermauert. Die unterschiedlichen Tendenzen der »Flamencologia« gehen jedoch in dieselbe Richtung.

Andalusien – das ist vor allem der Umschlagplatz mehrerer großer Kulturen des Orients und Okzidents und die Endstation der ihrerseits von großen Kulturen beeinflußten Gitanos. Niemand bezweifelt heute mehr, daß der Cante jondo in dieser spanischen Region persischen, byzantinischen, griechischen, hebräischen und arabischen Einflüssen ausgesetzt war. Da Gesang und Tanz von frühester Zeit an miteinander verbunden waren, werden diese Einflüsse mit ziemlicher Sicherheit auch für den Baile flamenco eine Rolle gespielt haben. Es gibt zudem Thesen (Gobin, S. 61 f.), die eine direkte Verbindung zu vier wichtigen kultischen Tänzen Indiens herstellen (Katak, Kathakali, Manipuri und Bharata Natyam). Zweifellos stand Andalusien mehrfach mit diesem fernen Land in Verbindung, denn

106

in seiner bewegten Geschichte stößt man immer wieder auf die Präsenz indischer Kultur.

Vor allem den andalusischen Gitanos wird hauptsächlich auf sprachlicher Ebene eine indische Vorgeschichte nachgewiesen. Man nimmt an, daß sie während ihres langen Weges über Nordafrika die kulturelle Erinnerung an diese Herkunft nicht völlig vergessen haben. Aber schon vor der Ankunft der Gitanos in Andalusien spielten Musik und Tanz aus Indien hier eine Rolle, besonders in der von den Phöniziern gegründeten Hafenstadt Cádiz (das damalige »Grades«). Regelmäßig engagierte man hier Hindu-Tänzer und -Tänzerinnen (vgl. Gobin, S. 62 f.), die bei großen Festen auftraten. Die späteren römischen Besetzer übernahmen diese Tradition, und ein Epigramm des lateinischen Dichters Martial (zwischen 38 und 41 n. Chr. in Spanien geboren, lebte von 64 bis 98 in Rom) über eine junge Tänzerin aus Cádiz läßt den Schluß zu, daß andalusischer Tanz bereits nach Rom gebracht wurde. Wann genau und wie der andalusische Folkloretanz Elemente der indischen Kulttänze übernahm, ist unklar. Die Christen haben bereits sehr früh einige dieser eng an einen fremden Religionskreis gebundenen Tänze in Prozessionen und andere religiöse Manifestationen integriert.

Die arabischen Einflüsse im Cante jondo sind auch heute noch deutlich hörbar, beim Baile geht wahrscheinlich die Konzentration auf Oberkörper-, Hände-, Arm-, Hüftbewegungen und Fußarbeit auf sie zurück, denn der Koran und auch der Sittenkodex der Gitanos verbieten einer Frau, ihre Beine zu zeigen. Die Tänze der Araber, die Andalusien seit 711 besetzten, waren jedoch wiederum bereits von den aus Indien kommenden, über Nordafrika ziehenden Gitanos inspiriert, d. h. mit hoher Wahrscheinlichkeit auch schon indisch beeinflußt.

Das sind Thesen, denen es ohne gründliche Belegarbeit an Überzeugungskraft fehlt. Details lassen allerdings auch heute noch eine mögliche Verwandtschaft zwischen Baile flamenco und der Tradition der kultischen Tänze Indiens erahnen, so z. B. das sowohl im indischen als auch im Flamenco-Tanz ausgeprägte Spiel der Hände. Und wenn diese gitano-andalusische Tanzkunst auch ohne jede religiöse Bedeutung ist, so hat der Baile jondo, der schwere, innere Flamencotanz, doch zweifellos etwas von einem weltlichen Ritus: Sein Gott ist Dionysos, der Gott, der Schmerz und Lust im trunkenen Rausch vereinigt.

Baile jondo

Die fast »religiöse« Intimität des Künstlers und die tiefe Schwere des Baile jondo, der im Zuge der totalen Kommerzialisierung immer weniger respektiert wird, sind das Wesentliche des Flamencotanzes als Ausdruck einer von Grund auf solistischen Kunst. Heute werden kommerzielle Gruppenchoreographien gerne als Flamenco ausgegeben, doch handelt es sich hier in der Regel um die Auswüchse eines lukrativen Showgeschäfts. In Gruppen werden traditionell nur einige Stile des Baile chico, des leichten, heiteren Flamenco getanzt, wie die Sevillanas und die verschiedenen ländlichen Fandangos, zu denen man auch die fröhlichen Verdiales zählt. Diese Gruppentänze bewegen sich in einem Grenzbereich zwischen Flamenco und andalusischer Folklore, die – wie die typische Folklore der Gitanos – den Flamenco (keine Folklore, sondern eine Kunstform!) grundlegend beeinflußt hat.

Die reinen Flamencostile sind ursprünglich Solotänze; nur in diesem Rahmen können sie sich zu dem entfalten, was Flamenco ist: Ausdruck introvertierter Innerlichkeit eines Individuums und seiner inneren Spannung. Nur als Solist kann der Künstler innerhalb einer vorgegebenen Struktur seiner eigenen Improvisation, seiner eigenen Kreation Raum und Gestalt geben, nur so kann der »Duende«, geheimnisvolles Geniekonzept spontaner Inspiration der Flamencowelt, sich seiner bemächtigen. Das alles ist nicht mehr möglich, wenn etwa eine Soleá (Stil des Baile jondo) von vier Tänzern nach haargenau demselben Schrittmuster heruntergetanzt wird. Hier wird das essentielle Wesen des Flamenco nicht respektiert.

Das soll jedoch nicht heißen, daß solche Gruppendarbietungen nicht auch eine eigene Ästhetik von hoher künstlerischer Qualität entwickeln können. So hat zum Beispiel das klassische Ballett mit Erfolg mehr oder weniger stilisierte Flamenco-Elemente integriert und nachhaltig zur weltweiten Verbreitung dieser Kunst beigetragen, wie »El Amor Brujo«, (»amor« = Liebe, »brujo« = Hexerei, Zauberei), das berühmte Ballett von Manuel de Falla.

Doch trennen Welten die Atmosphäre des klassischen spanischen Balletts vom Flamencotanz. Bereits der Sprachgebrauch macht dies deutlich: Der Flamencotänzer ist kein »Bailarin« (Balletttänzer), sondern ein »Bailaor«.

Die Stärke des Ausdrucks im Flamenco hängt von dem Menschen ab, der sich dieser Kunst hingibt und ihr Leben einhaucht. Flamenco ist eine zutiefst intime Kunst. Das unterscheidet u. a. den Baile flamenco vom klassischen Ballettanz. Für beide, den Flamencotanz einerseits und den Ballettanz andererseits, sind zudem genau entgegengesetzte Bewegungen charakteristisch: Während der Ballettanz in die Luft strebt, eine außergewöhnliche Leichtigkeit, beinahe Schwerelosigkeit der Bewegung, ein Schweben auf der Basis einer virtuosen Gymnastik ihn auszeichnet, wird

Rafael El Negro

108

im Flamenco in die Erde hineingetanzt, nach unten hin, »intensivste Spannung am Platz, erdverbunden, in sie hineinstampfend« (Meudtner, S. 75). Psychische Energie wird total zu physischer, tellurischer Kraft; über die Verbindung zwischen Körper und Erde vollzieht sich die Katharsis im Flamenco. Der Flamencotänzer scheint seine Erdverbundenheit und sein eigenes Gewicht tanzend zu thematisieren. Der Tanz wurzelt im Boden, wie von einem kräftigen Magnet dorthin gezogen. Das wichtige Spiel der Arme des vor allem weiblichen Flamencotanzes ist für Gobin der verzweifelte Versuch, sich wie mit Flügeln in die Luft zu heben (Gobin, S. 112).

Die klassische Ballettchoreographie braucht weiten Raum, selbst der Solotänzer füllt große Bühnen aus, der Tanz ist extrovertiert. Der Introvertiertheit des Flamencotanzes entspricht ein extrem reduzierter Raum: Eine gesamte Flamenco-Choreographie kann in der Tat auf einer Fläche ausgeführt werden, die nicht größer ist als ein Tisch.

Eine grundverschiedene Ästhetik regiert die beiden Welten von klassischem Ballett und Flamenco. Zum Ballett gehören schlanke, durchtrainierte Jugend und eine asexuelle Körperlichkeit. Für den Flamenco ist die Erotik grundlegendes Element. Sie hat allerdings nichts zu tun mit der vulgären Frivolität des Touristenspektakels, das oft allein den Sex-Appeal der meist jungen Tänzerinnen in den Vordergrund stellt. Zu großem Ansehen gelangten die berühmten Tänzerinnen und Tänzer oft erst, wenn bereits eine gewisse Lebenserfahrung ihrer Kunst Tiefe und Reife geben konnte. Wenn die Balletttänzerin ihre Tanzschuhe an den Nagel hängen mußte, fing die Karriere der Flamencotänzerin oft erst an. So war die Königin der Bailaoras, Juana Vargas La Macarrona, zur Zeit ihres größten Erfolges bereits um die sechzig Jahre alt und sehr dick. Bis zu ihrem Tod mit über neunzig Jahren blieb sie der unangefochtene Star des Tablaos »Rosales« in Madrid. Und einen Tanzwettbewerb in Jerez de la Frontera gewann zu Anfang dieses Jahrhunderts »eine Alte von achtzig Jahren gegen hübsche Frauen und Mädchen mit Taillen wie klares Wasser, und zwar einzig und allein dadurch, daß sie die Arme hob, den Kopf zurückwarf und einmal mit dem Fuß auf die Bühne stampfte« (Lorca, S. 114).

Diese Kunst mißt ihre Stärke nicht am Ideal des schönen Scheins, es geht ihr nicht um Schönheit im Sinne unserer Ästhetik. Die Flamencowelt interessiert sich nicht für die feine Seele eines Künstlers, sondern für dessen Eingeweide. Wenn die vom Duende besessen sind – denn in den »letzten Behausungen des Blutes« muß man diesen Dämon »aufrütteln« (Lorca, Beck, S. 60) – dann geschieht wirklich etwas auf dem Tablao, dann kommt die ganze Kraft des Flamenco zum Ausdruck.

Zur Erklärung dieses Duende-Phänomens erzählte der vom Flamenco faszinierte spanische Dichter Federico García Lorca 1930 bei einem Vortrag auf Kuba über die Sängerin Pastora Pavón, »La Niña de los Peines«, die in einer kleinen Taverne in Cádiz einem erlesenen Kennerpublikum eines Abends die ganze Schönheit ihrer Stimme bot: »Sie spielte mit ihrer Stimme aus dunklen Schatten, mit ihrer Stimme aus geschmolzenem Zinn, mit ihrer moosbedeckten Stimme; sie verwickelte sie mit ihren Haaren, befeuchtete sie mit Manzanilla oder verlor sie in verborgenen Gestrüppen. Vergeblich, zwecklos.« Die Zuschauer blieben unberührt. Das Wichtigste hatte nicht stattgefunden. Erst als sie dann »ohne Stimme, ohne Atem, ohne Nuancen, mit verbrannter Kehle – aber mit Duende sang«, es ihr gelang, »das ganze Gerüst des Liedes zu zertrümmern, um einen wilden, versengenden Dämon durchbrechen zu lassen«, rissen die »Zuhörer sich die Kleider in Fetzen«: »La Niña de los Peines« mußte ihre Stimme zerfetzen, weil sie wußte, daß erlesene Leute ihr zuhörten, die keine Formen, sondern das Mark der Formen verlangten; reine Musik mit gerade noch so viel Substanz, um sich in der Luft zu halten. Sie mußte sich des Wissens und der Sicherheit begeben, das heißt ihre Muse fortschicken, verlassen und schutzlos bleiben, bis ihr Dämon kommen und sich herablassen würde, Leib gegen Leib mit ihr zu kämpfen. Und wie sie sang! Ihre Stimme spielte nicht mehr: Ihre Stimme war ein Blutstrahl, geadelt durch Schmerz und Ernst« (Lorca, Beck, S. 61 f.).

Eine Kunst, die ihre blutigen Gedärme zeigt und sich nicht hinter der Maske vordergründiger Schönheit versteckt, das ist Flamenco. Da versteht es sich von selbst, daß es sich hier nicht um eine seichte Unterhaltungskunst handeln kann. Flamenco will nicht gefallen, ist aus tiefstem Wesen nicht gefällig: »Weder der spanische Tanz noch der Stierkampf sind Unterhaltung, für niemanden; der Duende übernimmt es, Leiden zu machen mittels des Dramas« (Lorca, S. 118). Der unverfälschte Baile jondo ist der rauhen und fremdartig spröden Stimme des Sängers unsagbar näher als der gefälligen Show, die mit Virtuosität und Technik glänzt. »Der Baile jondo ist ein Bann, teuflisch, schrecklich« (Gobin, S. 111). Der Flamenco ist tragisch im Sinne der griechischen Tragödie, dieser bemerkenswerten Synthese appollinischer Kunstschönheit und dionysischer Trunkenheit. Im Flamenco scheinen die appollinischen Prinzipien der maßvollen Formstrenge und vernunftgebundenen heiteren Erhabenheit zurückzutreten zugunsten des lustbetonten Dionysischen: Die Einsicht in den leidenden Ursprung alles Seienden provoziert einen trunkenen Rausch, der Schmerz wird zur Lust. Nur im tiefen Respekt vor dem solistischen Charakter des Flamenco, über die vom einzelnen Künstler ausgedrückte Tragik und Freude erreicht diese dionysische Kunst ihre kulturelle Universalität.

Das bedeutet jedoch auch, daß der Anspruch dieser Kunst an den einzelnen Künstler immens ist. Manche Flamenco-Intimisten behaupten, daß man ihm nur im Pakt mit dem Duende gerecht werden kann. Schließt dieser mystische Dämon seinen Pakt nur mit Menschen, die sich dieser Kunst mit Leib und Seele verschreiben? Flamencotänzer wie zum Beispiel La Joselito führen uns mit ihrem Tanz gleichzeitig an die Essenz ihres Lebens und das Mark des Flamenco, ihnen gelingt es, in uns eine Ahnung von den Ursprüngen dieser einmaligen Synthese aus okzidentaler und orientalischer Kultur zu erzeugen.

La Joselito hat den Körper einer Frau, die schon zu Beginn unseres Jahrhunderts das Licht der Flamencowelt erblickte, darüber soll nicht hinweggetäuscht werden. Sie bannt den Zuschauer nicht mit verführerischer Körperlichkeit, sondern konzentriert unsere ganze Aufmerksamkeit auf die Kunst, die heute immer mehr in den Hintergrund gedrängt zu werden scheint. Kommerzielle Shows bedienen sich des Flamenco, um die Reize kokett-wilder »Carmen«-Plagiate besser in Szene zu setzen. Anspruchsvollere Darbietungen des Flamenco gitano-andaluz stellen dagegen Technik und Virtuosität als Selbstzweck in den Vordergrund. Das uralte Wesen Flamenco wird hinter Glanz und pittoresken Raffinessen versteckt, der Duende hat die Flucht ergriffen: Ade Dionysos! Perfektion und Kommerz haben dich verscheucht.

Techniken des Baile

Die virtuose Fußarbeit wird oft für eines der typischen Merkmale des Flamencotanzes gehalten. Dabei übersieht man, daß der »Zapateado« (ein mit Absatz, Spitze und Sohle des Schuhs – »zapato« – erzeugtes Trommeln) ursprünglich ausschließlich zum Männertanz gehörte. Diese Fußarbeit erfordert eine erhebliche körperliche Kraft, der Zapateado symbolisierte deshalb lange Zeit Männlichkeit.

Der weibliche Tanz bestand in erster Linie aus dem Baile der Arme, der Hände und der Schultern. Diese deutliche Trennung zwischen männlichem und weiblichem Tanz gibt es heute fast nicht mehr, doch setzt der weibliche Baile den Akzent immer noch auf die Bewegungen des Oberkörpers. Die klassische Haltung der Bailaora besteht in einem leichten Hohlkreuz, das heute oft extrem übertrieben wird; die Arme müssen eine Rundung bilden, innerhalb derer der Ellenbogen keine Unterbrechung bilden darf. »Bei der Frau haben die Arme wellenförmige, schmeichelnde, fast sinnliche Bewegungen zu vollziehen, und die gespreizten Finger sollen fast kräuselnde Arabesken zeichnen. Beim Mann soll das Armspiel nüchtern, streng, zurückhaltend sein und sich mit strengen geometrisch plastischen Gesten ausdrücken: die Arme sind wie die Luft schneidende Schwerter« (Puig, S. 223). Im Gegensatz zum Frauentanz bleiben die Hände beim Mann geschlossen.

Neben dem Trommeln des Zapateado setzt der Tänzer oder die Tänzerin noch die »Pitos« (Fingerschnalzen) und die »Palmas« (rhythmisches

Händeklatschen) ein, oft verdoppelt innerhalb der Kontrapunkte des Taktes. Auf diese beiden Tätigkeiten sollen sich die Hände bzw. Finger beschränken, um das wichtige Spiel der Hände im Rahmen des Baile de brazos (Arme) nicht zu behindern.

Aus diesem Grund sind Kastagnetten verpönt, die oft für ein typisches Flamenco-Accessoir gehalten werden. Traditionell werden nur klassische spanische Tänze sowie die andalusischen Gruppentänze mit Kastagnetten getanzt. Doch sind sie aufgrund ihrer Publikumswirksamkeit mittlerweile zum festen Bestandteil jeder Flamenco-Show geworden.

Echter und wichtiger visueller Bestandteil des Flamencotanzes hingegen ist die »Bata de cola«. Mehr oder weniger lang, oft aus gepunkteten Stoffen, besetzt mit Rüschen und Volants, so sieht das typische Flamencokleid aus, deutlich inspiriert von den bunten Trachten der Gitanos. Die Bata de cola hat dazu noch eine lange, ab Höhe der Oberschenkel oft ebenfalls mit Volants besetzte Schleppe, die früher gestärkt wurde und heute mit einem steifen Stoff untersetzt ist. Als klassisches Element der Soleá, der Siguiriya und der Alegrías wird sie von der Bailaora in einem eleganten Spiel von Drehungen in ihren Tanz integriert.

Um diese Bata de cola geht es in einer Anekdote, die La Joselito noch als junges Mädchen über ihre große Lehrerin Juana Vargas La Macarrona erfuhr: Bei einer Juerga, zu der ein reicher Ganadero (Stierzüchter) aus Sevilla sämtliche Größen des Flamenco ins »Kursaal« (Cafe cantante) eingeladen hatte (Raimon Montoya, Antonio Chacon, Pastora Pavón, Manuel de Huelva, El Niño Gloria, Estampio, La Malena etc.), bot dieser der damals noch sehr jungen Macarrona 5000 Peseten (die Normalgage für einen Flamencokünstler waren 10 Peseten!), wenn sie es schaffe, über dreißig schmalen, hohen Sherrygläsern, die auf einem großen Tablett auf dem Boden standen, mit ihrer Bata de cola zu tanzen, ohne auch nur ein Glas umzuwerfen. Juana nahm all ihren Mut zusammen und tanzte in ihrem schneeweißen Schleppenkleid, das an diesem Tag besonders gut gestärkt war – alle Gläser blieben stehen! Mit dem Geld konnte sie sich eine Wohnung kaufen.

Der Flamencotänzer trägt in der Regel eine dunkle Hose mit breitem Bund und ein Hemd mit weiten Ärmeln. Die Gitanos knoten das Hemd oft über der Taille. Beliebt ist aber auch der »Chaleco«, eine kurze, über dem Hemd getragene Boleroweste. Einige ursprünglich typisch männlichen Tänze, wie der Zapateado und die Farruca, werden auch von Frauen in diesem Kostüm getanzt.

Begleitinstrument des Tanzes (und des Gesangs) ist die Gitarre. Ursprünglich wurden die Flamencotänze zu einem Lied getanzt, denn sämtliche Gesangsstile waren früher tanzbar, d. h. rhythmisch strukturiert. Um ihre Ausdruckskraft zu steigern, setzten die Sänger den Akzent immer mehr auf die für den Flamencogesang charakteristischen Melismen. Man-

che Stile, vor allem die Gesänge aus dem »Levante« und die Fandangos, wurden so immer arhythmischer und waren schließlich nicht mehr tanzbar. Bevor sich die Gitarre gegen Ende des 18. Jahrhunderts als typisches Flamenco-Instrument durchsetzte, beschränkte sich die Begleitung auf die Palmas, man schlug Bambusstäbe gegeneinander oder markierte den Rhythmus mit den Fingern der geschlossenen Faust (»Nodillos«) auf dem Tisch.

Voraussetzung für eine gelungene Tanzdarbietung ist eine perfekte Kommunikation zwischen dem Gitarristen und dem Tänzer, wobei die Gitarre dem Tanz und auch dem Gesang immer untergeordnet sein sollte. Der Gitarrist folgt dem Tänzer, nicht umgekehrt. Da die verschiedenen Stile lediglich eine Struktur vorgeben, innerhalb derer der Künstler sich seiner eigenen Inspiration und Improvisation hingibt, muß jeder Gitarrist jeden Tänzer ohne vorheriges Proben begleiten können, d. h. der Flamencogitarrist muß den Aufbau der Tänze, das Grundmuster ihrer Schrittstruktur genau kennen; »saber su obligacón«, sein Metier kennen, sagen die Flamencos. Der Gitarrist muß sich ebenfalls zurechtfinden innerhalb der verschiedenen konventionellen oder spontanen Zeichen, die den Tanz gliedern. Das können Schritte sein, wie z. B. der Appellschritt, »Llamada«, der »Farruca« oder der »Desplantes«, eine untrennbare Einheit von Schritten, mit der eine Schrittfolge abgeschlossen wird, und der wie ein Leitmotiv immer wiederkehrt, aber auch bestimmte Bewegungen und Körperhaltungen.

Die Alegria, »die Königin des Flamencotanzes«, ist ein typisch weiblicher Tanz, der aber immer auch – mit stärkerem Akzent auf dem Zapateado – von Männern getanzt wurde. Die Frau trägt bei diesem Tanz die Bata de cola, und dem Spiel der Arme und Hände wird hier besonders viel Bedeutung beigemessen, der Zapateado wurde früher nur selten und dann sehr kurz eingesetzt. Es handelt sich um einen sehr farbigen Tanz, dessen Elemente relativ deutlich voneinander zu unterscheiden sind. Aus diesem Grunde bietet er sich noch am ehesten zu einer etwas detaillierteren Beschreibung an, die an sich ein heikles (und sehr »modernes«) Unternehmen darstellt im Rahmen einer Kunst, die grundlegend der individuellen Inspiration Raum gibt. So wird auch ein Flamencotanz nicht gelehrt wie z. B. ein strukturierter Folkloretanz oder gar eine klassische Tanzchoreographie. Der Flamencolehrer vermittelt seinem Schüler nie einen integralen Tanz, eine komplette Choreographie, sondern einzelne Elemente, die dann wie ein Puzzle »montiert« werden. Jeder Tänzer folgt seiner persönlichen Tanz-»Montage«, auch der Ablauf einer Alegria hängt vor allem von dem ab, was der Tänzer oder die Tänzerin individuell ausdrücken

Gabriel Heredia

115

möchten. Im folgenden sollen dennoch die traditionellen Elemente einer Alegria kurz charakterisiert werden. Die Einleitung übernimmt zuerst die Gitarre allein, nur manchmal wird sie von Anfang an von den »Palmas claras« (dem hellen Händeklatschen) des »Palmero« begleitet. Dann setzt der Sänger ein. Der Bailaor steht auf der Bühne, klatscht vielleicht bereits rhythmisch mit, die Bailaora wartet oft im Sitzen, ebenfalls händeklatschend auf ihren Einstieg. Die männliche Alegria unterscheidet sich auch heute noch deutlich von der weiblichen. Das bedingt schon die Bata de cola, die eine besondere Tanztechnik erfordert. So beginnt der Tänzer seinen Auftritt mit einem sehr kraftvollen Zapateado, während die Tänzerin mit einem kurzen »Llamada« (einem Appellschritt, der zu den Schritten gehört, mit denen der Tänzer dem Gitarristen die Struktur seines Tanzes signalisiert) eine Sequenz choreographischer Schritte eröffnet, die die kunstvollen Drehungen mit der Schleppe tragen. Beide beenden diesen ersten Teil mit einem »Corte« (parallel zum Llamada ein Schritt, der den Abschluß einer Sequenz signalisiert). Manchmal wird nun an dieser Stelle eine Zapateado-Folge eingeschoben, doch der eigentliche nächste Akt der Alegria ist der »*Silencio*« oder die »*Rosas*«. Hier ist die Schule des klassischen spanischen Balletts Vorbild, der Zapateado wird überhaupt nicht eingesetzt, auch vom Tänzer nicht. Die Konzentration richtet sich völlig auf Arme, Hüfte, Oberkörper und Beine. Die Stimmung ist ernst, beherrscht. Die Bailaora stellt hier ihre ganze Kunst und Technik im Umgang mit der Bata de cola zur Show. Der Körper windet sich um sich selbst, rafft tief am Boden die Schleppe zusammen, um sich dann zum dumpfen Ton der Fußsohlen hoch nach oben zu recken.

Ein kurzer, schneller Llamada führt zum dritten Teil der Alegria, »*Panaderos*«, »*Castellana*« oder auch »*Ida*« genannt. Hier nähert sich der Tanz schon mehr seinem Thema, der »Alegria« (Freude). Nach den ernsten Rosas wird er spielerischer, schwebender, fröhlicher. Auch hier wird noch kaum Zapateado eingesetzt, immer noch sind die choreographischen Schritte dominierend. Der Abschluß wird durch einen lebhaften »Corte« signalisiert, auf die der Tänzer oder die Tänzerin in der Regel eine effektvolle Stille folgen lassen, ein wenig die Ruhe vor dem Sturm des folgenden Aktes, der »*Escobilla*«.

Hier ist der Zapateado dominierend. Technisches Können, Kraft, Nuancierung in der Tongebung werden vom Tänzer bzw. der Tänzerin verlangt. Die Dauer der Escobilla hängt ganz von der Resistenz und dem Können des Interpreten ab, der sich oft in fast statuenhafter Haltung ganz auf seine Füße konzentriert. Alle Schritte sind hier symmetrisch, d. h. der rechte Fuß führt einen Schritt aus, den der linke sofort wiederholt.

Seit den sechziger Jahren kommt es vor, daß der Tänzer seinen Zapateado mittendrin abbricht. Der Gitarrist hält ebenfalls in seinem Spiel inne, nur der Palmero strukturiert die plötzliche Stille rhythmisch mit Palmas sor-

116

das (dumpfem Händeklatschen). Sich nur langsam und zurückgenommen steigernd nimmt der Tänzer seinen Zapateado in einem rhythmischen Dialog mit dem Palmero wieder auf. Erst wenn die Gitarre wieder einsetzt, werden die Palmas von neuem claras (hell). La Joselito hat eine ähnliche effektvolle Sequenz in ihrem Zapateado (baile): ein eindrucksvolles Solo eines nur mit den Absätzen erzeugten Trommelns, »el trino«.

Die brillante Endsequenz der Alegria trägt den Namen eines anderen Flamencotanzes, der »Buleria«, deren frenetische Atmosphäre hier mit einigen rhythmischen Verschiebungen, die eine neue Dynamik schaffen, übernommen wird. Der Rhythmus beider Tänze ist gleich (12-Takt), doch ist die Buleria wesentlich schneller. D. h. nach einem kurzen Llamada, der manchmal mit dem Rücken zum Publikum ausgeführt wird, und unter der vokalen Anfeuerung des Cantaor steigern sich nun Gitarre, Palmas und Tanz in einem immer schnelleren Rhythmus bis zu einem starken, präzisen gemeinsamen Ende.

Stilformen des Baile

Der Baile flamenco erfuhr in den letzten Jahren eine scheinbar ungeheure Repertoire-Erweiterung. Im Grunde handelt es sich jedoch um eine Pseudoerweiterung, denn wenn Vicente Escudero, ein berühmter Flamencotänzer und Bailarin, der erst vor wenigen Jahren starb, den Flamencotanz in der Tat bereicherte, als er die bis dahin nicht getanzte Siguiriya als Baile schuf, so kann man das kaum von zeitgenössischen Tänzern behaupten, die etwa eigene Kreationen im Stil der Soleá plötzlich Polo oder Caña nennen: Caña und Polo sind sozusagen die Großeltern des Cante por Soleá. Aufbau und Stimmung dieser Gesänge sind verschieden, doch alle drei haben denselben Compás (Takt und rhythmische Struktur). Für Tänzer wie La Joselito gibt es deshalb nur einen Tanz: die Soleá! Ich halte mich ebenfalls an dieses klassische, traditionelle Repertoire.

Es gibt verschiedene Versuche, die einzelnen Tanzstile zu systematisieren. Jose Udaeta ordnet sie drei Gruppen mit je verschiedenen Rhythmen zu. Soleá, Alegrias und Bulerias sind demnach Tänze im $^3/_4$-Takt. Tientos, Tango, Tanguillo, Zapateado und »zur Not« (Udaeta, S. 14) die Farruca gehören zur $^2/_4$-Takt-Gruppe. Einer dritten Gruppe, deren Taktmaß er nicht mehr spezifiziert, ordnet er die Siguiriya und die Peteneras zu (Udaeta, S. 13 f.). Diese Einteilung ist wahrscheinlich noch weniger Orientierungshilfe als die traditionelle, sich an den Gesang anlehnende Unterscheidung in Baile grande oder jondo, das ist der tiefe, ernste Flamencotanz, und Baile chico, der leichte, heitere Flamencotanz. Manche Stile sind jedoch weder als rein grande noch als rein chico zu bezeichnen. Eine dritte Kategorie soll das Problem lösen: der Baile intermedio. Doch

gibt es auch Stile, die manchmal grande, manchmal chico sind. Das alles macht deutlich, wie schnell solche Systematisierungsversuche beim Flamenco ihre Grenzen erreichen. Wenn schon die Kategorien grande oder chico eine Rolle spielen sollen, dann wäre es besser, die Künstler mit ihrer Hilfe zu charakterisieren. Denn ein Künstler, der sehr jondo ist, wird einem Stil, der nach diesem Schema zum leichteren Flamenco gehört, automatisch mehr Tiefe und Ernst geben.

Aus diesem Grunde werde ich auf diese Systematisierungen verzichten, in eindeutigen Fällen lediglich auf sie verweisen. Die *Soleá* (Baile grande), das »Herz des Flamencotanzes«, einer der wichtigsten Tänze des Flamenco-Repertoires, ein typischer Frauentanz, wird oft mit der Bata de cola getanzt. José Udaeta behauptet, daß sie im 19. Jahrhundert zum erstenmal von Rosario Monje, der »Mejorana«, Mutter der berühmten Pastora Imperio (Sängerin flamencobeeinflußter Chancons – »canziones afflamencadas«), getanzt wurde:

»Die Sängerin, von königlicher Haltung, begann ihren Gesang mit den herrlichen Bewegungen ihrer Arme auszuschmücken und machte dazu einige ruhige Schritte auf der kleinen sevillanischen Bühne, auf der sie Nacht für Nacht auftrat. Sie hatte einen solchen Erfolg, daß sie schließlich den ganzen Gesang choreographierte« (Udaeta, S. 23).

La Joselito berichtet, daß dieser Tanz zu Ende des 19. Jahrhunderts seine Höchstform erreichte, dann aber in den dreißiger Jahren für mehrere Jahrzehnte verscholl.

Die *Siguiriya* ist ein stark von den Gitanos beeinflußter Stil (auch Siguiriya gitana genannt), der jedoch nicht getanzt wurde. Mitte der zwanziger Jahre dieses Jahrhunderts »entdeckte« Vicente Escudero »in ihren Rhythmen die choreographischen Möglichkeiten« (Udeata, S. 27 und 30). Pilar Lopez, eine in erster Linie klassische Tänzerin, führte 1946 die Kastagnetten bei diesem Tanz ein. Heute gehört die Siguiriya zum allgemein anerkannten Grundrepertoire des Flamancotanzes. Auch La Joselito tanzt sie machmal mit Kastagnetten, »weil das dem Publikum so gut gefällt«. Aber schöner und authentischer, das beteuert sie, ist die Siguiriya ohne Kastagnetten.

Die *Alegria*, »die Königin des Flamencotanzes«, ist ein typisch weiblicher Tanz, der aber immer auch – mit stärkerem Akzent auf dem Zapateado – von Männern getanzt wurde (s. S. 112). Dieser königlich-festliche Tanz war eine Spezialität der »Königin« des Flamencotanzes, der Macarrona. Ihre Alegrias dauerten nur zwei Minuten, aber nach La Joselitos Aussagen hat keiner sie je so wie sie getanzt, unvergleichlich!

Die *Buleria* (Baile chico) – zur Zeit meistgespielter Flamencostil – stellt

Candy Roman

119

oft eine Art Feuerwerk am Ende einer Vorstellung dar. Alle Tänzer und Tänzerinnen des Cuadro begleiten stehend durch ihr Jaleo (Palmas und anfeuernde Zurufe) die einzelnen kleinen Soli mit oft amüsant-akrobatischen bis clownesken Einlagen; »burlar« heißt soviel wie Spaß machen: »*Die ganze Zurückhaltung, die Selbstdisziplin, die Majestät und Linie weichen hier dem spontanen Ausbruch des Humors*« (Udaeta, S. 23).

Bei der wesentlich ernsteren *Farruca* läßt bereits der ausgeprägte Zapateado erkennen, daß es sich ursprünglich um einen Männertanz handelt. »Erfunden« hat diesen Tanz im 19. Jahrhundert der Tänzer Faico. Zu Beginn dieses Jahrhunderts wurde sie von Antonio de Bilbao stilisiert und ausgebaut. Berühmte Farruca-Spezialisten waren auch Ramirez, Manolito la Rosa, El Batato und Rafaela Valverde sowie La Tanguera. Die Farruca wird auch oft von Frauen in Hosen getanzt (die Tanguera tanzte ihn bereits zu Beginn dieses Jahrhunderts im Männerkostüm).

Beim *Zapateado* – ebenfalls ursprünglich ein reiner Männertanz – konzentriert sich der Bailaor, sonst fast unbeweglich, auf den trommelnden Rhythmus voller Kontrapunkte der Fußarbeit. Flamencotänzerinnen tanzen ihn in der Regel in einer Art Amazonen-Kostüm. Dieser Tanz wird oft mit dem argentinischen Malambo in Zusammenhang gebracht, eine rhythmische Imitation des Pferdegalopps, die den Gauchos zugeschrieben wird. Man nimmt an, daß der Zapateado aus dem Milieu der berittenen Viehhirten Andalusiens stammt.

Der Gesang der *Petenera* erzählt von einer Frau, die aus Rachsucht alle Männer ins Unglück stürzt, eine Art spanischer Loreley. Die Gitanos tanzen diesen Stil nicht: Er soll Unglück bringen. Die große Flamencosängerin La Niña de los Peines, selbst Vollblut-Gitana, setzte sich demonstrativ über dieses Tabu hinweg und begann mit diesem Cante regelmäßig ihren Auftritt. La Joselito fragte sie eines Tages: »Warum wird die Petenera nicht getanzt?« »Ach, diese dummen Flamencos glauben, sie bringe Unglück!« war die Antwort. Und so schuf La Joselito – wie andere Tänzer zu dieser Zeit auch – eine Choreographie zu diesem bis dahin nicht getanzten Rhythmus. Dieser Stil wurde zu einem der größten Erfolge der noch lebenden Tänzerin Rosa Durán, wenn sie im Madrider Tablao »Zambra« auftrat.

Beim *Garrotín* handelt es sich um typisch leichten, heiteren Flamenco (Baile chico), den La Joselito leicht kokettierend tanzt. Es ist ein relativ junger Stil (19. Jahrhundert), dessen Compás einem Tango ähnelt (Baile chico, der jedoch nichts mit dem südamerikanischen Tango zu tun hat), den Tanguillo (kleiner Tango), der mehr zur andalusischen Folklore gehört, tanzte die große Macarrona in der Regel als Zugabe, wozu sie jemandem aus dem Publikum den Hut, einen »Cordobés«, abnahm und in ihren Tanz integrierte.

Der *Taranto* ist eigentlich ein Bergarbeitergesang aus der Provinz Almeria. Seine Tanzform mit »Passos saltados« (hupfenden Schritten, die nicht Flamenco-typisch sind, eher folkloristisch) wurde später individuell von Flamencokünstlern entwickelt.

Schließlich gibt es noch die Stile kubanischer Herkunft: die heute sehr populären und fast ausschließlich getanzten Rumbas und die Guajiras. Beide sind im Grunde aber keine Flamencotänze.

Auch die mit Kastagnetten getanzten ländlichen Gruppentänze gehören nur am Rande zum Flamenco-Repertoire: Die bereits erwähnten *Sevillanas* werden – von vier Musikstücken begleitet – in Vierergruppen zu je zwei Paaren getanzt. Der *Fandango* war ursprünglich in ganz Spanien verbreitet; in Huelva erhielt er seine besondere Flamenco-Prägung (deshalb: Fandango de Huelva). Zur Familie der Fandangos gehören die *Verdiales*, volkstümliche Gruppentänze aus Malaga. Die *Rondeñas* kommen aus der Stadt Ronda, sind aber nicht mit der von Ramon Montoya aus den Tarantas abgeleiteten Rondeña identisch. Nicht zum eigentlichen Flamenco, sondern zur spezifischen Folklore der Gitanos gehört auch die *Zambra*.

La Joselito

Flamenco ist nicht nur Musik und Tanz, Flamenco ist auch ein Lebensstil, eine Lebensphilosophie. Das kann man nur im Kontakt mit denen erfahren, die Flamenco singen, spielen, tanzen, leben. La Joselito wuchs mitten im Milieu des Flamenco und des davon nicht zu trennenden Stierkampfes auf. Lorca hat das besondere Verhältnis des Spaniers zum Tod als den gemeinsamen metaphysischen Hintergrund von Flamenco und Stierkampf definiert, die Verbindungen sind jedoch auch auf weniger mystischer Ebene offensichtlich. Das andalusische Pantheon ist bevölkert von Flamencos und Toreros: Namen wie Legartijo, Joselito, Belmonte oder Cagancho werden mit derselben fast religiösen Ehrfurcht ausgesprochen wie die der Flamenco-Maestros und -Maestras. Und auch die unerschöpflichen Liebes- und Lebensverbindungen zwischen diesen beiden urandalusischen Welten (auch der im September 1984 in der Arena getötete große Torero Paquirri war mit einer Flamencosängerin verheiratet) lassen mich an die trivialmenschlichen Verknüpfungen der griechischen Götterwelt denken.

La Joselito, die den Namen eines der größten Toreros aller Zeiten trägt (er wurde 1920 in jungen Jahren bei einer relativ unbedeutenden Corrida in Talavera getötet), heißt eigentlich Carmen Gomez und ist wahrscheinlich reine Andalusierin, keine Gitana. Im Bauch ihrer Mutter will sie nach ihren eigenen Worten angefangen haben zu tanzen. Wirklich »gelernt« hat sie nur einen Tanz, alle anderen »übernahm« sie. Von ihr kann man nicht nur etwas über die Technik des Baile lernen, sondern auch über sein Innenleben. Von den Höhen und Tiefen einer geschichtlichen Epoche, die sie als Künstlerin, als Frau und als Mensch intensiv erlebt hat, erzählt sie mit einer mitreißenden Lebendigkeit. Selbst im größeren Kreis hört man ihr gebannt zu. Dabei hält es die kleine Frau nicht lange auf ihrem Stuhl aus, ihre Worte unterstreicht sie mit einer ausdrucksvollen Gestik und Mimik, ihre graublauen, jungen Augen funkeln, und die goldenen Armreife am Handgelenk klimpern ununterbrochen. Zum Singen setzt sie sich wieder hin und begleitet den Gesang mit den typischen Bewegungen ihrer schmalen, feinen Hand. Ab und zu muß sie eine Geschichte aus ihrem unermeßlichen Erinnerungsschatz vor lauter Lachen abbrechen. Dann stützt sie die linke Hand in den Rücken, wo ein stechender Schmerz sie vor allem bei feuchtem Wetter quält. In dem Augenblick jedoch, in dem sie zu tanzen beginnt, scheint er verflogen, denn solange sie tanzt, kann sie die Zeit anhalten und alle physischen Gesetzmäßigkeiten, denen ihr alternder Körper unterworfen ist, außer Kraft setzen.

Fragt man Carmen Joselito nach ihrer Herkunft, dann erinnert sich die kleine »grande dame« zuallererst einmal an das seinerzeit recht untypische Leben ihrer Großmutter, La Berenguera, eine der großen Frauengestalten des klassischen spanischen Tanzes. Diese tanzte schon mit fünf Jahren auf der Bühne, machte später Tourneen durch die ganze Welt. Erst mit dreiunddreißig Jahren – in einem für spanische Verhältnisse ungewöhnlich reifen Alter – bekam sie von einem reichen Witwer aus Barcelona ein Kind, unehelich. Auch als das dritte Kind kam, war sie noch nicht verheiratet. Es war ein Mädchen, Elvira, Carmens spätere Mutter. Als die ehemalige Startänzerin nacheinander zwei Männer verlor, verbesserte die kleine Elvira die schmale Rente des Haushaltes, indem sie einem kleinen Hund das Tanzen beibrachte und mit ihm auf Marktplätzen auftrat.

Carmens Vater, Rodrigo Acensio, war Andalusier aus Almeria. Als Kind verlor er seine Eltern, und seine ältere Schwester, die mit ihrem Mann Stoffe und Kurzwaren in einem Planwagen verkaufte, nahm ihn auf ihren Reisen durch ganz Spanien mit. Als er fünfzehn war, wollte er endlich seinen Traum, Torero zu werden, verwirklichen. Der Bürgermeister eines kleinen Dorfes erklärte sich bereit, ihm und seinem Freund Relampago sowie vier anderen Jungen ein paar Kühe zur Verfügung zu stellen, mit denen sie auf dem Dorfplatz vor Publikum den Stierkampf üben konnten.

»Gleich die erste Kuh hat Relampago auf die Hörner genommen. Er hat sich unter einen Karren gerettet, doch die Kuh – mit seinem Schuh auf einem Horn – wollte auch da noch hinter ihm her, und man mußte sie erst ab-

El Guito

122

lenken. Relampago war richtig verletzt – deshalb konnten wir später auch keine Kinder bekommen – und der Bürgermeister wütend. Als mein Vater das gesehen hatte, gab er seinen Traum auf und ist Fischhändler in Barcelona geworden.«

Dort traf er auf Elvira, die mit ihrem Hund tanzte. Sie war gerade vierzehn, als Rodriguo mit ihr aus Barcelona verschwand. Ihre Mutter war gegen eine Ehe, und auch Rodrigos Freund Relampago hatte ihm gesagt: »Das ist doch viel zu früh! Die Frau, die ich mal heiraten werde, muß erst noch geboren werden.« Einige Monate später kam Carmen in Cartagena (Andalusien) zur Welt, wo der Vater Arbeit im Bergbau gefunden hatte. Die Eltern heirateten erst, als Carmen zwölf war und sieben der insgesamt fünfzehn Geschwister bereits geboren waren.

Carmens Erinnerungen sind eng an Barcelona geknüpft. Die katalanische Hauptstadt ist damals – vor und während des Ersten Weltkrieges – sehr reich und kann sich ein ausgeprägtes kulturelles Leben leisten. Als Carmen acht Monate alt ist, verlassen ihre Eltern Cartagena und kehren nach Barcelona zurück. Ihr Vater hat sich im Bergbau eine Staublunge zugezogen. Bereits damals – sie ist knapp drei Jahre alt – beginnt Carmen auf den Marktplätzen, auf denen die Eltern mit dem neugekauften Planwagen Stoffe verkaufen, zu tanzen. Zwei Jahre später nehmen ihre Eltern sie mit nach Sevilla:

»Da wurde ich zur ›Tänzeklauerin‹. Ich guckte zu, machte alles einfach nach. Und bald konnte ich schon die Sevillanas, die Farruca und den Garrotín tanzen. Den Garrotín hatte ich von der Coquinera gelernt. Ich sang ihn auch. Die Leute waren immer ganz erstaunt und begeistert: ›Komm, Carmencita, tanz' mal den Garrotín!‹ riefen sie mir zu. Ich setzte mir den Hut meines Vaters auf, der mir bis über die Augen rutschte, und legte los. Alle steckten mir dann immer ein paar Duros zu.«

In Andalusien zieht die Familie von einer Stadt zur anderen. In Cádiz lernt sie die Bulerias von den kleinen Andalusierinnen. Ihre Mutter kauft ihr ein kleines Schleppenkleid. Und als sie eines Tages zum erstenmal auf die größte Tänzerin jener Zeit, Juana Vargas La Macarrona, trifft, tanzt sie dieser etwas mit der Bata de cola vor. La Macarrona ist begeistert. Später zieht Carmen mit ihrer Familie durch ganz Spanien bis ins französische Katalonien. Jedes Jahr und jedesmal in einer anderen Stadt gebiert die Mutter ein Kind, die ersten neun kommen im Planwagen zur Welt.

Als Carmen sechs Jahre alt ist, macht die Staublunge dem Vater immer mehr zu schaffen. Sie lassen sich in Barcelona nieder, der Vater nimmt seine Arbeit als Fischverkäufer wieder auf, aber die Familie lebt mehr und mehr von dem Geld, das Carmen ertanzt:

»Fünfzehn Kinder waren wir ja schließlich. Papa war krank, aber Kinder machte er trotzdem!«

124

Ganz zu Beginn dieser Zeit – noch vor Ausbruch des Ersten Weltkriegs – tritt sie auch zum erstenmal öffentlich auf:

»Die Macarrona kam manchmal zu meinen Eltern und aß mit ihnen. Eines Abends erzählte sie von einer Wohltätigkeitsveranstaltung mit den größten Flamencokünstlern der Epoche, die am nächsten Tag stattfinden sollte. Ich jammerte, weil ich mit dorthin wollte, aber mein Vater meinte, ich sei noch zu klein. Die Macarrona kniff ein Auge zu und flüsterte: ›Gleich holst du heimlich deinen kleinen Anzug mit dem Sombrero und gibst ihn mir, ohne daß es jemand merkt. Ich sage deinen Eltern, daß du morgen abend zum Essen zu mir kommst!‹ Am nächsten Tag hat sie mich wirklich geholt, mein Kostüm hatte sie ja schon mitgenommen. Und sie versteckte mich unter der Schleppe ihres Kleides. Alle Künstler des riesigen ›Cuadro‹ saßen auf der Bühne. Und als der Gitarrist anfing, die Farruca für den Tänzer Ramirez zu spielen, kam ich wie ein Wirbelwind unter den Röcken der Macarrona hervor, in Hosen und mit dem kleinen Sombrero. Ramirez wußte überhaupt nicht, wie ihm geschah, er wollte ja auch gerade anfangen zu tanzen! Die Macarrona kriegte sich nicht mehr ein vor Lachen, aber die anderen, vor allem Ramirez, waren ganz schön sauer!«

Carmen tanzt schließlich regelmäßig in den beiden großen Cafés cantantes Barcelonas, in der »Villa Rosa« an der Plaza Real, die dem Gitarristen Miguel Burrull gehört, und in der »Casa d'Escanyo«, benannt nach ihrem Besitzer Joaquin Escanyo.

»Die beiden konnten sich nicht ausstehen, wie zwei Metzger, die beide Fleisch verkaufen! Sie stritten sich um mich. Eines Tages hatte mein Vater deshalb sogar eine Schlägerei mit Burrull.«

Hier ist Carmen immer mit den Größten zusammen: La Macarrona, La Malena, Antonio de Bilbao, Estampio, Ramirez, La Tanguera etc., um nur einige der Tänzer zu nennen. Man besticht die Polizei, damit sie überhaupt auftreten kann. So läßt man sie abends zwischen zehn und zwölf Uhr tanzen. Carmens Vater vertraut seine Tochter seinem Freund Relampago an, der sie auf der Gitarre begleitet und dann kurz nach Mitternacht immer nach Hause bringt. In dieser Zeit erhält Carmen auch ihren Flamenco-Künstlernamen:

»Joselito el Gallo, der große Torero, war oft im Publikum und steckte mir manchmal Geld zu. Er machte Consuelo Reyes, der Tochter der Coral, die sehr gut Tangos und Tanguillos tanzte, den Hof. Die war damals vierzehn Jahre alt und nahm mich oft nachmittags mit ins Kino. An diesem Abend in der Villa Rosa hatte er mir wieder ein paar Duros auf die Bühne geworfen, damit ich tanzte. Plötzlich nahm er sein Sherryglas, goß es mir über den Kopf und sagt: ›Du sollst meinen Namen tragen, denn du wirst eines Tages sehr berühmt werden!‹ Consuelo, die daneben stand, rief mir zu: ›Hast du verstanden, ab heute sollst du dich Joselito nennen!‹ Joselito, der Torero, war zu dieser Zeit vielleicht vierundzwanzig Jahre alt. Ein paar

125

Tage später hat er Consuelo entführt, und mich haben sie als Alibi genommen!«

Unter den erfolgreichen Tänzerinnen dieser Zeit befindet sich auch Rafaela Valverde, La Tanguera, die – wie damals üblich – nur einen Tanz, die Farruca, tanzte, aber außergewöhnlich gut. Sie scheint häßlich gewesen zu sein, groß und das Gesicht voller Pockennarben. Sie ist damals etwa um die vierzig Jahre alt und verkraftet es schlecht, daß die kleine Carmen ihr die Show stiehlt. Eines Tages, bei einer Vorstellung im Theater »Circo Barcelonés« in der Calle Montserrat neben den Ramblas bekommt La Joselito besonders starken Applaus:

»Das Publikum klatschte wie verrückt. Ich war ja noch so klein. Und wenn man klein ist und macht etwas sehr gut, dann kommt das eben besonders gut an. Nach mir mußte die Tanguera tanzen. Man beachtete sie überhaupt nicht. Sie war eine große Tänzerin der Farruca, und ich konnte ja nichts dazu, daß ich so gefallen hatte. Sie kam wutschnaubend hinter die Kulissen und patsch! patsch! gab mir zwei Ohrfeigen, die mich drei Monate lang fast taub ließen. Meine Ohren bluteten. Ich hab das ganze Haus zusammengeschrien, mich auf den Boden geschmissen und mir ihre Füße geschnappt. Sie fällt hin, steht wieder auf und will mich nochmal schlagen: ›Du kleine häßliche Fliege, dir werd ich's zeigen!‹ Sie zerrt an meinen Haaren. Da kommt zum Glück ein Theaterangestellter, der mit mir an der Hand rausrennt. Auf dem Weg treffen wir meine Mutter. Das war so eine richtige Katalanin. Ich sehe sie noch, mit ihrer Schürze vorm Bauch, ein Tuch über den Schultern. Der Angestellte sagte ihr: ›Passen Sie auf, diese Frau wird Ihre Tochter noch öfter schlagen!‹ – ›Wie, meine Tochter schlagen?!‹ Meine Mutter hatte einen Knoblauchmörser in ihrer Schürzentasche. Sie rennt zu der Tanguera, holt den Knoblauchmörser hervor und schlägt auf sie ein. Die wehrt sich, aber hinterher sieht sie trotzdem aus wie eine geschwollene Schildkröte . . . Aber das muß man ihr lassen, sie war eine sehr gute Farruca-Tänzerin. Und ich tanzte ja ihre Farruca! Die hatte ich ihr wie alle meine anderen Tänze abgeguckt.«

Juana Vargas La Macarrona scheint Carmen Joselito zu ihrem Schützling erhoben zu haben. Mit ihr gibt es nie Eifersuchtsprobleme, und sie bringt auch ihre Partnerin, La Malena, die schon empfindlicher auf den Erfolg dieser Kleinen reagiert, zur Raison. Auch mit der Sängerin Pastora Pavón, La Niña de los Peines, versteht sich Carmen immer sehr gut. Die anderen Tänzer und Tänzerinnen betrachten sie schon eher etwas skeptisch, tanzt sie doch mit einer unglaublichen Leichtigkeit all deren Tänze einfach nach: »Jeden Schritt, den ich sah, steckte ich mir gleich ins Täschchen.«

Regla Ortega

Die häufigen Streitereien und Eifersüchteleien hindern die Flamenco-künstler dieser großen Epoche jedoch nicht daran, die fehlende Kran-kenversicherung in Eigeninitiative zu organisieren. Wird ein Künstler krank, gibt jeder einen Teil seiner Gage, damit Arzt und Medikamente bezahlt werden können. Als Carmen mit dreizehn Jahren Typhus be-kommt, kann sie so gerettet werden. Mit dem Erlös einer Extraveranstal-tung wird dann sogar noch vier Wochen lang ein Erholungsheim be-zahlt.

Von Barcelona aus holen die Künstler sie auch manchmal in andere Städte Spaniens. So nimmt Ramon Montoya, der große Gitarrist, sie eines Tages mit, damit sie vor König Alfonse XIII. tanzt.

Das Geld, das Carmen mit nach Hause bringt, muß sie ihrer Mutter immer heimlich geben. Ihr Vater verspielt nämlich alles, was er nur bekommen kann.

Unter den Zuschauern, die Carmen damals Geldscheine auf die Bühne werfen, die sie sich immer zusammengeknüllt in ihre Söckchen steckt, ist auch eine Ausländerin, die von ihr besonders begeistert ist:

»*Wir nannten sie alle ›die Österreicherin‹. Sie gab mir manchmal soviel Geld, daß wir alle davon einen Monat lang leben konnten. Mit zwölf Jahren bin ich dann mit meiner Mutter nach Paris gefahren und dort – und auch in London und Belgien – in einem Programm mit dem argentinischen Tan-gomeister Carlos Gardel aufgetreten. Eines Morgens sah ich dort ein Bild von der Österreicherin in den Zeitungen. Meine Mutter erkannte sie auch gleich wieder, und so erfuhren wir, daß es sich um Mata Hari handelte, die in Paris erschossen worden war, weil sie für die Deutschen spioniert hatte.*«

Als sie wieder aus Paris zurückkommt, wo Relampago sie wie immer auf der Gitarre begleitet hat, kommt ihr Vater dahinter, daß sein alter Freund seiner Tochter den Hof macht, was er als großen Vertrauensbruch betrach-tet:

»*Er war so wütend, daß er ihn umbringen wollte. Jedenfalls verbot er ihm, mich weiter zu begleiten.*«

La Joselito arbeitet nun mit Ramon Montoya, Juan Habichuela, Mariscal, Pepe de Badajoz, Perico el del Lunar und Miguelito Burrull. Mit einem großen Cuadro von vierzig Künstlern, zu dem auch wieder Antonio Cha-con, La Niña de los Peines und sämtliche bereits erwähnten Tänzer gehö-ren, unternimmt sie Tourneen in Spanien mit langen Aufenthalten in Ma-drid. Während dieser Zeit bekommt sie den einzigen Tanzunterricht ihres Lebens: Sie lernt den Zapateado.

»*Antonio de Bilbao, der beste Tänzer dieser Zeit, überhaupt, war ein guter Freund meines Vaters. Er aß gerne Fisch und trank auch öfter mal einen, obwohl der Arzt ihm das wegen seiner Herzkrankheit verboten hatte. Ein-mal, als ich mal wieder in Barcelona war, besuchte er meinen Vater, und ich*

128

sagte ihm voller Bewunderung: ›Maestro, wenn Sie eines Tages sterben, dann wird niemand mehr den Zapateado tanzen!‹ Das war seine große Spezialität. Er antwortete mir: ›Du wirst ihn tanzen!‹ Und so brachte er mir den Zapateado bei. Alle anderen Tänze hab ich mir ja durch Abgucken geklaut. Er zeigte mir auch einige Schritte der Alegria der Männer, die ohne die Bata de cola getanzt wird, damit man die Füße gut sieht.«

Carmen ist mittlerweile ein junges Mädchen von achtzehn Jahren. Valencio Primero, ein berühmter Torero, macht ihr den Hof. Doch als sie wieder einmal nach Barcelona zurückkehrt, wird sie von Relampago entführt:

»Ich liebte ihn auch. Er versteckte mich in einem Schrank im Haus seiner Mutter. Meine Eltern hatten jedoch die Polizei verständigt – damals war man erst mit dreiundzwanzig Jahren volljährig, und ich war achtzehn. Sie spürten mich auf und brachten mich auf die Polizeiwache. Mein Vater war schon da mit einer Pistole, und als er Relampago sah, schoß er auf ihn. Ich warf mich dazwischen, und seitdem hab ich die Spuren eines Streifschusses auf der Kopfhaut. Relampago hatte auch dreimal versucht, meinen Vater umzubringen. Später hatte er nie wieder Kontakt mit meinen Eltern, und er hatte mir sogar verboten, ihnen Geld zu schicken. Meine Mutter wollte ihre Zustimmung zu unserer Hochzeit nicht geben. Schließlich war es mein Vater, der sie überredete. Damals verlor ein Mädchen nämlich seine Ehre, wenn es nicht heiratete.«

In den ersten beiden Jahren leben die beiden bei Relampagos Mutter. Dann treten sie zu zweit auf, gehen auf Tournee und sind vor allem viel in Madrid. Dort im Theater »Romeo« sieht eines Tages Antonia Mercé, La Argentina, Carmen tanzen. Manuel de Falla hatte einige Jahre zuvor ein Ballett für die Sängerin Pastora Imperio geschrieben. Er hatte viel mit ihrer Mutter, La Mejorana, berühmte Cantaora und Bailaora des 19. Jahrhunderts, zusammengearbeitet. Die ersten Vorstellungen von »El Amor Brujo« unter der Regie Pastora Imperios blieben erfolglos. La Argentina hatte sich nun (Mitte der zwanziger Jahre) auf die Suche nach Talenten für eine Neuinszenierung gemacht.

»Sie kam, spielte mir eine Melodie vor und fragte: ›Was würdest du darauf tanzen?‹ ›Bulerias natürlich!‹ antwortete ich ihr. Das war der ›Fofolé‹. Der andere Flamencotanz des Balletts, den ich dann ausführte, hatte einen Sambarhythmus.«

Die Argentina war eine der größten Tänzerinnen des klassischen spanischen Repertoires. Sie bat La Joselito, ihr einige Flamencotänze zu zeigen.

»Dafür wollte ich aber von ihr das Kastagnettenspiel lernen, darin war sie eine Meisterin. Wir machten einen Tausch. Ich brachte ihr so die Alegrias und den Tanguillo bei.«

Die erste Vorstellung mit La Joselito in der »Opéra Comique« in Paris ist ein Riesenerfolg. Die Pariser Oper übernimmt das Ballett, und La Argen-

129

tina unterzeichnet einen Vertrag für eine große Europatournee mit dem ganzen Ensemble. In Deutschland treten sie in allen großen Städten auf, in Dresden bekommt Carmen das Telegramm mit der Nachricht vom Tode ihres Vaters:

»*Man gab es mir vor der Vorstellung. Mein Mann war furchtbar wütend. Und ich völlig niedergeschlagen. Und mußte doch raus zum Tanzen. Und ich hab' getanzt! Und geweint. Geweint und getanzt. Und selbst La Argentina, die mich nicht sonderlich leiden konnte und mir nie Komplimente machte, hat mir an diesem Abend gesagt:* ›*Niemals wirst du wieder so tanzen wie heute abend!*‹«

Den großen Erfolg der Flamencotänzerin in ihrer Truppe scheint La Argentina mit gemischten Gefühlen aufgenommen zu haben.

»*Sie war entsetzlich eifersüchtig und oft häßlich zu mir.*«

Als sie mit ihrem Ballett nach Amerika eingeladen wird, nimmt sie Vicente Escudero mit. Doch eines Tages steht plötzlich ein Russe (die Flamenco-Manager waren damals in erster Linie russischer Nationalität) vor Joselitos Haustür in Paris. Er richtet ihr aus, die Argentina bitte sie zu einem Cocktail:

»*Ich war mißtrauisch, denn wir waren ja zerstritten. Aber ich bin dann doch mit meinem Mann hingegangen. Ich fragte sie:* ›*Was wollen Sie von mir?*‹ *Und sie erklärte mir, daß sie gerne hätte, daß ich in einem Ballett nach der Musik von Albeniz (*›*Triana*‹*) tanze. Mein Mann fuhr sie an:* ›*Erst sprechen Sie schlecht von Carmen an der Oper, und nun soll sie in Ihrem Ballett mitmachen!*‹*, und ich sagte ihr:* ›*In Amerika haben Sie mich 'runtergemacht und jetzt rufen Sie mich nur, weil Sie wissen, daß Ihr Ballett ein Erfolg wird, wenn ich mittanze.*‹ *Da nahm sie mich beiseite:* ›*Hör mal zu, du hast noch dein ganzes Leben vor dir, und ich bin am Ende. Nicht mehr lange, und ich höre auf zu tanzen.*‹ *Als ich dann in diesem Ballett wieder solch einen Erfolg hatte, machte sie ein langes Gesicht. Und wieder sagte sie zu mir:* ›*Hör mal, ich hab einen Namen, laß mir doch den Erfolg. Du hast deine Karriere noch vor dir, mit mir ist bald Schluß, versteh mich doch!*‹«

Es stimmte: Wenige Jahre später ist La Argentina bei einer Vorstellung in Bayonne gestorben.

La Joselito und ihr Mann wohnen nun in Paris. Nach dem Spanischen Bürgerkrieg können sie nicht mehr nach Spanien zurück, wo sie ein Grundstück und ein Sparkonto besitzen; Relampago ist Republikaner, beide empfangen in ihrer Wohnung hohe Persönlichkeiten der spanischen Republik, u. a. den Bruder Francos, Ramón, heftiger und aktiver Gegner Franciscos. Was Relampago betrifft, ist Carmen skeptisch:

»*Einmal hat er mich geschlagen, weil ich ihn angefahren hatte:* ›*Du nennst*

La Joselito

131

dich Republikaner, aber zu Hause bist du ein echter Faschist.‹ Er hat mir das Leben nämlich nicht leicht gemacht. Er war zwar alles für mich, und er hat mir Lesen und Schreiben beigebracht, aber nach seinem Tod habe ich erfahren, daß er mich die ganze Zeit betrogen hat. Er hat mich immer wie ein kleines Mädchen behandelt. Zur Frau bin ich erst geworden, nachdem er gestorben war.«

Hier in Paris verzeichnet La Joselito dann auch ihre nächsten Erfolge. In der Oper »La illustre fragora« von Laparra soll sie den Zapateado tanzen, den einzigen Tanz, der ihr je klassisch beigebracht worden ist. Sie hat ihn oft im privaten Kreis, doch nie in der Öffentlichkeit getanzt. Zufällig ist Antonio de Bilbao, ihr Lehrer, zu dieser Zeit bei ihr in Paris und macht ihr Mut. Vor dem Bühnenbild, das das bekannte Café cantante »Kursaal« aus Sevilla zeigt, tanzt sie in der Pariser Oper in einem eleganten schwarz-grauen Kostüm zum erstenmal den Zapateado in der Öffentlichkeit. Antonio hat im Publikum gesessen, das vor Begeisterung aufgestanden ist, und gratuliert ihr. La Joselito hat ihn nie wieder gesehen, er stirbt einige Jahre später in Barcelona.

La Joselito und ihr Mann Relampago geben nun in Paris Einzelvorstellungen – mit einem Flamencoteil und spanischen Regionaltänzen, von einem Pianisten begleitet, im zweiten Teil; die erste findet in der »Salle Gavau« statt. Mit diesem Programm reisen sie dann durch ganz Europa. Zu Beginn des Zweiten Weltkrieges fliegen sie nach Südafrika, dann noch nach Skandinavien. Von den Deutschen werden sie nach Polen und in die Tschechoslowakei geschickt. In Paris müssen sie für deutsche Besetzer dreimal in der Woche im Moulin Rouge, im Olympia, im Theater der Normandie sowie im Quartier der deutschen Generäle, dem Nobelhotel Georges V., auftreten.

» Wir wurden gut bezahlt, bekamen Seife, Reis oder Mehl. Alle jüdischen Kaufleute aus unserer Straße, der rue Levis, wußten das. Zum Glück verstanden sie, daß wir nicht anders konnten. Ich habe zweimal die Gelegenheit genutzt – der General war nämlich ein begeisterter Aficionado, konnte auch gut Spanisch sprechen – und die Freilassung meines Bruders, den sie in einem Lager in Südfrankreich gefangen hielten, und eines jüdischen Nachbarn bewirkt.«

Nach dem Krieg machen sie Tourneen in der Türkei, in Griechenland und dann eineinhalb Jahre in Australien. Als sie bereits im Flugzeug sitzen, holt man sie wieder heraus, da eine hohe Persönlichkeit wegen eines Todesfalls eilig dorthin muß. Sie schimpfen, haben Angst, den Vertrag nicht einhalten zu können, aber es ist nichts zu machen. Das Flugzeug startet ohne sie – und stürzt ab! Alle Passagiere kommen um.

Nach der Australienreise wird Relampago sehr krank. Eine bereits unterzeichnete Jugoslawientournee unternehmen sie doch noch, sie bleiben danach einen Monat im Ferienhaus Titos in Opatja.

Danach beginnt die lange Krankheit Relampagos. Weder er noch Carmen sind krankenversichert, und so gibt La Joselito in diesen sechs Jahren ihr ganzes Vermögen für die Behandlung und Pflege ihres Mannes aus. Da er der festen Überzeugung ist, daß Carmen ohne ihn nicht leben könne, hat er eine Axt unter dem Kopfkissen versteckt, um sie mit in den Tod zu nehmen.

»Eines Tages hab' ich sie ihm weggenommen und so gut versteckt, daß ich sie nie wieder gefunden habe.«

Nach dem Tod ihres Mannes (1956) ist Carmen, mittlerweile eine reife Frau, am Rande des Wahnsinns und ihre Karriere erst einmal zu Ende. Zwei Jahre später bringt ihr der Sänger Jacinto Almaden den jungen Gitarristen Pedro Soler ins Haus und dessen Schwester Isabel, die Tanzstunden nimmt. Sie gehen zusammen mit dem Gitarristen Pepe de Badajoz und Rosa Montoya, eine Nichte Ramon Montoyas, auf Tournee. 1967 nimmt sie mit Pedro Soler und den beiden Sängern Pepe de la Matrona und Jacinto Almaden eine Schallplatte auf, die den Preis Charles Cros erhält und heute zu den großen Ereignissen des Flamenco zählt. Als sie im selben Jahr mit den Künstlern dieser LP im Theater »Le petit Odéon«, damals noch von Jean-Louis Barrault geleitet, auftritt, entdeckt Paris seinen Star der zwanziger und dreißiger Jahre wieder. Claude Sarraute schreibt damals in »Le Monde« (1. 6. 1967, S. 17):

»Sie ist noch immer von einer erstaunlichen Beweglichkeit, ihre Vitalität hat nicht nachgelassen, sich konzentriert, verdichtet; und die Falten über ihrer eigensinnigen Stirn unterstreichen die ganz zigeunerhafte Würde ihrer Drehungen, ihres hämmernden Füßestampfens. In der Öffnung ihrer hochgehobenen Arme erleuchtet nur das kurze Lächeln einer sonnenhellen Note die strenge Nüchternheit einer Kunst, deren Authentizität sie als lebendes Konservatorium verewigt, ein ständiges Zurück zu den Ursprüngen.«

Seit 1975 lebt La Joselito in Toulouse, der französischen Hauptstadt des republikanischen Spaniens. Hier bildet sie heute Tänzer und Tänzerinnen aus. Den Flamenco zu lehren – das war für La Joselito zum erstenmal ein längerer und anstrengender Lernprozeß im Zusammenhang mit ihrer Kunst. Das Zerstückeln eines Schrittes in seine Einzelbewegungen stellte für sie einen Akt dar, dessen Beherrschung sie viel Selbstdisziplin gekostet hat. Immer wieder ging in den ersten Stunden ihr Temperament mit ihr durch, ein langsam begonnener Schritt verwandelte sich in eine trommelnde Sequenz und ließ die verblüfften Schüler natürlich auf der Strecke.

Bailaoras, Bailaores

Was sie vermittelt, kennt La Joselito hundertprozentig. An die Kennerin wandte ich mich auch, als ich sie nach berühmten Kollegen fragte. Ein heikles Unternehmen, denn La Joselito ist eine strenge, wenn man so will

»voreingenommene« Kritikerin. Sie mißt den Flamenco mit dem Maß einer Epoche, die aus gutem Grund die »goldene« genannt wird, und da kommt es schon vor, daß sie heute den eigentlichen »Helden« des Flamenco, den »Duende«, bei einem Atahualpa Yupanqui oder anderen großen Künstlern anzutreffen meint, doch im Flamenco . . .

Einige der größten Persönlichkeiten des Flamencotanzes spielten wichtige Rollen im Leben La Joselitos und sind dem Leser somit namentlich bereits bekannt. Dennoch sollen sie im folgenden noch einmal genannt werden, und zwar in knapper chronologischer Ordnung. Jedem Aficionado sind diese Namen wohlvertraut, dem Laien mögen sie auf diese Weise geläufiger werden.

Vor mehr als hundert Jahren tanzten neben Rosario Monje (La Mejorana) in Sevilla zwei berühmte Frauen: Trinidad La Cuenca und Salud La Hija del Cieglo (die Tochter des Blinden). Bei ihnen lernte Antonio Vidal. Sein Vater kam aus Bilbao, Antonios Geburtsstadt (deshalb »de Bilbao«), seine Mutter war Sevillanerin. Für La Joselito ist er der beste Flamencotänzer. Er war sehr erfolgreich und machte weltweite Tourneen. Sein umfassendes Repertoire bezog auch spanische Regionaltänze mit ein.

Die beiden größten Flamencotänzerinnen des »edad de oro« traten oft zusammen auf: Juana Vargas La Macarrona, die sehr füllig war und bis zu ihrem Tod (durch ein Geschoß im Spanischen Bürgerkrieg) mit neunzig Jahren öffentlich tanzte, und Magdalena Seda La Malena. Für La Joselito gibt es keine besseren und von beiden soll La Macarrona noch mit einigem Abstand die faszinierendere und größere Kennerin gewesen sein. La Joselitos Bewunderung für diese beiden Tänzerinnen wird heute allgemein geteilt: »Schließlich die beiden berühmtesten, die Königinnen des Flamencotanzes, La Malena und La Macarrona. Diese beiden außergewöhnlichen Frauen, Spiegelbilder der Zeit der großen Flamencoleidenschaften, waren Gegenstand heftigster Diskussionen. Beide waren Zigeunerinnen, sehr dick, aber sie traten mit einer unvergleichlichen Haltung auf« (Udaeta, S. 27).

Zur selben Zeit wie diese beiden großen Frauen tanzten Juan Sanchez Estampio, Ramirez, Francisca Gonzales La Quica und ihr Mann Francisco León Frasquillo. La Joselito lernte als kleines Mädchen die bereits betagten Tänzer Rafael Vega, der nicht ausschließlich Flamenco tanzte, und José Molina, der sie manchmal in seine Tanzschule in Barcelona einlud, kennen.

Die 1936 jung gestorbene Antonia Mercé La Argentina war für La Joselito eine geniale »Bailarina«, aber keine »Bailaora«.

»Sprichst du von Flamenco oder vom spanischen Ballett?« war auch ihre

La Singla

135

Antwort, als ich sie nach so bekannten Namen wie Vicente Escudero, Antonio Ruis Soler (Antonio) und dem in letzter Zeit von sich redenmachenden Antonio Gades fragte. Vicente Escudero hat immerhin das Flamencotanz-Repertoire um die Siguiriya erweitert. Er gab sich gerne surrealistisch beeinflußt und war der große Liebling des New Yorker Publikums. In den dreißiger Jahren hatte ihn die Argentina dort vorgestellt. Ebenfalls in New York feierte Antonio seine größten Erfolge. Sein Tanz nahm zum Teil wahrhaft akrobatische Ausmaße an. Roger Mindlin schreibt über ihn:

»Antonio‹ hat wahrscheinlich von allen spanischen Tänzern am meisten von der Formenwelt des klassischen Balletts in die spanische Tanzkunst aufgenommen. Die charakteristischen Tanzsprünge, mit denen er seine Partnerin [Florencia Pérez, »Rosario«] *umschwärmt, erinnern an einen klassischen ›pas de deux‹.«*

Das ist wohl korrekt beobachtet, doch fragt man sich, wie Mindlin dann zu folgendem paradoxen Schluß kommen kann:

»Trotzdem hat er aber in allen seinen Schöpfungen die Seele des ›jondo‹ und des ›flamenco‹ in voller Reinheit bewahrt« (Mindlin, S. 39).

La Joselitos Toleranzschwelle ist in diesem Fall weit überschritten. Als eine der Hauptverantwortlichen für die Vulgarisierung des Flamencotanzes bezeichnet La Joselito die rassige Carmen Amaya, und sie beteuert, es ihr selbst gesagt zu haben, »obwohl das sehr gefährlich war, da sie immer ihren ganzen Zigeunerclan hinter sich hatte«. In der Tat hatte diese sicherlich populärste Tänzerin unseres Jahrhunderts ein unfehlbares rhythmisches Geschick und ein nicht gespieltes, sondern wirklich feuriges Temperament. Sie stammte zudem aus einer künstlerisch hochbegabten Gitano-Familie Barcelonas (der Gitarrist El Chino war ihr Vater und ihre Tante Juana Amaya eine unter dem Namen La Faraona bekannte Tänzerin), doch mit den großen historischen Persönlichkeiten des Flamenco ist sie nie in Kontakt getreten. Sie entwickelte einen sehr persönlichen Tanzstil, dessen Vitalität den Mangel an traditionsverpflichtetem Stilempfinden überspielte. Ihre Leidenschaft waren die typischen Gitano-Tänze. Den traditionellen Flamenco tanzte sie mit rasanter Heftigkeit und einem sehr kräftigen Zapateado. »Flamenco ist ausdrucksstark, aber nicht durch Nervosität oder Hektik, sondern durch Zurückgenommenheit in den Bewegungen und durch kontrollierte Haltung«, sagt La Joselito, deren Auffassung vom Flamenco-Tanz sich grundlegend von der Carmen Amayas unterscheidet. Sicher hatte der Tanz Carmen Amayas Qualitäten, die nicht an der hohen Tradition des Flamenco gemessen werden können, für die »Zeugin« Carmen Joselito aber dessen einziges Kriterium ist.

Solche Urteile scheinen in ihrer Schärfe manchem überspitzt vorkommen, doch kontroverse Ansichten gehören wohl einfach zum Ambiente des Flamenco.

Carmen Amaya (links)

Als Nachfolgerin Carmen Amayas wurde Antonita Singla (La Singla) gefeiert, die taubstumm im Elendsviertel Somorostro am Hafen von Barcelona aufwuchs, aus dem auch Carmen Amaya stammte. An der Seite der großen Carmen spielte La Singla im Alter von dreizehn Jahren in dem Gitano-Film »Los Tarantos« mit. Mitte der sechziger Jahre begann mit den »Festival Flamenco Gitano« ihre Karriere vor allem außerhalb Spaniens. Wie ihr großes Vorbild liebt La Singla vor allem die dramatischen Hosentänze, die alle Koketterie ausschließen.

Aus der berühmten andalusischen Ortega-Familie stammt Regla Ortega, die noch in der Blütezeit des Flamenco in den Cafés cantantes aufgetreten ist. Regla Ortegas Spezialität waren Polos, Tanguillos gaditanos und Tientos. Als ihr innovativer Beitrag zum Baile flamenco wird ihre tänzerische Umsetzung von Tarantos und Peteneras gewürdigt. Der Flamencoforscher Caballero Bonald über Regla Ortega: »Ihr Tanz ist rituell, rein und majestätisch in jeder Bewegung.«

Spricht man heute über Flamencotanz, dann fällt unweigerlich der Name Antonio Gades. Selten haben Flamencokünstler einen solchen Grad an internationaler Berühmtheit erreicht wie der heute fünfzigjährige Gades.

137

Seinen Durchbruch verdankt er, der sich selbst in der Tradition Antonios und Vicente Escuderos sieht, vor allem der exzellenten Zusammenarbeit mit dem spanischen Regisseur Carlos Saura für die Filme »Bluthochzeit« und »Carmen«. Der Grund seines weltweiten Erfolges ist wohl in erster Linie in der Perfektion seiner Inszenierungen, in der fast wissenschaftlich-geometrischen Präzision seiner Choreographien zu suchen: Alles, vom Augenaufschlag bis zur Schuhfarbe ist Kalkül. Das ergibt eine Show von unbestreitbarer Qualität, die beinahe vergessen läßt, daß der Vorwand, nämlich der Flamencotanz, hier so fest in ein Korsett eingeschnürt wird, daß kaum noch etwas von ihm übrig bleibt. Das Touristenspektakel-müde Publikum ist begeistert, denn hier wird wirklich maßgebliche Inszenierungstechnik geboten. Zudem integriert Gades genial sämtliche liebgewonnenen Klischees: gefühlvolle Weiblichkeit und harte Männlichkeit, Leidenschaft und Tanz, die allgegenwärtige Kirche und die olivhäutigen Gitanos. Doch dies mit einem so sicheren Gespür für Ästhetik, daß er auch den noch mißtrauischen Teil der Zuschauer begeistert, der um die Klischeehaftigkeit seines Balletts weiß. Der Erfolg ist gesichert! Der Flamenco – einsamer, individueller und spontaner Ausdruck eines Künstlers – bleibt auf der Strecke.

Ein Lichtblick: Christina Hoyos. Ihr gelingt es manchmal, trotz der Rigorosität der Choreographie, der sie sich zu beugen hat, eine Ahnung von Flamenco-Inspiration zu vermitteln.

Ob Kommerz im Showbusiness oder akademische Ballett-Perfektion bei Antonio Gades – der Flamenco verkümmert. Nur wenige schaffen es, sich diesen beiden Gefahren so ausdrücklich zu entziehen wie das Ensemble »La Cuadra« aus Sevilla, dessen Direktor Salvador Tavora – über seine Großmutter selbst gitanischer Abstammung – sich intensiv mit der sozialen Problematik der Gitanos Andalusiens identifiziert. Mit Hilfe eines interessanten Konzeptes bringt die »Cuadra« dem Publikum Aspekte des Flamenco nahe, die im Zuge seiner Degradierung zu einer oberflächlichen oder virtuosen Unterhaltungskunst verlorengingen und in Vergessenheit gerieten, wie etwa die Verwurzelung des Flamenco im Arbeitsleben des Andalusiers und die davon ausgehende Dramatik.

Waren die einzige Begleitung des Schmiedegesangs Martinete die Schläge des Hammers auf dem Amboß, so tanzt der Tänzer der »Cuadra«, Juan Romero, zu dem stark rhythmischen Geräusch einer Betonmischmaschine oder schwerer Eisenketten. Beide »Instrumente« sind Bestandteil von Inszenierungen, die sich modernem Dramaturgieverständnis verpflichtet fühlen, aber die inneren Strukturen des Flamenco zutiefst respektieren.

Hinter dem Versuch der »Cuadra«, gegen die Verflachung des Flamenco zu wirken und eine neue Sensibilität für seine volksnahe Herkunft zu schaffen, stehen Überlegungen, die traditionellen Künstlern suspekt erscheinen müssen. Doch vielleicht ist dies ein moderner Weg, Ursprünglichkeit und Authentizität beizubehalten oder zumindest zu zitieren. Der Flamenco der »Cuadra« unterscheidet sich jedenfalls positiv von dem meisten, was heute geboten wird.

Unter den zeitgenössischen Tänzern ist auch der über fünfzigjährige Farruco erwähnenswert, der mit einem authentischen Traditionsbewußtsein ein eigenes Ensemble in Sevilla leitet. Dieselbe Generation, ein Tanzstudio in derselben Stadt: Enrique El Cojo (der Hinkende, er hat in der Tat ein lahmes Bein), doch mit einer gänzlich entgegengesetzten Konzeption: »Im Flamenco darf man die Tradition nicht achten. Flamenco ist Anarchie . . .« (Lartigue, S. 40). Matilde Coral, 1935 in Triana, dem Gitano-Viertel Sevillas, geboren, wo sie heute eine große Tanzakademie leitet, sagt von Enrique El Cojo, daß man bei ihm zwar heute nicht mehr zum Flamencotänzer ausgebildet werden kann, daß er es jedoch verstünde, die Kraft des Tanzes, das »nötige Gift« zu vermitteln: »Bei ihm scheint das

El Farruco (links), Ramon Barrull (rechts)

Gebrechen die Intelligenz geschärft zu haben« (Lartigue, S. 40). Für sie gibt es kaum noch wirkliche Flamencotänzer, und von sich selbst und Antonio Gades behauptet sie: »Wir sind ›Bailarines‹!« (Lartigue, S. 40).

Zwei zu ihrer Zeit große Hoffnungen des Flamencotanzes sind heute so gut wie vergessen: die bereits erwähnte Antonia La Singla und Micaela Flores La Chunga, eine Nichte Carmen Amayas, die ihren wilden Flamenco oft barfuß tanzte. Sie tritt heute in Madrid im »Café de Chinitas« auf, doch fragt man sich, ob ihre Kunst wohl jemals an ihr Image gereicht hat.

Die vielversprechendste Entdeckung der letzten Jahre ist wohl die junge, sehr schöne Manuela Carrasco, eine Gitana aus Triana. Ihre Wildheit und die Kraft in den Füßen ist sicherlich von Carmen Amaya inspiriert, doch weiß sie zudem bestens um die Stärke von Stille, Pausen und Zurückgenommenheit. In ihrer Truppe, wo ihr Mann sie auf der Gitarre begleitet, ein anderer nennenswerter Name: der Tänzer und Choreograph Manolo Soler. Er ist kein Gitano und eher einer Flamenco-Avantgarde zuzuordnen, die mit den rhythmischen Elementen dieser Kunst experimentiert.

In Madrid unterrichtet der ungefähr vierzigjährige El Guito, ein Meister der Soleá. Er ist Gitano und Schüler der berühmten Bailarina Pilar Lopez, die auch den Flamenco sehr gut kannte, d. h. er schafft es, »Academia« und Inspiration zu vereinigen. Seine Partnerin ist oft Merche Esmeralda, ehemals erste Tänzerin des spanischen Nationalballetts und Mitglied der Truppe Antonios.

Ebenfalls in Madrid leitet Faíco eine Tanzakademie, die sich in erster Linie Carmen Amaya verpflichtet fühlt.

Dann ist da noch Manuela Vargas und die manchmal etwas zu vulgäre Angelita Vargas, die leicht akademische Conchi Calero aus Cordoba, die stämmige Milagros, die ein wenig aus dem Touristen-Tablao, mit dem sie in Barcelona auftritt, hervorsticht, und die einzige professionelle Schülerin La Joselitos, Isabel Soler, die vierundvierzigjährig vor einiger Zeit ihre jahrelang unterbrochene Karriere wieder aufgenommen hat.

Besonders sei noch auf Mario Maya verwiesen, dessen ganz persönlicher Stil ihn als einen der wenigen derzeitigen Tänzer auszeichnet, die sich der hohen Tradition des Flamenco verpflichtet fühlen. Auch er bettet seine nüchtern-schmucklosen, abstrakten Tänze in Inszenierungen ein, die etwa die Geschichte der harten sozialen Bedingungen der Gitanos in Andalusien zum Thema haben. Doch bewahrt ihn die Überzeugungskraft und tiefe Spannung seines Tanzes davor, ins Anekdotische zu verfallen. Auch gibt es bei ihm keinen Glanz, keine abgestimmte Farbskala der Kostüme, keine Folklore, will sagen: keine Ablenkung.

Mario Maya entdeckt zudem regelmäßig junge, vielversprechende Talente, die er in seinem Ensemble »Teatro gitano andaluz« dem Publikum vorstellt. So die erst sechzehnjährige Juana Amaya aus Morón de la Frontera

Juana Vargas Amaya

oder die zweiundzwanzigjährige Carmen Cortez aus Barcelona, die vor allem im Spiel ihrer Arme überzeugt.

Vielleicht wird eine dieser jungen Künstlerinnen unter der Leitung eines Meisters wie Mario Maya eines Tages in der Lage sein, dem Flamenco wieder die Dimension einer universellen Kunst zu geben. La Joselito benutzt jede Gelegenheit, sich in Spanien umzusehen. Sie hat die Hoffnung nicht aufgegeben.

BERNHARD-FRIEDRICH SCHULZE
EHRENHARD SKIERA

Guitarra flamenca

Gastspielreisen spanischer Flamencogruppen und Gitarrensolisten ins Ausland und die millionenfache Vermittlung durch Funk, Fernsehen und Schallplatte haben in den letzten Jahrzehnten den Flamenco in aller Welt bekannt werden lassen. Wegen der technischen Brillanz und Virtuosität der Darbietungen erfreut sich besonders das Flamencogitarren-Solospiel großer Beliebtheit. Wie kaum ein anderes Instrument ist gerade die Gitarre geeignet, das Wesentliche dieser Musik in ihren melodischen und tänzerisch-rhythmischen Aspekten darzustellen. Leider sieht und hört man in den letzten Jahren oft spanische und nicht-spanische Gitarristen, die durch publikumswirksame Effekthascherei den tiefgründigen Charakter des Flamenco preisgeben. Zu wenig wird dabei gesehen, daß der Flamenco, insbesondere der Gesang, humane und soziale Aspirationen artikuliert, die tief in der Geschichte Andalusiens und seinem Leid, der »Pena andaluza«, verwurzelt sind. Die Flamencogitarrenmusik nun hat, von diesem Cante ausgehend und an diesem orientiert, eine spezifische Ästhetik herausgebildet, die in der Tonauffassung, der Spieltechnik und sogar in der Bauweise des Instruments zum Tragen kommt. Nicht gesehen wird bei all dieser Virtuosität ferner, daß den verschiedenen Toques, also den Flamenco-Stücken und -Spielweisen der Gitarre, klare melodische und rhythmische Grundmuster zugrunde liegen, die dem eher harmonisch denkenden Mitteleuropäer allerdings am Anfang nicht ohne weiteres zugänglich sind. Dem Zuhörer erschließt sich der Reichtum dieser Musik jedoch erst durch die – bewußte oder unbewußte – Wahrnehmung dieser spezifischen Strukturen und ästhetischen Momente; der Flamencogitarrist verleiht erst durch ihre Beachtung seiner persönlichen Interpretation musikalischen Rang.

Ästhetik, Geschichte und Bauweise der Flamencogitarre
(Bernhard-Friedrich Schulze)

Anfang der siebziger Jahre reiste ich zum ersten Mal nach Andalusien, um dort, wo diese Volkskunst beheimatet ist, eine möglichst authentische Unterweisung im Spiel der Flamencogitarre zu erfahren. Die erste Stunde des Unterrichts bei dem Tocaor (Flamencogitarrist) Paco Soler in Málaga brachte gleich eine Überraschung mit sich: aufgefordert, den Stand meiner Kenntnisse und Fertigkeiten zu demonstrieren, spielte ich eine Granaina – auf einer echten Flamencogitarre, mit exakt den Tönen, wie ich sie einer Notenedition entnommen, und unter Verwendung von Spieltechniken, die ich mir mittels Lektüre eines Flamencogitarren-Schulwerkes angeeignet hatte. Mein Lehrer fragte erstaunt nach, ob das vorgetragene Stück wirklich eine Granaina sei und woher ich diese Töne hätte. Um seine Zweifel zu begründen, spielte er nun selbst Passagen einer Granainas vor. Deren typische Figuren waren mir von Notentexten her zwar bereits vertraut, zugleich war ich aber überrascht, sie doch so ganz anders erklingen zu hören.

Dieses Erlebnis, diese Szene, spiegelt im Kern nichts anderes wider als die typische Ausgangssituation eines Mitteleuropäers, der die Kunst des Flamencogitarrenspiels erlernen und diese Musikkultur verstehen will. Es handelt sich dabei offensichtlich um die Konfrontation einer Klangvorstellung, die sich an der mitteleuropäischen Musikpraxis gebildet hat, mit dem authentischen Klangerleben des Flamenco in seinem Ursprungsland. Daran wollen wir anknüpfen und die Frage der Ästhetik des Flamencogitarrenspiels von verschiedenen Seiten beleuchten.

Ausdruckskraft und Klangideal der Flamencogitarre

Es gibt eine ganze Reihe von Noten für Flamencogitarre. Die Frage ist nun aber, welche Spielanweisungen diese Notationen dem nichtandalusischen Gitarristen tatsächlich an die Hand geben, die angegebenen Töne wirklich mit dem authentischen Aire flamenco, seiner typischen »Atmosphäre« und Ausdruckskraft, erklingen zu lassen.

Das Problem ist bekanntlich durchaus allgemeiner Natur: Zwischen Notenschriftbild und zu realisierendem Klang klafft bei jeder Art von Musik eine Lücke, die durch eine je spezifische, kulturell tradierte Aufführungs- und Interpretationspraxis ausgefüllt wird. Das Umsetzungsproblem ist dabei um so gravierender, je historisch älter oder kulturgeographisch entfernter die jeweilige Musik ist: So wird ein des Singens mächtiger und der Notenschrift kundiger Musikfreund einen Gregorianischen Choral des 10. Jahrhunderts aus Europa oder einen afro-amerikanischen Blues des 20. Jahrhunderts aus den USA – ohne entsprechende Hörerfahrungen und theoretische Kenntnisse – in aller Regel vollkommen verfehlt zum Vortrag bringen.

Im Falle der Flamencomusik wird dieses allgemeine Problem noch durch drei Faktoren verstärkt:

1. Der Anfänger im Flamencogitarrenspiel wird durch das typische, in Teilen klassisch-konzertant anmutende Notenbild der Literatur für die

143

Guitarra flamenca de concierto dazu verführt, das ihm vertrautere klassische Klangideal der Konzertgitarre zu intonieren, zumal das dennoch durchaus attraktiv klingende Ergebnis ihn in seinem Mißverständnis allzu leicht bestätigt.

2. Die Flamencomusik trägt, gerade auch was den Part der Gitarre betrifft, in starkem Maße – als solche nicht notierfähige – improvisatorische Momente in sich. Bei der Guitarra flamenca de concierto (Flamenco-Sologitarre) werden in einer zumeist nichtinnovativen Improvisationspraxis bereits erworbene Falsetas und Rasgueados immer wieder neu und durchaus kreativ kombiniert. Die Guitarra flamenca de acompañamiento (Flamenco-Begleitgitarre) geht in sekundierender und dialogisierender Weise aus dem Augenblick heraus immer wieder neu auf den Gesang und/oder Tanz ein.

Diese Praxis der Variation und Kombination melodischer (Falsetas) und rhythmisch-harmonischer (Rasgueados) Modelle ähnelt im übrigen in manchen Punkten vergleichbaren Musizierpraktiken des arabischen und indischen Raumes.

3. Die traditionelle Lehrtradition und Aneignungspraxis des Flamencogitarrenspiels basiert auf einem Lernen vom Gehör her, d. h. die Spielweise des Meisters wird Ton für Ton imitiert (kopiert), wobei Lehrer und Schüler sowohl abwechselnd spielen, um beide Versionen zu vergleichen, als auch gemeinsam (unisono), um ein Höchstmaß an Übereinstimmung zu erzielen.

Das hat zu dem zusätzlich erschwerenden Umstand beigetragen, daß typische Flamencospielweisen wie die Rasgueados in ihrer Schreibweise mangels schriftlicher Tradition und mangels wirklicher Ausschöpfung der Möglichkeiten des traditionellen Notationssystems bis vor einigen Jahren oft fehlerhaft und wenig verbindlich waren.

Während nun also der einheimische Gitarrist in Andalusien relativ unbelastet von den Tücken der Notationsproblematik durch vielfältige Erfahrungen – regelmäßiges Hören von Flamencomusik (live und in Rundfunk/Fernsehen), Gespräche und Kontakte mit Gitarristen und Aficionados (Flamencoliebhabern) etc. – in das Idiom der Flamencogitarre hineinwächst, steht der Mitteleuropäer vor einem doppelten Problem: Im Notentext selbst findet er praktisch keinerlei Anhaltspunkte für die Realisation bzw. Intonation des besonderen Tones der Flamencogitarre; das Hören der in Frage stehenden musikalischen Gattungen (Estilos) aber ist ihm relativ unvertraut und entzieht sich weitgehend seinem Urteils- und Wahrnehmungsvermögen.

Deshalb erscheint es besonders wichtig, hier einmal den Versuch zu wagen, Klangwelt und Ästhetik des Aire flamenco zu beschreiben.

Die idiomatische Wendung, daß Guitarra und Cante zusammengehören wie Uña und Carne (Fingernagel und Fingerkuppe), verweist auf einen ganz zentralen Punkt der Flamencomusik und der europäischen Musikentwicklung insgesamt.

Tatsächlich hat nämlich die Instrumentalmusik seit Menschengedenken als Begleitung von Tanz und Gesang gedient. Sie war also gewissermaßen unselbständig. Erst im 16. Jahrhundert setzt dann in Europa eine Art Emanzipation der Instrumentalmusik von der Vokalmusik ein, die sich darin manifestiert, daß Vokalgattungen auf Instrumente übertragen und zunehmend einem spezifisch instrumentalen Denken unterworfen werden. Bezeichnenderweise ist aber die frühe Instrumentalmusik in ihren Phrasierungen, Intervallfortschreitungen, Themenbildungen usw. noch stark von der Vokalmusik geprägt.

Für den Bereich der Flamencomusik stellt sich die historische Entwicklung so dar, daß anfänglich (spätestens[!] seit dem 18. Jahrhundert) der Gesang ohne jede Gitarrenbegleitung gepflegt wird, später (Anfang des 19. Jahrhunderts) die Gitarre als Begleitinstrument hinzutritt, und schließlich (zweite Hälfte des 19. Jahrhunderts) die solistisch konzertierende Flamencogitarre aufkommt.

Bezeichnenderweise spielt bei dieser, wenn man so will verspäteten, Entwicklung das Vorbild der europäisch-spanischen Konzertgitarre eine ganz entscheidende Rolle. Während nämlich das christliche Spanien voll an der beschriebenen europäischen Musikentwicklung teilnimmt, man denke etwa an den Beitrag der spanischen Orgel- und Lautenmusik zur Zeit Karls V. und Philipps II., gilt für das arabische Spanien durchaus eine Sonderentwicklung. Man muß sich dabei vor Augen halten, daß das jahrhundertelang maurische Andalusien gerade auf dem Gebiet der Musik in starkem Maße von der arabischen Musikkultur und Aufführungspraxis geprägt ist, die ein solistisches Instrumentalspiel in unserem Sinne nicht kennt. Hinzuweisen ist in diesem Zusammenhang auch auf das bedeutsame musikpädagogische Wirken des irakischen Musikers Zyriab am Hofe von Córdoba im 9. Jahrhundert und auf die Tatsache, daß auch nach der Reconquista (1492) z. T. Araber als Musiklehrer weiterhin in christlichen Schulen tätig sind.

Entscheidend ist nun aber die ästhetische Seite dieser Entwicklung, nämlich die Frage, wieweit das Klangideal des Flamenco-Gesanges die Tonvorstellung der Flamenco-Gitarre geprägt hat.

Betrachten wir das Spiel der Guitarra flamenca de acompañamiento in-

Paco de Lucia (Seite 146), Juan Maya Marote (Seite 147)

145

nerhalb des Cuadro flamenco (Flamencogitarre als Ensembleinstrument im Rahmen der Flamenco-Formation aus Gesang, Tanz, Gitarre, Jaleo) genauer, so stellen wir einen steten Wechsel von Rasgueado- und Punteado-Partien fest. Die Rasgueado-Modelle signalisieren dem Sänger Rhythmus, Tonhöhe und Harmonie, Beginn und Ende des Gesanges. Die melodischen Punteado-Partien (puntear: Anschlagen von Einzeltönen) dagegen greifen den Gesang auf, ahmen ihn nach, antworten ihm – fordern den Sänger heraus, verschaffen ihm aber auch eine rekreative Pause und die Möglichkeit innerer Sammlung.

Wenn man sich nun insbesondere Funktion und Praxis des Punteado vor Augen hält, wird man ermessen können, wie weitgehend die Tonvorstellung der Flamencogitarre vom Gesang geprägt und an diesem orientiert ist.

Wollen wir aber die dem Cante eigentümliche Intonation, die sich so erkennbar unterscheidet von dem uns vertrauten klassischen Belcanto-Ideal mit seinem kunstvollen Ausgleich der Stimmregister, näher bestimmen, so fallen uns zwei Dinge auf: erstens die zuweilen unsauber wirkende Einfärbung der Töne durch enharmonisch kleine Tonstufen und zweitens die enorme Vielfalt an Stimmregistern, die von herzhaft-heiser und kehlig-angerauht über rund-und-samtartig bis zum gepreßten Falsett reichen.

Beide Eigenschaften stehen aber in einer ganz auffälligen Beziehung zur arabisch-islamischen Musik und Sprache. So läßt sich die »Unsauberkeit« der Gesangstöne auf das hochdifferenzierte arabische Tonsystem mit seinen $1/4$-, $1/2$-, $3/4$-, $1/1$-, $5/4$- und $3/2$-Tonstufen zurückführen; und das arabische Stimmideal des Gesanges hat – auch durch die Sprache bedingt – einen kehligen und gaumigen Einschlag und wirkt zudem leicht gepreßt.

Ein weiteres Merkmal, nämlich die beeindruckende und differenzierte dynamische Gestaltung und Stimmgewalt des Gesanges, ist zum einen dem inneren Engagement geschuldet, mit dem der Sänger die Pena andaluza (pena: Leid) ausdrücken will, zum anderen dem eher schlichten Umstand, daß der Sänger einem größeren Publikum – ohne die heute weitgehend üblichen Verstärkeranlagen – vernehmbar sein mußte.

Daß darüber hinaus zuweilen das phonetische Klangmaterial der Sprache selbst gekonnt musikalisiert und in den Gesangsvortrag einbezogen wird, sei hier nur kurz erwähnt. Zu denken ist hierbei insbesondere an die im Flamenco als Farfullos bezeichneten Klangschöpfungen wie »lerele«, »trajilitraji«, »tirititrán« etc., aber auch an die klagenden »ay, ay« (Quejíos) oder das extreme Dehnen und Aussingen einzelner Vokale (Jipío).

Wie läßt sich nun die fast unvermittelt stark wirkende emotionale Einfärbung, Registrierung und Dynamik des Gesanges auf der Gitarre imitieren?

Sehen wir vorläufig einmal von der nicht ohne Grund besonders konstruierten Flamencogitarre selbst ab, so läßt sich die Intonation beim Melodiespiel aktiv gestalten durch Variierung der Anschlagstelle (a), des Anschlagwinkels der Saite (b) und des Anschlag»gegenstandes« (c).

a) Der Flamencospieler tendiert dahin, möglichst nahe am Steg zu spielen, der bekanntlich die Schwingungen der Saite auf die Gitarrendecke überträgt. Dadurch wird eine gewisse *Härte* und *Schärfe* des Tones erzeugt. Die genaue jeweilige Anschlagstelle hängt selbstverständlich auch von der Länge der jeweils frei schwingenden Teile der Saite (Frequenz, Tonhöhe) ab: In aller Regel wird aber in dem Bereich zwischen Schalloch und Steg angeschlagen.

b) Die Saite wird nicht wie beim klassischen Tirando (tirar: ziehen) idealiter parallel zur Decke angezupft, sondern – immer bezogen auf die Gitarrendecke – eher schräg nach unten (zur Decke hin) angeschlagen oder »gedrückt«. Die Praxis, die dies bewirkt, ist jedem Konzertgitarristen als Stützschlag bekannt. Bei diesem wird der Anschlagfinger i (Zeigefinger) oder m (Mittelfinger) von der nächsttieferen Saite abgefangen und abgestützt; beim Spiel mit dem Daumen (p) von der nächsthöheren. Im Spanischen heißt diese Technik Apoyando (apoyar: abstützen). Mit ihr wird ein *voller*, weit ausschwingender und *zuweilen*, wenn nämlich die Saiten leicht gegen die Bünde schlagen, *leicht perkussiver* Ton erzeugt.

c) Angeschlagen oder angedrückt wird die Saite mit einer Kombination von verhornter Fingerkuppe (Callo) und Fingernagel (Uña). Durch dieses ideale Fingernagel-Plektrum, das über die Fingerkuppennerven differenzierte Informationen an den Spieler rückkoppeln kann, wird ein *klar konturierter*, intensiver und *zuweilen klagender* Ton erzeugt.

Daß die Rasgueado-Technik mit ihrem »Fingernagelwirbel«, der durch keinerlei Fingerkuppen abgebremst ist, unerhört harte und markante harmonische und rhythmisch-perkussive Akzente setzt, sei hier nur kurz erwähnt (s. u.).

Die Kombination aller drei technischen Intonationsfaktoren ergibt nun als Produkt den typischen Flamencoton. Man sollte dabei in seiner Phantasie immer den Flamencogesang vor Augen haben und sich nicht scheuen, laut zu spielen.

Zu beachten ist dabei zudem, daß – im Gegensatz zur Spielpraxis der klassischen Gitarre – der Daumen prinzipiell, d. h. also auch bei Arpeggio und Tremolo, Apoyando spielt.

Zur technischen Ausführung bedarf es eines differenzierten Abstimmens der mehrfach gekrümmten Nagelform mit der individuellen Physiologie der Hand. Zwei kleine Anregungen für dieses nicht immer leichte Unterfangen.

1. Man mache sich einmal klar, daß der Nagel – bei aller Individualität – im Prinzip drei Krümmungsverläufe aufweist: er ist, von oben gesehen, röhrenartig in Längsrichtung über den Fingerknochen *gewölbt* (1), von unten gesehen, bei gepflegter Maniküre parallel zur Fingerkuppe *gerundet* (2) und von der Seite gesehen, bei unzivilisierter Länge krallenförmig nach unten *geneigt* (3).

2. Zum anderen bedenke man, daß ein Nagel immer an zwei Punkten auf der Saite aufsetzen muß, um gut geführt werden zu können. Beim Zeige- und Mittelfinger sind dies die beiden Schnittpunkte zwischen Nagel und Fingerkuppe, beim – angewinkelt gespielten – Daumen hingegen die Schnittstelle zwischen Daumennagel und -kuppe einerseits und der »Spitze« des Daumennagels andererseits.

In jedem Fall müssen die Nägel vor allem eine gewisse Länge aufweisen, um durch Feilen angemessen modelliert werden zu können. Dies gilt insbesondere für den Daumennagel.

Es ist in diesem Zusammenhang nicht ganz uninteressant, daß der schon erwähnte Zyriab seine Gitarre mit einem Plektrum anschlug und auch die arabische UD-Laute mit Plektrum gespielt wird.
Bleibt anzumerken, daß die Flamencogitarre – was die Intonation der Tonhöhen und Intervalle betrifft – vollkommen europäisch geprägt ist, d. h. mittels Bundstäbchen die Oktave in die uns vertrauten zwölf wohltemperierten Halbtonschritte unterteilt. Von dieser Seite her gesehen sind der Flamencogitarre bei der Nachahmung der arabischen Elemente des Cante durchaus Grenzen gesetzt.

Ausdruckskraft und Animation (Aire flamenco)

Ein besonderes Merkmal des Flamencogitarrenspiels besteht nun in dem ausgewogenen Wechsel von rhythmisch-harmonischem Rasgueado und melodischem Punteado. Beide Grundbausteine werden durch die beschriebene Art der Intonation besonders intensiv und ausdrucksvoll gestaltet. Die gewisse »Magie« aber, das eigentlich Faszinierende des Flamencospiels rührt letztendlich daher, daß sich melodisches und rhythmisches Spiel durch den steten Wechsel gegenseitig durchdringen oder gleichsam übereinanderschieben.
Erklingt beispielsweise das rhythmisch-harmonische Rasgueado-Modell der Soleares, so weiß in der Musikkultur Andalusiens nicht nur der Sän-

ger, daß und wann er eine Soleares zu singen hat, sondern auch der Zuhörer assoziiert sofort die Fülle von Soleares-Melodien, die er bereits gehört hat. Die Rasgueados öffnen gewissermaßen die Tore, um die Falsetas freizulassen, und sie schließen die Entwicklung der Falsetas auch wieder ab, bilden zugleich einen ruhigen Bezugspunkt.

Ist dieses Präsent-Machen der Falsetas durch die Rasgueados Resultat der aktiven Eigenleistung des Hörens, das bekanntlich vorauszuhören und »rückwärts« bzw. erinnernd zu hören imstande ist (man kann z. B. eine Tonleiter schlecht auf der 7. Stufe abbrechen), so läßt sich bei den Falsetas selbst eine regelrecht *materiale* Überlagerung von Melodie und melodischen Akzenten einerseits und Compás (rhythmisches Betonungsschema, s. u.) und rhythmischen Akzenten andererseits feststellen.

So kann zum Beispiel der in der Melodie einer Soleares-Falseta ruhende Akzent perfekt mit dem zyklisch wiederkehrenden Betonungsschema der Soleares (s. u.) übereinstimmen, was der Melodie eine suggestive Überzeugungskraft gibt:

Rhythmisches Grundschema und melodischer Akzent können aber auch voneinander abweichen – und zwar entweder, weil es die »Typenbildung« (hier typische Endphrase der Soleares) verlangt:

oder weil der Spieler durch synkopierte Akzente dem Abnutzungsgrad einfacher Typen (hier schlichter Skalenausschnitt) entgegenwirken will:

151

Die Wirkung dieser Abweichung ist geradezu erregend: Man empfindet den Compás weiterhin – u. U. wird er ja auch noch zusätzlich durch Palmas (s. S. 179) repräsentiert – und hört gleichzeitig die melodischen Akzente, die zuweilen mit Akzenten des rhythmischen Grundschemas zusammenfallen, zuweilen aber auch neben und zwischen diejenigen des Compás fallen. Dieses polyrhythmische Moment führt zu einer enormen Intensivierung der Melodie.

Ähnliche Wirkungen erzielt der Jazz mit seinen Off-Beat-Techniken. Man denke etwa an die bekannten Phänomene des »Drive« und »Swing«, die ebenfalls auf einer ekstatischen Überschichtung zweier Akzentebenen beruhen.

Die Analogie findet aber ihre Grenze darin, daß der Jazz keine dem Compás wirklich verwandten Rhythmusmodelle kennt. Der Compás verweist eher schon auf den indischen »tala« und den arabischen »wazn«, bei denen es sich ebenfalls um regelmäßig wiederkehrende längere rhythmische Zyklen handelt (s. u.).

Herausbildung und Entwicklung der Flamenco-Spieltechniken

Wenden wir uns nun den Spieltechniken der Flamencogitarre und der Frage ihrer technisch korrekten und musikalisch sinnvollen Verwendung zu.

Beide Aspekte hängen aufs engste zusammen, da eine Spieltechnik letztendlich nichts anderes ist als die materiale Ausführungsseite einer ideellen Konzeption. Umgekehrt jedoch hängt die musikalische Ausdrucksfähigkeit ganz wesentlich von der Perfektionierung der technischen Möglichkeiten ab. Technische Möglichkeit und musikalische Ausdrucksfähigkeit bedingen sich also gegenseitig und haben im übrigen eine geradezu stürmische historische Entwicklung hinter sich. Der erreichte methodisch-technische Fortschritt kann jedoch zugleich einen musikalischen Rückschritt bedeuten – dann nämlich, wenn die Techniken um ihrer selbst willen eingesetzt werden bzw. die ihnen inhärente Eigendynamik nicht souverän genug beherrscht wird: Eine skalenmäßige Tonfolge wird dann allzuleicht maximal schnell oder extrem austariert angegangen, unabhängig oder gar im Gegensatz zum jeweiligen musikalischen Kontext; der melodische Ausdruck einer Flamenco-Falseta beispielsweise verliert dann jegliche Signifikanz und verkommt bestenfalls zum bloßen Ornament, schlimmstenfalls zur Fingerübung.

Aus diesem Grunde scheint es erforderlich, den ursprünglichen musikalischen und ästhetischen Sinn der wesentlichen Techniken einmal deutlich zu machen.

In diesem Sinne geht es uns hier um die Rekonstruktion der Entwicklung

152

Pepino Salazar

von der ursprünglichen Begleittechnik des frühen 19. Jahrhunderts über die Integration und Überformung der klassischen Spieltechniken unter Beibehaltung der eigenen, schon gefestigten spezifischen Ästhetik in der zweiten Hälfte des 19. Jahrhunderts bis zu den sich abzeichnenden neuen stilistischen und ästhetischen Synthesen der zweiten Hälfte unseres Jahrhunderts.

Die legendären historischen Meister

Gegen Ende des 18. Jahrhunderts ist die spanische Gitarre in Andalusien zwar bereits durchaus populär, dient aber noch nicht als Begleitinstrument des Cante, der weiterhin ganz traditionell lediglich durch das rhythmische Instrumentarium der Palmas, Taconeos (s. S. 179) usw. unterstützt wird. Dabei ist auch zu bedenken, daß die den Gesang pflegende bäuerliche Bevölkerung sich nicht so ohne weiteres ein immerhin recht teures Instrument leisten kann.

153

Wird dann im ersten Drittel des 19. Jahrhunderts die spanische Gitarre – die Flamencogitarre wird erst Mitte des 19. Jahrhunderts aus der Taufe gehoben – sporadisch schon als begleitendes Instrument eingesetzt, so findet der eigentliche Aufschwung des Flamenco-Gitarrenspiels erst mit dem Aufkommen der Cafés cantantes (ab 1842) statt. Diese Cafés stellen ein Kommunikationsforum für die Gitarristen dar, das ihnen die Möglichkeit bietet, voneinander zu lernen. Darüber hinaus ist mit der Öffentlichkeit der Cafés die Möglichkeit verbunden, das Gitarrenspiel zu professionalisieren.

Ein berühmter Vertreter jener frühen Zeit vor der Etablierung der Cafés cantantes, und überhaupt der erste namentlich belegte Flamenco-Gitarrist, ist Francisco Rodriguez, genannt: El Murciano (1795–1848) aus Granada. Die Spielweise dieser Epoche »beschränkt« sich im wesentlichen auf das Rasgueado und das Melodiespiel mit dem Daumen. Die oftmals herangezogene Charakterisierung dieser Technik als »primitiv« übersieht freilich den durchaus virtuosen Einsatz des Daumens, von dem mancher Profi heute noch lernen könnte.

Mit El Maestro Patiño (1830–1900) aus Cádiz und Antonio Perez (1835–1900) aus Sevilla befinden wir uns bereits in der Epoche der Flamenco-Cafés. Beiden ist gemein, daß sie die Aufgabe des Gitarrenspiels ausschließlich in der Begleitung von Gesang und Tanz sehen.

Diese Auffassung ändert sich dann mit dem Meisterschüler Patiños, nämlich mit Francisco Sánchez: Paco el Barbero (1840–1910) aus Cádiz, der – als erster in der Geschichte des Flamenco-Gitarrenspiels – auch rein solistisch auftritt. Die Motivationen, dieses zu tun, sind vielfältiger Natur. Zum einen ist es viel schwieriger und dennoch weniger ruhmreich, einen berühmten Sänger oder Tänzer zu begleiten. Schwieriger, weil man neben der Beherrschung des Gitarrenspiels auch noch Tanz und Gesang ausgesprochen gut kennen muß und zudem laufend auf die improvisatorischen Momente des »Hauptdarstellers« eingehen muß. Die Bewunderung aber gilt dann meist nicht etwa dem Gitarristen, sondern dem Gesangs- oder Tanzinterpreten. Umgekehrt gesehen bieten die solistisch vorgetragenen Falsetas dem Gitarristen die Möglichkeit einer selbständigen persönlich-individualistischen Ausdrucksweise und zugleich einer Demonstration seiner technisch-virtuosen Fähigkeiten.

El Barbero bereitet damit das Terrain für einen völlig neuen Abschnitt in der rasanten historischen Entwicklung des Flamencogitarrenspiels: den Beginn der Übernahme und Adaption klassisch-konzertanter Spieltechniken im Sinne des Flamencostils, kurz das *Aflamencar* klassischer Techniken.

Es ist Francisco Diaz: Paco Lucena (1855–1930) aus Córdoba, der als erster solche Techniken ins Spiel bringt, und zwar das Picado, das Drei-Finger-Arpeggio und das Drei-Finger-Tremolo.

Von den großen Flamencogitarristen dieser Stilepoche seien ferner Javier Molina (1868–1956) aus Jerez de la Frontera, der Unterricht bei El Barbero genossen hat, und der berühmte Manuel Serrapi: El Niño Ricardo (1909–1972) aus Sevilla, der seinerseits von Molina gelernt hat, hervorgehoben. Mit Ramón Montoya (1880–1949) aus Madrid betritt dann der Mann die historische Bühne, der die Vorarbeit Lucenas in Sachen Integration klassischer Techniken konsequent vorantreibt und zu einem ersten Abschluß bringt. Seine Bewunderung für die Musik eines Javier Molina und zugleich seine Vertrautheit mit der Musik der Klassikmeister Francisco Tárrega (1852–1909) und Miguel Llobet (1878–1938) schlägt sich in folgenden Neuerungen nieder: Entwicklung des Vier-Finger-Tremolo, Einführung komplexer Arpeggientechniken, ausgedehnter Einsatz des Picado und nicht zuletzt bedeutend mehr Arbeit für die linke Hand. Zudem beginnt mit ihm und seinem großen Erfolg in Paris 1936 die internationale Ausstrahlung der Guitarra flamenca de concierto.

Ein vollendeter Meister all dieser Techniken ist dann Agustín Castellón: Sabicas (*1913) aus Pamplona, der ebenfalls sehr dazu beigetragen hat, die Flamencogitarre außerhalb Spaniens bekannt werden zu lassen. Seine gewissermaßen als künstlerisches Testament zu bezeichnende Einspielung »Flamenco Puro« weist ihn als brillanten Meister der Flamenco-Sologitarre, seine Zusammenarbeit mit der Tänzerin Carmen Amaya (1913–1963) als versierten Begleiter aus.

Die hiermit skizzierte Tendenz zu einer Flamencogitarre, die als Solo- und als Begleitinstrument technisch überaus anspruchsvoll wird, stößt allerdings auch auf Skepsis unter Gitarristen, wie beispielsweise bei Pedro del Valle: Perico el del Lunar (1894–1964) aus Jerez, ein Schüler Molinas, der diese Entwicklung nicht mitmacht und sich dafür um so mehr dem Studium des Cante und Baile widmet. Erwähnenswert ist in diesem Zusammenhang auch seine Mitarbeit an der ersten großen »Antología del Cante Flamenco«. Er schätzt die neuen Techniken als mehr oder weniger nichtssagend ein. Ganz ähnlich denkt auch Diego Amaya Flores: Diego del Gastor (1906–1973) aus Morón de la Frontera.

Die Zeit nach Bürgerkrieg und Zweitem Weltkrieg ist jedoch eher von der Richtung eines Niño Ricardo und Sabicas bestimmt. Die heute aktiven Gitarristen wie Francisco Sanchez Gomez: Paco de Lucía (*1947), Victor Monge: Serranito (*1942), Juan Martín (*1942), Paco Peña (*1942) und Manolo Sanlúcar (*1944), um nur einige zu nennen, knüpfen eher an diese beiden großen Meister an.

Bevor wir auf die neuen ästhetischen Tendenzen eingehen, die die Vertreter der »jungen« Generation in die Entwicklung einbringen, soll die bisher skizzierte historische Entwicklung noch einmal unter systematischem Betracht verdeutlicht werden.

155

Die Integration von Flamenco-Technik und klassischer Konzertgitarrentechnik

Zu dem Zeitpunkt, als Paco Lucena und Ramón Montoya klassische Elemente ins Spiel bringen, gibt es längst die Ästhetik des Gesanges. Die Technik der Gitarre hat sich bereits, orientiert an dieser Ästhetik, voll ausgebildet und besteht in einem ausgewogenen Wechsel von Rasgueado und Punteado. Dabei korrespondiert in der Spielpraxis die kräftige, nach außen gerichtete Bewegung der für die Rasgueadotechnik typischen »halbgeöffneten Faust« mit der energischen, nach innen gewandten Spielrichtung von Daumen und Zeige/Mittelfinger beim Punteado in Apoyando-Manier.

Als nun der Ringfinger hinzugenommen wird und zudem drei Finger notwendigerweise (bei Tremolo und Arpeggien) Tirando spielen, übernimmt der Daumen nicht den Tirando-Anschlag. Erstens, weil der dann weichere und konzertantere Ton einen ästhetischen und musikalischen Fremdkörper darstellen würde, und zweitens, weil die vom Flamencospiel geformte und konditionierte kräftige Hand das Apoyando-Spiel des Daumens gewissermaßen gewöhnt ist, d. h. eine Art spezifisches »feeling« beim Spielvorgang herausgebildet hat, das sie nicht ohne Grund aufgeben möchte.

Die Bevorzugung des Melodischen im Flamenco wird gerade auch durch die Neuerungen Montoyas noch deutlicher: Er steigert nämlich die im Tremolo ohnehin schon angelegte und durch die Apoyando-Technik des Daumens bereits betonte melodische Zweistimmigkeit noch dadurch, daß er den schnellen Sechzehntel-Repetitionen der Oberstimme noch eine weitere Note hinzufügt. Dadurch wird der Gegensatz zwischen ruhigem Apoyando in der Unterstimme und brillanter, numehr 4facher, verdichteter und beschleunigter Bewegung in der Oberstimme noch forciert. (Statt einer Viertelnote in der Unterstimme gegenüber *drei* Sechzehnteln in der Oberstimme – nunmehr eine Viertelnote in der Unterstimme gegenüber *vier* Sechzehntel-Quintolen in der Oberstimme.)

Im gleichen (ästhetischen) Sinne unterstreicht die Beibehaltung der Apoyando-Technik des Daumens beim Arpeggio bei gleichzeitiger größerer Virtuosität der übrigen Finger die melodische Dominanz des Daumens, d. h. das Drei-Finger-Arpeggio liefert hier der Melodie eine harmonische (Akkordzerlegung) ornamentale Begleitung, ohne sich aber insgesamt dem harmonischen Denken anzunähern.

Ästhetische Aspekte zeitgenössischer Spieltechniken

Den großen Flamencogitarristen unserer Tage ist gemein, daß sie zwar zum allergrößten Teil immer noch aus Andalusien stammen, aber in aller Regel in den großen Metropolen Europas und Amerikas, insbesondere

Madrid, London, New York, ansässig geworden sind und zudem weltweit konzertieren.

Während nun also der Flamenco von seiner Geschichte her mehr nach Süden und Osten orientiert ist, bezieht er gegenwärtig seine ästhetischen Impulse hauptsächlich aus dem Norden und Westen.

Bezeichnenderweise ist ja schon Ramón Montoya von Madrid (!) aus nach Andalusien gekommen. Wie die Ästhetik des Flamenco den klassischen Einfluß bisher verarbeitet hat, haben wir soeben gesehen.

Es ist nun anzumerken, daß insbesondere der Einfluß der modernen klassischen Gitarre weiter wirksam ist und sich zunehmend *neben* dem bislang »klassischen« Flamencostil eines Niño Ricardo oder Sabicas ein etwas konzertanterer Stil zu etablieren beginnt. Seine Merkmale sind:

1. Die speziell im Sinne der Flamencoästhetik konstruierte Flamencogitarre wird teilweise ersetzt durch die sogenannte Guitarra flamenca *negra*, die die Konstruktionsprinzipien der Flamencogitarre mit der der Konzertgitarre mischt (s. u.).

2. Der für das Flamencospiel typische Gebrauch der Cejilla (Kapodaster), der es dem Gitarristen erlaubt, sich auf die Gesangslage des Sängers einzustellen und zudem den hellen scharfen Klang der Flamencogitarre noch unterstreicht, wird oft eingeschränkt. Begründet wird diese Praxis damit, daß man die volle Länge des Griffbrettes benötige, um alle harmonischen und spieltechnischen Möglichkeiten voll ausschöpfen zu können.

3. Die traditionelle Haltung der Gitarre (s. u.) wird etwas modifiziert, und zwar dahingehend, daß das höher postierte linke Bein bzw. der leicht hochgezogene linke Oberschenkel die Gitarre mit abstützt.

Auch ganz andere musikästhetische und spieltechnische Einflüsse machen sich bemerkbar. Man denke etwa an die bekannte Kooperation von Sabicas und Joe Beck oder die Tourneen Paco de Lucías mit den Jazzrock-Gitarristen Larry Coryell, Al DiMeola und John McLaughlin.

Die Resultate lassen sich dann als Flamenco-Rock, Flamenco-Jazzrock, Klassik-Flamenco usw. bezeichnen und fügen sich in den vielerorts zu konstatierenden großen Trend zu allen Arten von »fusion music« ein.

Neben diesem allgemeinen Trend wird jedoch der »klassische« Stil auch weiterhin gepflegt – etwa von Paco Peña oder Juan Martín u. a. Desgleichen im übrigen von Sabicas, trotz seiner zeitweiligen Kooperation mit Joe Beck. Darüber hinaus ist daran zu erinnern, daß neben dieser Entwicklung der Flamenco-Sologitarre der Stil der traditionellen Flamenco-Begleitgitarre in großem Maße weiterhin gepflegt wird. Wir können also heute zum einen eine kontinuierliche Aufeinanderfolge und Entwicklung von Spielweisen, zum anderen ein Nebeneinander unterschiedlicher Stilrichtungen feststellen.

Blicken wir noch einmal auf die beschriebene Entwicklung zurück, so müssen wir sagen, daß solche Fusionen ja für die Flamencomusik, und für die Musik generell, nicht neu sind. Der Reiz, den der Flamenco auf den Mitteleuropäer ausübt, beruht vermutlich gerade auf dem Phänomen, daß der Flamenco arabisch-indische und andere Musikeinflüsse schon andalusisch assimiliert hat und uns auf diese Weise leichter zugänglich macht.

Unser Blick geht dabei notwendigerweise von der mitteleuropäischen Musikvorstellung und -erfahrung aus, knüpft also insbesondere an den klassischen und virtuosen Einflüssen und Phänomenen an, entdeckt dann nach und nach die gewisse Fremdheit des Cante, um von dort aus, mit größerer Klarheit, die Geschichte und ästhetische Entwicklung dieser Musik sich entfalten zu sehen.

Eine Notwendigkeit, die neueste Entwicklung zu werten, besteht sicherlich weniger, allerdings darf man vermuten, daß die sich jetzt erst in Umrissen konturierende neue Flamencogitarrenmusik internationalen Einschlags eines Tages auch begrifflich differenzierende Kennzeichnungen erfordern wird.

Bauweise und Funktion der Flamencogitarre

Welchen Einfluß haben nun die Ästhetik des Flamencogesanges und die musikalische Aufgabe der Begleitung im Rahmen des Cuadro flamenco auf Bauweise und Konstruktion der Gitarre in Andalusien ausgeübt? Bei der Beantwortung dieser Frage geht es uns um eine musikalisch-ästhetische Erläuterung insbesondere derjenigen Bestandteile und Merkmale, die die Flamencogitarre von der Konzertgitarre unterscheiden.

Antonio Torres und die Erfindung der Flamencogitarre

Der Gitarrentyp, den der Gitarrenbauer Antonio Torres (1817–1892) aus Almería vorfindet, hat sich im wesentlichen aus der seit dem 13. Jahrhundert in Spanien belegten Guitarra latina entwickelt, die mit ihrer taillierten Form und ihren vier Saiten der modernen Gitarre bereits ähnelt. Dabei ist es für unseren Zusammenhang unwichtig, wer später erst die 5. und dann die 6. Saite hinzugefügt hat – eine Frage im übrigen, die bis heute nicht eindeutig geklärt ist.

Nicht uninteressant ist allerdings die Tatsache, daß zur Zeit der Guitarra latina, also im 13. Jahrhundert, in Andalusien eine mandelförmige Guitarra morisca mit auffallend langem Hals, offensichtlich ohne Bünde, und mit vorderständigen Wirbeln beheimatet ist. Über die Spielweise dieser beiden Vorläufer der modernen Gitarre heißt es nämlich, die Latina sei *rasgueado* gespielt worden, worunter wir in diesem Fall ein Akkord-

158

Schlagen mit dem Daumen zu verstehen haben, während die Morisca *punteado,* also melodisch gespielt wurde. Immerhin handelt es sich dabei schon um genau die Techniken, die dann später im Flamenco kombiniert werden.

Doch zunächst wurde die Guitarra morisca von der Laute verdrängt, die wiederum der spanischen Weiterentwicklung der Guitarra latina im Laufe des 18. Jahrhunderts weichen mußte.

Ausgehend von diesem Gitarrentyp schafft Torres dann sein berühmtes Modell der Konzertgitarre, das eine große Zahl von Verbesserungen aufweist: Vergrößerung des Korpus, Verfeinerung der Fächerstreben, Mechanik statt hinterständiger Wirbel usw. Im folgenden interessiert uns aber nur sein Flamenco-Modell.

Konstruktion und Funktion der Bauteile der Flamencogitarre

Im folgenden nenne ich nun die Abweichungen des Flamenco-Modells von der klassischen Gitarre und verweise dabei kurz auf den ästhetischen und funktionalen Grund der jeweiligen Abweichung.

1. Boden und Zarge, also ein Großteil des Resonanzkörpers, sind aus Zypresse gefertigt und nicht aus Palisander.
   Die Absicht dabei ist, einen helleren und damit dem Cante flamenco ähnlicheren Ton zu erzielen. Außerdem kommt das leichtere Holz wegen der leichteren Ausbalancierbarkeit des Instrumentes der traditionellen Spielhaltung sehr entgegen.

2. Der Steg und die Brücke werden so flach wie möglich gearbeitet, damit die Schwingungen der Saite maximal direkt auf die Decke übertragen, der Ton somit durchdringender und härter klingt. Gleichzeitig wird durch die damit verbundene tiefe Saitenlage erstens das Spiel für die linke Hand erleichtert, und zweitens durch das zuweilen auftretende Klirren der Saiten auf den Bundstäben ein meist gewünschter perkussiver Effekt bewirkt.

3. Die Maße sind in allen Teilen des Resonanzkörpers geringfügig kleiner.
   Dadurch, insbesondere durch die verminderte Höhe der Zarge, ist der Ton etwas schneller, was eher dem beweglichen Singen entspricht.

4. Die der Konzertgitarre praktisch unbekannte Cejilla (Kapodaster) erlaubt es dem Gitarristen, sich ohne Änderung der Griffe und Spielweisen der linken Hand auf die Gesangslage des Sängers einzustellen. Darüber hinaus gibt die Cejilla dem Spiel gewissermaßen die flamencotypische »Tonartencharakteristik«. Außerdem begünstigt sie das schnellere Spiel, da die Frequenzen und Schwingungen der Saiten erhöht werden.

5. Auf der Decke befindet sich eine Schlagplatte.
Auf dieser werden rhythmische Akzente (Golpe) geklopft. Außerdem stützt sich beim Melodiespiel mit dem Daumen die Hand mit gestrecktem Ringfinger auf der Schlagplatte ab, was der Führung der Hand und damit der Intonation des Melodiespiels sehr zustatten kommt. In diesem Fall fungiert die Schlagplatte also mehr als Deckenschutz.
6. Wirbelbrett mit hinterständigen Wirbeln statt Mechanik.
Abgesehen von dem ästhetischen Aspekt, bei einem Instrument möglichst homogene Materialien, hier Holz bzw. Hölzer, zu verwenden, liegt der entscheidende Grund in der damit verbundenen Gewichtseinsparung, die wichtig für die Ausbalancierbarkeit des Instrumentes bei traditioneller Spielhaltung ist.
7. Die traditionelle Flamenco-Haltung (s. u.) stellt zwar keinen direkten materialen Bestandteil der Flamencogitarre selbst dar, ist aber auf der anderen Seite so augenscheinlich mit dem Instrument optisch »assoziiert«, daß sie hier mit als Unterscheidungsmerkmal aufgeführt werden soll.
Die allgemeinen Vorteile dieser Spiel-Haltung liegen erstens darin, daß die linke Hand erleichterten Zugang zum gesamten Griffbrett hat, da sich dieses näher am Spielenden befindet, und zweitens darin, daß man aufrecht, mit geradem Rückgrat frei sitzen kann, was ermüdungsfreies Spiel ermöglicht.
Ganz besonders wichtig ist jedoch die durch diese Haltung ermöglichte größere Kraft und Kontrolle der rechten Hand; diese ist nämlich ebenfalls näher am Spieler, der Arm stärker angewinkelt und zudem sicher auf dem Gitarrenkörper ruhend abgestützt.

Alles in allem läßt sich also sagen, daß die gesamte Bauweise des Instruments stark von der Aufgabe und Funktion innerhalb des Cuadro flamenco bestimmt und geprägt ist: Die Punkte 1–3 verdeutlichen die Anpassung des Flamencogitarren-Tones an den des Cante.
Punkt 4 verdankt sich ebenfalls den Erfordernissen des Cante.
Punkt 5 zeigt, daß die Flamencogitarre bestrebt ist, mit den rhythmisch-perkussiven Elementen des Flamenco, wie sie ja auch in dem übrigen rhythmisch-perkussiven Instrumentarium (s. u.) zum Ausdruck kommen, zu korrespondieren.
Punkt 6 und 7 schließlich haben mit der Begünstigung der Flamenco-Haltung bzw. den Vorteilen dieser Haltung für die besonderen Anforderungen in Hinsicht auf »Ausdauer«, Virtuosität und Dynamik des Flamencogitarrenspiels zu tun.
Eine Kombination der Konstruktionsweisen der Flamenco- und der Konzertgitarre hat in neuerer Zeit den Typus der Guitarra flamenca *negra* geschaffen. Bei dieser werden die Maße der Flamencogitarre mit den

160

Hölzern der Konzertgitarre kombiniert. Wegen der dunkleren Farbe dieser Hölzer wird sie dann als »negra« bezeichnet, im Unterschied zur »blanca«, die eben aus hellem Zypressenholz besteht.
Angestrebt wird damit ein etwas dunklerer und weicherer – eben etwas konzertanterer – Ton.
Bei diesem Modell tritt also der Einfluß des Cante und des Cuadro flamenco zurück – zugunsten des Einflusses der Konzertgitarre.
(Anschriften berühmter Flamencogitarrenbauer siehe Anhang S. 203.)

Musikalische Formen und Techniken der Flamencogitarre
(Ehrenhard Skiera)

Skalen, Kadenzen, Rhythmen

Ich versuche hier, einige charakteristische Merkmale der Flamencomusik darzustellen. Die Beispiele sind in der für Gitarre üblichen Notation abgefaßt.
Der melodische Ablauf der meisten Flamencostücke bewegt sich im Rahmen der Phrygischen Tonleiter (Beispiel 1), wobei die zweite Stufe innerhalb der Variationen häufig leittonartig – nämlich abwärtsdenkend – zum auf E basierenden Durakkord hinführt (Beispiel 2). Eine weitere häufig gebrauchte Tonleiter erhält man durch Erhöhung der dritten Stufe der Phrygischen Tonleiter (G# Beispiel 3). Durch den jetzt auftretenden Wechsel von kleiner, großer und übermäßiger Sekunde ergibt sich das für Lieder des islamisch-arabischen Raumes typische melodische Gepräge (Beispiel 4).

Anschlagsbezeichnungen: p – Daumen, i – Zeigefinger,
m – Mittelfinger, a – Ringfinger, c – kleiner Finger

161

Diese Beispiele verweisen zugleich nachdrücklich auf das abwärts gerichtete Denken des altgriechischen diatonischen Systema teleion. Die Skala des Dorischen in diesem System entspricht dabei, abgesehen von der Richtung, der späteren Kirchentonart des Phrygischen. Aber weder das spätklassische Dorisch noch das mittelalterliche Phrygisch kennen die Praxis, zusätzlich in dieser Weise Varianten der zweiten und dritten Stufe zu benutzen. Insofern existiert im Grunde keine ganz korrekte Bezeichnung für diese Tonart in der Flamencomusik. Im allgemeinen Sprachgebrauch hat sich aber die Bezeichnung »Phrygisch« durchgesetzt. Es soll jedoch daran erinnert werden, daß in der indischen und arabischen Musik Skalen verwendet werden, die mit der Flamencopraxis übereinstimmen. Man nimmt an, daß es hier historische Querverbindungen gibt, die aber noch der weiteren musikwissenschaftlichen Erforschung bedürfen.

Ein charakteristisches Merkmal für Stücke sowohl des einen als auch des anderen melodischen Typs ist die Verwendung einer Kadenz (Akkordfolge), die von A-Moll über G-Dur und F-Dur nach E-Dur geht (Beispiel 5). Auf dieser harmonischen Grundlage beruhen viele Läufe bzw. Variationen (Beispiel 6 und 7).

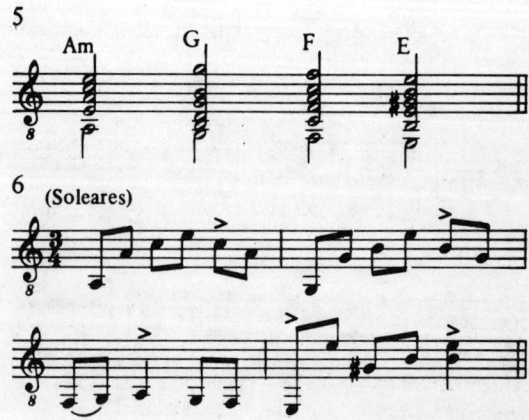

7

Diese im Verständnis der klassischen Harmonielehre unvollständige Kadenz ist auf der Gitarre häufig in einer abgewandelten Form zu hören, die sich lediglich aus der Beschaffenheit des Instrumentes ergibt, aber gerade deshalb einen eigentümlichen Reiz darstellt: Die Akkorde G- und F-Dur werden unvollständig gegriffen, so daß die Saiten ① und ② (e′, h) frei mitschwingen (Beispiel 8). Daß diese Praxis keinen systematisch-harmonischen Sinn ergibt, zeigt sich, wenn diese Kadenz in transponierter Form erscheint (Beispiel 9). Durch die reduzierte Griffweise des B-Dur-Akkordes schwingt die leere 1. Saite (e′) frei mit.

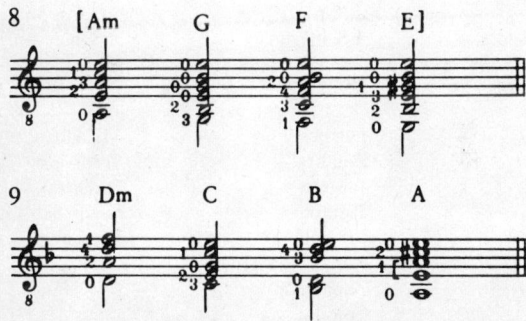

8

9

Handelte es sich bei diesen Beispielen um Durchgangsakkorde innerhalb der Kadenz, zeigt der folgende Ausschnitt einer Tarantasvariation die reduzierte Griffweise für den Hauptakkord der ersten Stufe (hier: Fis-Dur, Beispiel 10).

10

163

Tarantas als Gitarrensolo beruht auf der um eine große Sekunde erhöhten Phrygischen Tonleiter und der entsprechend transponierten Hauptkadenz (H-Moll, A-, G-, Fis-Dur). Ihre eigenartige Anmutung rührt zum Teil aus der oben geschilderten Spielweise, in das Melodie- und Akkordspiel frei-schwingende Saiten einzubeziehen. Rhythmisch kann dieses Stück sehr frei interpretiert werden, im Gegensatz zur getanzten Version mit dem Namen Taranto.

Neben den hier gezeigten melodischen und harmonischen Strukturen, die auch in transponierter Form gebraucht werden, gibt es eine ganze Reihe von Stücken, deren musikalische Grundlage eine Dur-Tonleiter und die aus der klassischen Harmonielehre bekannten Akkordverbindungen (I, V^7; I, IV, V^7, I und andere) bilden. Hierzu zählen vor allem jene Gesänge, die andalusischen Ursprungs sind bzw. überwiegend von Nicht-Gitanos entwickelt wurden.

Untersuchen wir die rhythmische Struktur (Compás) der Flamencostük-ke, ergeben sich drei große Gruppen, deren rhythmische Einheiten aus jeweils 12, 4 und 3 Schlägen bestehen. Die folgende Tabelle enthält die Namen der wichtigsten Flamencogitarren-Solostücke, geordnet unter diesem Aspekt:

1. Gruppe 12 Schläge	2. Gruppe 4 Schläge	3. Gruppe 3 Schläge
a) Notierung: $4 \times {}^3/_4$ bzw. ${}^3/_8$	Notierung: ${}^2/_4$ oder ${}^4/_4$	Notierung: ${}^3/_4$ oder ${}^3/_8$
Soleares	Farruca	Malagueñas
Caña	Zambra	Verdiales
Alegrías	Taranto	Tarantas
Romeras	Tientos	Sevillanas
Caracoles	Tanguillo	Fandanguillos
Bulerías	Rumba Flamenca	Granadinas
Cantiñas	Zapateado	Rondeña
	Colombianas	
	Milonga	
	Garrotin	
b) Notierung: ${}^3/_4$ und ${}^6/_8$ Siguiriyas Serranas		
c) Notierung: ${}^6/_8$ und ${}^3/_4$ Peteneras Guajiras		

164

Wenngleich bei den Stücken der Gruppen 2 und 3 feine rhythmische Differenzierungen (z. B. bei Tientos, Rumba Flamenca, Fandanguillos u. a.) zu beachten sind, bereiten sie dem geübten mitteleuropäischen Gitarristen wenig Schwierigkeiten. Anders verhält es sich mit der ersten Gruppe. Ohne vorbereitende rhythmische Studien lassen sich diese Stücke kaum auf Anhieb bewältigen. Die sichere Beherrschung der grundlegenden Rhythmen erschließt dem Gitarristen zugleich eine große Anzahl spanischer Musikausgaben, die zwar oft schöne Variationen enthalten, aber rhythmisch ungenau oder überhaupt sehr fehlerhaft notiert sind. – Ich versuche daher, den Grundrhythmus der noch einmal in drei Gruppen unterteilten 1. Gruppe zu erläutern, um anschließend den inneren rhythmischen Zusammenhang der drei Untergruppen der ersten Spalte aufzuzeigen.

Gruppe 1a, Beispiel: Soleares

Jeweils vier $^3/_4$-Takte (bzw. vier $^3/_8$-Takte) bilden eine rhythmische Einheit von 12 Schlägen, von denen der 3., 6., 8., 10. und 12. Schlag akzentuiert wird:

$$\begin{array}{cccccccccccc} & & > & & & > & & > & & > & & > \\ 1 & 2 & 3 & 4 & 5 & 6 & 7 & 8 & 9 & 10 & 11 & 12 \end{array}$$

Die Variationen beginnen auf dem 1. Schlag; nach »beliebig« vielen Variationen endet das Stück auf dem 10. Schlag der rhythmischen Einheit (Beispiel 11).

11

165

(Zwischen Einleitung und Schluß können die Beispiele 2, 6 und 7 als Variationen [Falsetas] eingefügt werden.)

Entsprechend sind alle Stücke der Gruppe 1a aufgebaut. Bei Bulerías ist zusätzlich zu beachten, daß die Variationen häufig auf dem 12. Schlag der vorhergehenden rhythmischen Einheit (selten schon auf dem 11. oder 10. Schlag) beginnen, was diesem Stück einen äußerst dynamischen Charakter gibt (Beispiel 12).

12

Bulerias

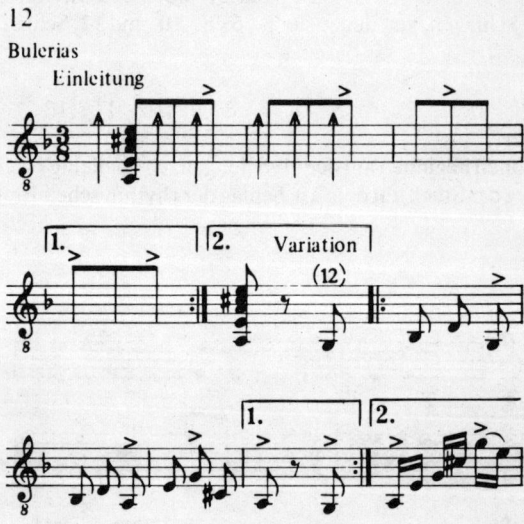

166

Gruppe 1b, Beispiel: Siguiriyas

Die Akzente der rhythmischen Einheit von 12 Schlägen liegen hier auf dem 1., 3., 5., 8. und 11. Schlag. Eine dem Rhythmus angemessene Notierung ergibt sich durch die Verwendung des $^3/_4$- und $^6/_8$-Taktes:

12a

Das Stück und die Variationen beginnen auf dem 2. Viertel des $^3/_4$-Taktes (entsprechend dem 1. Schlag der rhythmischen Einheit) oder auf dem 1. Achtel des $^6/_8$-Taktes (entsprechend dem 5. Schlag der rhythmischen Einheit). Im letzteren Fall wird der Anfang der rhythmischen Einheit mitgedacht oder durch zweimaliges Klopfen der Viertelnoten (Golpe – s. u.) ausgefüllt. Das Stück endet nach beliebig vielen Variationen auf dem 10. oder 11. Schlag der rhythmischen Einheit (Beispiel 13).

13

Siguiriyas

167

Gruppe 1c, Beispiel: Peteneras

Die rhythmische Einheit von 12 Schlägen läßt sich hier im Wechsel von
$^6/_8$- und $^3/_4$-Takt notieren. Wie bei Siguiriyas werden die Achtel gezählt
(Beispiel 14).

14

Der rhythmische Zusammenhang dieser drei Untergruppen wird deutlich, wenn wir, ausgehend von einem Grundrhythmns, die übrigen beiden
phasenverschoben zuordnen:

```
              >      >   >   >   >.       >       >   .>   >     >
Gruppe 1a: 1 2 3 4 5 6 7 8 9 10 11 12 | 1  2  3  4  5  6  7  8 9 10 11 12

                    >      >   >           >
Gruppe 1b:        1 2 3  4  5  6  7  8 9 10 11 12

                    >        >     >    >    >
Gruppe 1c:        1  2  3  4 5 6 7 8 9 10 11 12
```

Das sich in allen drei Untergruppen wiederholende rhythmische Grundschema besteht demnach aus zwei Dreier- und drei Zweierelementen.
Die Kenntnis und Beherrschung der Rhythmen mehr noch als deren pein-
lich genaue Realisierung verleiht dem Gitarristen jene intuitive Sicherheit, die Variation und Improvisation innerhalb der in Jahrhunderten
gewachsenen Formen für ihn selbst und seine kundigen Zuhörer zum Ereignis werden läßt.

168

Wie wir bereits wissen, diente die Gitarre im Flamenco früher in erster Linie zur Begleitung der Sänger und Tänzer. Erst später entwickelte sich das Solospiel aus den Zwischenspielen des Gitarristen und reifte zu einer eigenständigen Kunstform. In diesem Prozeß wurden mehr und mehr Techniken aus dem klassischen Gitarrenspiel adaptiert, um die Ausdrucksmöglichkeiten, insbesondere das Melodiespiel und die virtuose Ausgestaltung der Akkordfolgen, zu erweitern. Aus der anfänglichen »Begleitperiode« haben sich aber bis heute einige typische Merkmale erhalten. Einmal die charakteristische Haltung: Der Gitarrist setzt den unteren Teil seines Instrumentes auf den rechten Oberschenkel und legt den rechten Oberarm auf die obere Zarge gerade so fest auf, daß die Gitarre zwischen den beiden Stützpunkten Halt hat.

Weitere charakteristische Merkmale betreffen den Klang und bestimmte Techniken der linken und rechten Hand. Im allgemeinen wird die Flamencogitarre härter, fester und mit mehr Kraftaufwand gespielt. Bedingt durch die Anschlagart, die spezifische Bauweise und die (häufige) Verwendung des Kapodasters (Bundklammer) wird ein trockener, irgendwie irdener, bisweilen metallischer Klang erzeugt (s. o.). Natürlich lassen sich hier je nach Klangvorstellung des Interpreten und je nach Bauart des Instrumentes Unterschiede feststellen.

Durch die Verwendung von Gitarren, die sich in Material und Bauweise der klassischen Form nähern, schließlich durch den Gebrauch elektro-akustischer Verstärker wird dieses Klangmerkmal neuerdings bei einigen Gitarristen abgeschwächt.

Das Flamencospiel unterscheidet sich von der klassischen Gitarrentechnik vor allem auch durch die zusätzliche Verwendung folgender Techniken, die sämtlich – wie gesagt – aus der »Begleitperiode« stammen: Rasgueado, Golpe, Apagado, Alzapúa.

a) Rasgueado

Das spanische Verb »rasguear« bedeutet in etwa (über die Saiten)Streichen. Mit »Rasgueado« bezeichnet man das »Streichen« bzw. Schlagen ganzer Akkorde, meist über fünf oder sechs Saiten. Hier gibt es eine große Anzahl von Anschlagformen, und dem Erfindungsreichtum des Gitarristen sind praktisch keine Grenzen gesetzt. Ich zeige einige Varianten mit den üblichen Pfeilsymbolen. Die Buchstaben (p, c, a, m, i) bezeichnen die Anschlagfinger (s. o.), die Notenwerte das Verhältnis der Klangdauer der einzelnen Anschläge. Der nach oben gerichtete Pfeil bedeutet: Anschlag von der tiefsten zur höchsten Saite; der nach unten gerichtete Anschlag von der höchsten zur tiefsten.

169

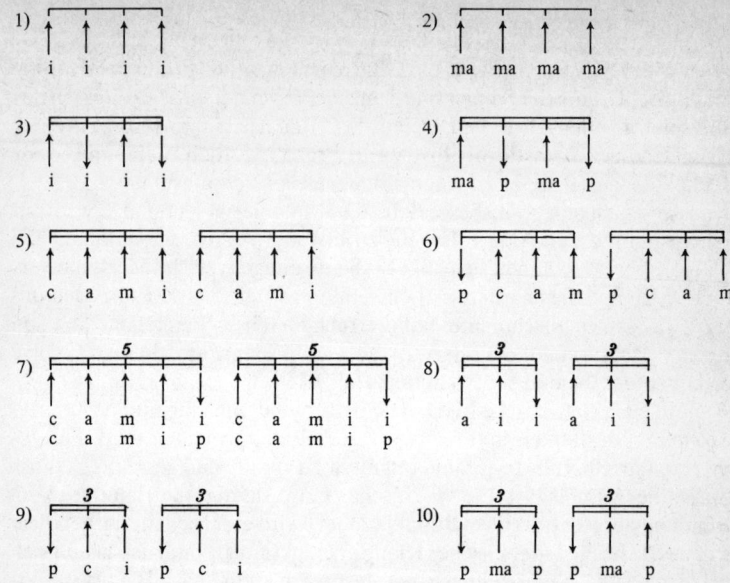

ma – Mittel- und Ringfinger schlagen gleichzeitig an

Bei den Beispielen 5 bis 10 handelt es sich um Formen, die bei einiger Schnelligkeit, rhythmischer Perfektion und Kraft zum »kontinuierlichen Rasgueado« führen. D. h.: die einzelnen Anschläge werden als solche nicht mehr hörbar und vermitteln insgesamt den Eindruck eines gleichmäßigen ununterbrochenen Rollens. Das erfordert allerdings eine gezielte methodische Vorbereitung und Übung.

b) Golpe

Der geübte Flamencogitarrist versieht seine Interpretationen mit gezielten rhythmischen Akzenten. Hierzu ist die Technik des Golpe besonders geeignet (Golpe = Schlag). Sie wird meist ausgeführt, indem Fingerkuppe und Nagel des Ringfingers hammerartig auf die Gitarrendecke schlagen, die zu diesem Zweck mit einem Golpeador (Schlagplatte) versehen ist. Auch hier gibt es wieder verschiedene Variationsmöglichkeiten: Golpe allein (z. B. zwischen Akkordanschlägen), Golpe am Ende einer Rasgueadofigur, Golpe gleichzeitig mit dem Zeigefingerrasgueado oder dem

170

Daumenanschlag. Als Beispiel folgt der Rhythmus der Rumba Flamenca, deren rhythmische Akzente hier mittels Golpe hervorgehoben werden:

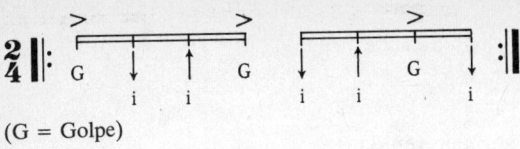

(G = Golpe)

Manche Gitarristen haben die Golpetechnik zu faszinierender, zuweilen geradezu stupender Virtuosität entwickelt, indem sie noch weitere Schläge mit dem Daumen, dem Zeigefinger, den gestreckten Fingern an verschiedenen Punkten der Gitarre (Steg, Schallochkante, Zarge, Griffbrettansatz) einbeziehen. Allerdings ist hier die Grenze zur bloßen Effekthascherei schnell erreicht.

c) Apagado

»Apagar« bedeutet Abdämpfen. Diese Technik wird mit dem kleinen Finger (oder mit dem kleinen Finger und dem Ringfinger) der linken Hand (Greifhand) ausgeführt. Unmittelbar nach dem Anschlag eines Akkordes dämpfen die Finger die Saiten ab, indem sie sich gestreckt über diese legen. Dies kann also nur mit Akkorden ausgeführt werden, bei denen der kleine Finger frei bleibt. – Ein ähnlicher Effekt wird erzielt, wenn die rechte Hand kurz nach dem Anschlag mit der Handkante die Saiten abdämpft.

d) Alzapúa

Anders als bei der klassischen Gitarre wird der Daumen der rechten Hand auch zum Spiel längerer Melodieteile und aufgelöster (arpeggierter) Akkorde auf allen Saiten verwendet. Das Spiel erfolgt meist »apoyando«, d. h. der Daumen stützt sich nach dem Anschlag auf der nächsten Saite ab (Stützschlag). Eine besonders faszinierende Form der Daumentechnik besteht darin, den Daumennagel wie ein Plektrum, also zum Auf- und Abschlagen zu verwenden. Diese Technik heißt »Alzapúa« (alzar = heben / púa = Plektrum) und wird in zwei Arten ausgeführt. Der besondere Klangeffekt ergibt sich erst bei genügend hoher Geschwindigkeit des Auf- und Abschlages.

171

Alzapúa auf einer Saite:
(Tarantas)

Alzapúa auf mehreren Saiten:
Grundschema:

Zu den hier beschriebenen Techniken verwenden die meisten Flamencogitarristen heute – die konzertierenden unter ihnen nahezu alle – auch die z. T. adaptierten (s. o.) Techniken aus dem Repertoire der klassischen Gitarre: Akkordzerlegung (Arpeggio), Tremolo in verschiedenen Varianten, Wechselschlag beim Melodiespiel, Legato, Pizzicato, Glissando, Flageolett. – Es ist deutlich, daß das Spiel der Flamencogitarre eine gediegene Ausbildung verlangt, Liebe zur Musik, Ausdauer und Fleiß. Hier konnte nur ein kleiner Einblick in die faszinierende Welt der Flamencogitarre gegeben werden. Dem weitergehend Interessierten können die folgenden Hinweise dienlich sein.

Wege zur Flamencogitarre

Der beste Weg zur Flamencogitarre besteht nach wie vor darin, den direkten Kontakt mit Sängern, Tänzern und Gitarristen im Ursprungsland Andalusien oder in den großen Städten Spaniens zu suchen. Aus verständlichen Gründen wird dieser Weg für den Mitteleuropäer im allgemeinen nicht in Frage kommen – abgesehen vielleicht von gelegentlichen Urlaubsaufenthalten. Um so wichtiger wird es für ihn, die tatsächlich bestehenden Möglichkeiten zu nutzen. Selbstverständlich wird man Tonbandaufnahmen der bedeutenden Gitarristen hören. Ich empfehle ausdrücklich, nach Möglichkeit auch ältere Aufnahmen zu hören, da diese dem Ursprung meist näher stehen als die neueren. Es erscheint mir aber auch erforderlich, sich in die Eigenart des Flamencogesanges, seiner

172

Melodik und Thematik einzuhören, ja einzuhausen, um wirklich aus einem tiefen Verständnis heraus spielen zu können. Es gibt ausgezeichnete Anthologien mit authentischer Flamencomusik, die den Zugang zu verschiedenen Stilrichtungen und individuellen Interpretationen ermöglichen. Allerdings ist es heute immer noch schwer, von Deutschland aus diese Schallplatten zu besorgen (s. auch die Discographie im Anhang des Buches).

Eine große methodische Hilfe besteht darin, sich ein angemessenes »Feedback« zu verschaffen, um kontrollieren zu können, ob das eigene Spiel in etwa mit – beispielsweise – authentischen Aufnahmen übereinstimmt. Also:

1. Aufnahmen des eigenen Spiels zur Kontrolle auf Kassette;
2. eigenes Spiel zusammen mit Tonkonserve;
3. Spiegel wegen korrekter Haltung.

Welchen Weg man wählen wird, hängt selbstverständlich auch von den eigenen Voraussetzungen und Zielen ab. Will man als klassischer Gitarrist sein Repertoire nur um einige Spieltechniken oder Flamencostücke ergänzen? Will man den Schwerpunkt auf Flamenco legen und sich ein reichhaltiges Repertoire aneignen? Will man – als Anfänger auf der Gitarre – sich vor allem mit Flamenco befassen? usw. – Ich selbst würde dem Anfänger empfehlen, den Weg über die klassische Gitarre zu wählen. Eine grundlegende Kenntnis des klassischen Gitarrenspiels und eine Beherrschung des Spiels nach Noten bilden eine gute Voraussetzung für die Flamencogitarre. Alle Flamenco-Gitarrenschulen, auch jene, die sich ausdrücklich an den Anfänger wenden, vernachlässigen technische Details und kommen sehr schnell zum Wesentlichen – eben den spezifischen Flamencotechniken und Solostücken. Freilich wird der ausdauernde und begabte Spieler die Hürden überwinden. Mittlerweile gibt es eine ganze Reihe brauchbarer Flamenco-Gitarrenschulen (s. Anhang S. 202).

Ferner ist noch auf die verschiedenen Flamenco-Gitarrenkurse hinzuweisen, die – in den letzten Jahren zunehmend – in Deutschland, Frankreich, England, Spanien und anderen Ländern stattfinden. Die jeweils aktuellen Informationen hierzu sind u. a. zu finden in der Zeitschrift »Gitarre und Laute« (Vertrieb: Bärenreiter, Kassel).

Heute stehen dem Freund der Flamencomusik also reichhaltige Studienmöglichkeiten zur Verfügung, so daß dem ernsthaft Interessierten die ersten Schritte in dieses Neuland nicht schwerfallen dürften. Mit Sicherheit werden sich dann wie von selbst neue Perspektiven eröffnen.

EHRENHARD SKIERA

Kastagnetten und andere rhythmisch-perkussive Elemente

Gesang, Tanz, Gitarre: in dieser Trias sind ganz offensichtlich die wesentlichen Elemente des Flamenco vereinigt, und jedes dieser drei Elemente kann für sich genommen schon den »Duende flamenco«, die eigentümliche Atmosphäre und seelische Gestimmtheit hervorrufen, die das »Wesen« des Flamenco ausmachen. Daneben gibt es aber noch Komponenten, die zwar nicht gerade wesentlich, aber deswegen noch lange nicht unwichtig sind: das Spiel der Kastagnetten (Castañuelas oder Palillos), das rhythmische Klatschen der Hände (Palmas) und Schnalzen der Finger (Pitos), die anfeuernden Zurufe der Flamencokünstler und Zuschauer (Jaleo) während der Juergas flamencas, die rhythmisch-perkussive Beinarbeit der Tänzerinnen und Tänzer (Taconeo oder Zapateado).

Castañuelas oder Palillos

Wenn wir der Herkunft der Bezeichnung »Kastagnetten« nachgehen, finden wir im Spanischen die Wörter »Castaneta« und – häufiger verwendet – »Castañuelas«. Beide sind verwandt mit dem spanischen Wort für Kastanie = Castaña. Vom Spanischen ausgehend wurde die Bezeichnung in jeweils idiomatisch veränderter Form in nahezu alle europäischen Sprachen übernommen.

Aus dem Namen wurde vielfach geschlossen, daß Kastagnetten ursprünglich aus Kastanienholz oder der Frucht des Baumes hergestellt worden seien. Man hat jedoch mit Recht darauf hingewiesen, daß sowohl das Holz als auch die Kastanienfrucht selbst wegen ihrer geringen Härte für ein derartiges Instrument völlig ungeeignet sind. Eher dürfte wohl die Form der ältesten erhaltenen Kastagnetten, die tatsächlich einer Kastanie mit Stil oder ähnlichen Früchten glichen, für diese Namensgebung ausschlaggebend gewesen sein.

In Andalusien wird im allgemeinen noch eine andere Bezeichnung gebraucht: »Palillos«. Palillos bedeutet auch »Stöckchen«. Möglicherweise verweist diese Bezeichnung auf die Praxis, den Tanz mit gegeneinander geschlagenen Stöcken zu begleiten, eine rhythmische Begleitform, die bereits für die altägyptische Zeit belegt ist. Eine besondere, und ebenfalls seit alters her belegte Variante dieses Spiels besteht darin, je zwei Stöcke paarweise in der rechten und linken Hand zu verwenden. Die Spielweise dieser einhändig gespielten »Gegenschlagstäbe« muß man sich etwa folgendermaßen vorstellen: Ein Stab wird zwischen den vier Fingern der vorderen Hand eingeklemmt, der andere zwischen Daumen und Handteller. Durch leichtes Öffnen und schnelles Schließen der Hand wird ein prägnantes Perkussionsgeräusch erzielt, das sogar durch Schrägstellung der Stäbe klanglich abgestuft werden kann. Diese Spielweise kommt den Bedürfnissen der Tänzerinnen und Tänzer entgegen, denn nun bleiben die Arme als Mittel tänzerischen Ausdrucks frei beweglich, während gleichzeitig mit den Stäben rhythmische Akzente gesetzt oder eine längere perkussive Begleitung ausgeführt werden können.

In der frühchristlichen Zeit gab es im mittelmeerisch-ägäischen Raum Kastagnetten in der Form von gewinkelten, halbrunden, auf der flachen Seite ausgehöhlten Holzstäben, die paarweise einhändig geschlagen wurden, ferner solche, die aus gespaltenen Rohrstöcken hergestellt waren (nämlich die griechischen »Krotala«). Möglicherweise besteht auch hier ein geschichtlicher Zusammenhang zur Bezeichnung Palillos. Daneben gab es aber auch schon in jener frühen Zeit Kastagnetten, die mit ihrer runden und mit einem Schaft versehenen Form deutlich als Vorläufer unserer modernen Kastagnetten angesehen werden müssen (siehe Zeichnung).

Nur wenigen ist bewußt, daß die heute gebrauchten »typisch spanischen« Kastagnetten das Ergebnis einer langen Entwicklung sind, die in den vorchristlichen Hochkulturen des östlichen Mittelmeerraumes ihren Anfang genommen hat. Wir konnten hier nur einen kurzen Blick auf diese interessanten geschichtlichen Verbindungslinien werfen, die im übrigen im einzelnen noch recht wenig erforscht sind.

Die moderne Kastagnette besteht aus zwei gleichförmigen Holzplättchen, die innen kreisförmig ausgehöhlt sind und sich außen der Rundung anpassen. An den schalenförmigen Teil schließt sich die flossenförmige, mit zwei Löchern versehene Griffpartie an. Beide Teile sind aus einem Stück gefertigt und bilden eine organische Einheit. Die beiden Holzplättchen werden durch eine Kordel, die wie ein Scharnier wirkt, miteinander verbunden. Mit Hilfe der Schnur werden die Kastagnetten am Daumen befestigt und einhändig, meist paarweise, gespielt.

Welche Rolle spielen nun die Kastagnetten im Flamenco?

Aus gutem Grund wird gelegentlich darauf hingewiesen, daß Kastagnetten eigentlich *nicht* zum Flamenco gehören. Tatsächlich würden sie die Ausdrucksbewegung der Hände, ein wesentliches Element des Tanzes,

175

behindern. Beim Baile grande (Soleares, Siguiriyas usw.) sind sie, von seltenen Ausnahmen abgesehen, nicht zu finden. Andererseits gibt es eine ganze Reihe von Tänzen, bei denen Kastagnetten verwendet werden und die heute zum Flamenco gezählt werden – zumindest dann, wenn man keinen allzu engen Begriff des Flamenco kultiviert. Es handelt sich ausnahmslos um Tänze, die mehr der andalusischen Folklore als der Gitano-Musik zuzurechnen sind. (Aus Reiseberichten wissen wir übrigens, daß die Gitanos des Sacromonte in Granada schon im vorigen Jahrhundert Kastagnetten verwendeten – Ausdruck authentischen Gestaltungswillens oder tendenziöse Angleichung an den Geschmack der Touristen?) Man muß auch die Tatsache der gegenseitigen Beeinflussung in Rechnung stellen: des Baile grande mit dem spanischen Bühnentanz und volkstümlichen Tänzen verschiedener Regionen, von denen einige seit je Kastagnetten verwenden. Hier sind Mischformen entstanden, die eine deutliche Abgrenzung erschweren. Festzuhalten ist aber, daß der Baile grande ursprünglich ohne Kastagnetten getanzt wurde, und die auf Ursprünglichkeit und stilistische Reinheit bedachten Tänzerinnen und Tänzer werden es auch heute noch so halten. In der Gruppe des Baile chico gibt es dagegen einige Formen, in denen Kastagnetten sehr wirkungsvoll zur Geltung kommen: Sevillanas, Malagueñas, Verdiales, Fandangos de Huelva, Zorongos. Diese Tänze gehören sowohl zum Repertoire der Flamencogruppen wie auch zu den klassischen spanischen Bühnentänzen.

Kastagnetten können als differenziertes und höchst ausdrucksvolles Rhythmusinstrument gebraucht werden. Dies setzt allerdings eine ausgereifte Spieltechnik voraus, die selbst in Spanien meist nur von Berufstänzern wirklich beherrscht wird und im Ausland so gut wie unbekannt ist. Ich werde daher etwas ausführlicher darauf eingehen.

Ein Kastagnettenpaar besteht immer aus einer im Ton etwas helleren und einer dunklen Kastagnette. Die Spanier nennen die hohe Kastagnette »Hembra« (Weibchen) und die tiefe »Macho« (Männchen). Die Kastagnetten werden mittels der Schnur am Daumen befestigt, wobei deren Knoten auf dem zweiten Daumenglied, das andere Schleifenende an der Nagelwurzel zu liegen kommt. In dieser Weise wird das »Weibchen« an der rechten und das »Männchen« an der linken Hand befestigt. Die Kastagnetten müssen passend anliegen, so daß die beiden Holzschalen nach unten hängend schnabelartig leicht geöffnet sind. Der Druck der Schnur kann durch Anziehen bzw. Lockern derselben reguliert werden. Die Kastagnetten hängen so an den leicht gekrümmten Daumen, so daß sie mit den übrigen Fingern, die ja frei beweglich sind, geschlagen werden können. Die Handflächen sind zum Körper des Spielers gerichtet. Die Schlagbewegung erfolgt in erster Linie aus dem Wurzelgelenk der Finger heraus, wobei das Handgelenk sich möglichst wenig bewegen soll.

176

Insgesamt ist es wichtig, auf eine entspannte Haltung der Arme, Hände und Finger zu achten. Nur dann kann ein schöner, präziser Ton erzielt werden.

Die Grundschläge der Kastagnetten

Das Spiel der Kastagnetten beruht auf der Verbindung von fünf Klangelementen: Tin, Tan, Tian, Carretilla, Posticeo. Carretilla und Tian können als abgeleitete Elemente aufgefaßt werden. Ca-rre-ti-lla entspricht etwa der schnellen Wiederholung von Tin-Schlägen, Tian ist das gleichzeitige Erklingen von Tin und Tan. Die folgende Übersicht zeigt die Zuordnung der Schläge zu den Händen:

Linke Hand	Beide Hände	Rechte Hand
Tan (Ta)	Posticeo (Chapoteo)	Tin (Pi)
	Tian (Pam)	Ca-rre-ti-lla (Rri)

Notierung:

1. Grundschlag: Tin
   Ring- und Mittelfinger der rechten Hand schlagen die Kastagnette gleichzeitig an.

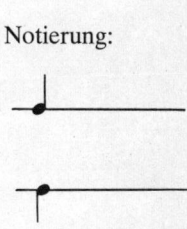

2. Grundschlag: Tan
   Dasselbe mit der linken Hand.

3. Grundschlag: Tian
   Beide Hände schlagen gleichzeitig mit Ring- und Mittelfinger ihre Kastagnette an.

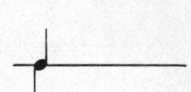

177

4. Grundschlag: Carretilla
   Dieser Grundschlag besteht aus vier schnell
   und gleichmäßig ausgeführten Schlägen der
   einzelnen Finger der rechten Hand:
   Ca – kleiner Finger   ti – Mittelfinger
   rre – Ringfinger   lla – Zeigefinger
   Beim Spielen vollständiger Rhythmen erfolgt
   nach jedem Carretilla immer ein Tan-Schlag
   (Carretilla bedeutet Schubkarren).

5. Grundschlag: Posticeo, abgekürzt: Pos
   Beide Hände werden so gegeneinander geführt,
   daß die Kastagnetten an der äußeren Schale gegeneinander prallen. Bei der Ausführung wird
   die rechte Hand etwas näher an den Körper gebracht als die linke. Die Kastagnetten hängen
   dabei frei am Daumen und dürfen mit den
   übrigen Fingern nicht berührt werden.

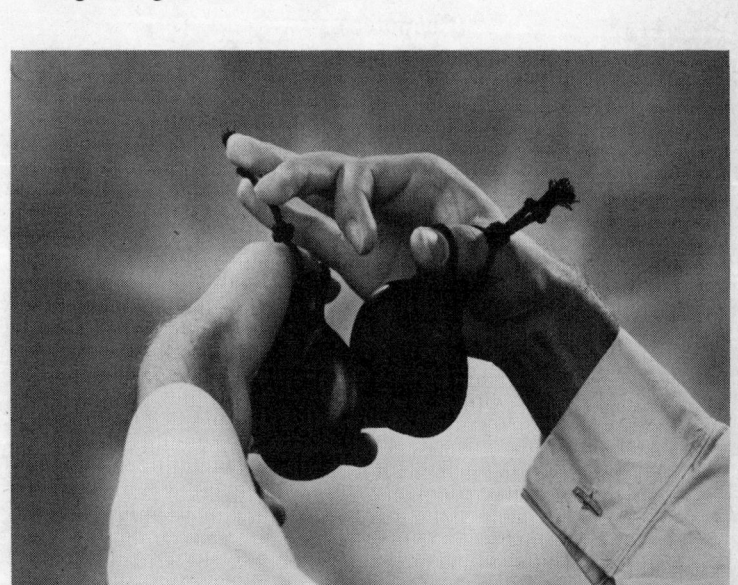

178

Beispiel eines Kastagnettenrhythmus' im $^6/_8$-Takt:

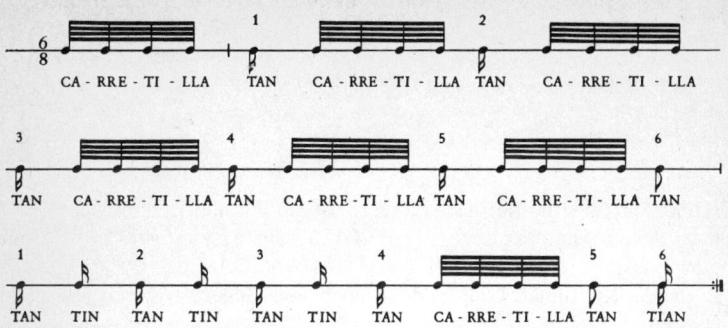

Ausführlichere Informationen zur Geschichte der Kastagnetten, eine detaillierte Beschreibung der Spieltechnik in Wort und Bild sowie methodisch aufgebaute Übungen zum Erlernen der wichtigsten Rhythmen findet man in dem Lehrwerk: E. Skiera: Kastagnettenschule – Method for Catanets, Apollo-Verlag Paul Lincke, Berlin (deutsch und englisch).

Jaleo, Palmas, Pitos, Taconeo

Im Gegensatz zu Kastagnetten, die, wenngleich nicht notwendig, so doch bei einer dezenten und kunstvollen Anwendung zumindest heute eine Bereicherung der rhythmischen Begleitung darstellen, gehören die Elemente *Jaleo, Palmas, Pitos* und *Taconeo* seit je zum Flamenco.
Der Jaleador (von span. jalear: aufmuntern, anfeuern), ein Teilnehmer der Juerga auf der Bühne oder aus dem Publikum, feuert die Künstler mit rhythmischen Zurufen, mit Händeklatschen (Palmas) oder Fingerschnalzen (Pitos) an. »Ole, ole!« (recht so, ausgezeichnet), »así se canta«, »así se baila«, »así se toca« (so singt, tanzt, spielt man) sind solche Zurufe, die ganz entscheidend zum Entstehen dieser eigenartigen freudig-erregten und spannungsgeladenen Atmosphäre beitragen, in der die Sänger, Tänzer und Gitarristen bereit sind, ihr bestes zu geben.
Die Technik der Palmas wird von vielen Jaleadores geradezu virtuos beherrscht. Zwei oder drei von ihnen können die Rhythmen und Gegenrhythmen mit einer atemberaubenden Präzision und Geschwindigkeit ausführen und noch zusätzlich mit Zungenschnalzen und den Füßen rhythmische Akzente setzen.
Hierzu ein Beispiel für die *Bulerías*: Das rhythmische Grundschema der Bulerías besteht, wie im vorigen Kapitel dargestellt, aus zwölf Schlägen mit den Hauptakzenten auf 3, 6, 8, 10 und 12. Häufig wird dieses Grund-

179

schema beim Tanz, Gitarrenspiel und den Palmas überlagert von einem doppelt gezählten Sechserrhythmus mit den Akzenten auf 1, 2 und 4, 5:

Rhythmisches Grundschema:
$$\overset{>}{1}\ 2\ 3\ \overset{>}{4}\ \overset{>}{5}\ 6\ \overset{>}{7}\ 8\ 9\ \overset{>}{10}\ 11\ 12$$

Parallelrhythmus:
$$\overset{>}{1}\ \overset{>}{2}\ 3\ \overset{>}{4}\ \overset{>}{5}\ 6\ \overset{>}{1}\ \overset{>}{2}\ 3\ \overset{>}{4}\ \overset{>}{5}\ 6$$

(Der Gitarrist orientiert sich heute meist am Parallelrhythmus und markiert dessen Hauptakzente 1, 2 und 4, 5 beim Spielen gelegentlich mit dem Fuß.)
In diesen Rhythmen können dann noch sog. Gegenrhythmen eingefügt werden:

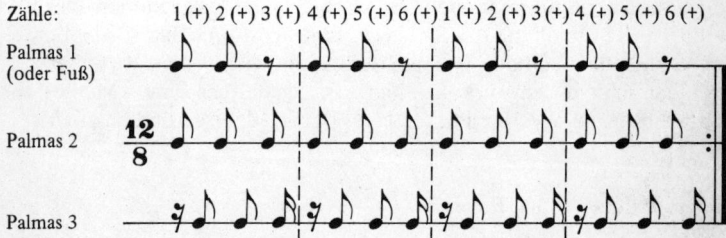

Bei den Palmas gibt es zwei Ausführungsarten. Die *Palmas fuertes* (fuerte = stark) werden erzeugt, indem die ausgestreckten Finger der einen Hand in den flachen Handteller der anderen schlagen; die *Palmas sordas* (sordo = dumpf, taub), indem die hohlen Handteller ineinander schlagen, wodurch ein dumpfer Ton mit mehr Baßcharakter entsteht. Manche Interpreten des Cante jondo akzentuieren durch gelegentliche sehr dezente Palmas sordas ihren Gesang oder das Vor- und Zwischenspiel des begleitenden Gitarristen.
Die Technik des Fingerschnalzens (Pitos) kann ebenfalls bis zur Virtuosität entwickelt werden. Dabei übernimmt die eine Hand den Grund- und die andere den Gegenrhythmus. Durch schnelles Schnalzen von zwei oder drei Fingern einer Hand kann der Carretilla-Effekt der Kastagnetten (s.o.) imitiert werden.
   Eine weitere einfache Art der rhythmisch-perkussiven Begleitung besteht darin, mit den Fingern und den Fingerknöcheln auf eine Tischplatte zu schlagen, wobei reiche klangliche Abstufungen möglich sind. Einige Flamenco-Künstler haben dies zu einer virtuosen Kunst entwickelt.
Schließlich sei noch das *Taconeo* (von taconear = – mit dem Absatz – stampfen) bzw. *Zapateado* (von zapatear = – mit dem Schuh – stampfen)

180

erwähnt. Obglcich es in Verbindung mit dem Tanz auftritt (s. Kapitel Baile), hat es durchaus eine eigene musikalisch-rhythmische Funktion. Von den perkussiven Elementen des Flamenco ist es zweifellos das beeindrukkendste. Der begabte Tänzer ist mit der Arbeit seiner Füße durch klangliche (Hacke, Spitze, Schuhsohle), dynamische (laut, leise) und Tempoabstufungen sowie durch geschickte Nutzung des gesamten zur Verfügung stehenden Bühnenraumes in der Lage, ein differenziertes und faszinierendes »Perkussionsschauspiel« aufzuführen. Taconeo-Soloeinlagen gehören denn auch zum Repertoire aller Cuadros flamencos (Flamencogruppen).

All diese Techniken erfordern ein intensives Üben und – sofern man sich in den Kreis der Jaleadores oder Tänzer einreihen will – ein tiefes Gespür für die verschiedenen Rhythmen und darüber hinaus für die Lebensart des Flamenco.

HOLGER MENDE

Flamencos – Bilder und Notizen aus Andalusien

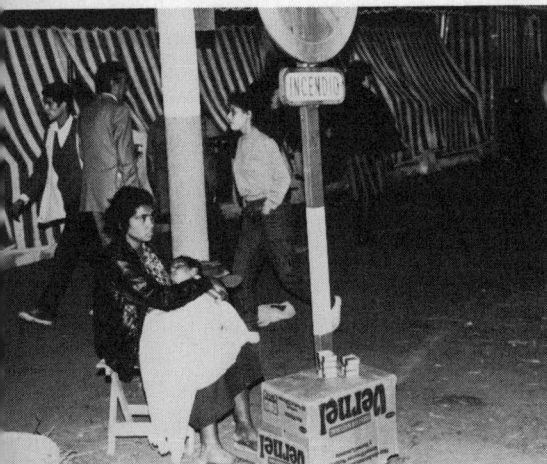

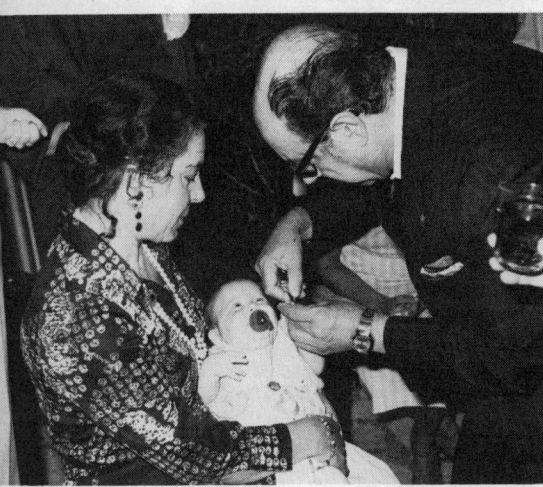

Andalusien – Gitanos

Man sieht die Gitanos überall in Andalusien. Die Frauen tragen Blusen, lange Röcke, oft eine Schürze, große Ohrringe und eine Nelke im Haar; sie verkaufen Nelken, betteln oder sagen die Zukunft voraus. Die Männer arbeiten in den verschiedenen Berufen: als Schuhputzer, Markthändler, im Metall- handwerk, Tauschgeschäft, Antiquitätenhandel etc. Auch die Kinder arbeiten von klein auf mit. Gitana verkauft Tabak auf der Feria von Sevilla (Bild 1). Zu den vielen Riten der Gitanos in Andalusien gehört das Schneiden der Finger- und Fußnägel der Babies. Auf diese Weise wünscht man dem Neu- geborenen Talent für den Flamenco-Gesang, für den Tanz und für das Gitarren- spiel. Wie bei allen Riten, Zeremonien und Festen der andalusischen Gitanos wird im Verlaufe des »Nagelfestes« gesungen, getanzt etc. Bild 2 zeigt den Sänger Antonio Cruz Garcia Antonio Mairena« (1909–1983) beim Nagelschneiden.

182

Bild 3 zeigt ihn beim Singen. Er begleitet seinen Gesang mit dem rhythmischen Klatschen der Hände. Der Herr mit der Brille im Hintergrund ist Don Francisco Vallecillo Pecino, einst Chef der Peña Flamenca von Ceuta (Nordafrika) und heute Leiter der Flamenco-Abteilung in der andalusischen Regionalregierung in Sevilla.

Der Cante, der Flamenco-Gesang, »entsteht« im wahrsten Sinne des Wortes. Ich habe den Gitano mit dem Kind (Bild 4) im Morgengrauen eine wunderschöne Soleá singen hören.

In der Zeltstadt der Feria von Sevilla (fast 1000 Zelte) gibt es fünf oder sechs Gitano-Zelte, die – mit wenigen Ausnahmen – dem Nicht-Gitano verschlossen sind. Dort hört und sieht man den besten Cante, das beste Gitarrenspiel, den echtesten Tanz (Bild 5).

Übrigens hat die deutsche Kolonie von Sevilla auf jeder Aprilferia ihr eigenes Zelt (Caseta). Dort wird eine Woche lang Tag und Nacht die Sevillana (Volkstanz) gesungen und getanzt. Flamenco, gitano-andalusischer Gesang oder nur andalusischer Gesang ... viele Bezeichnungen werden heute akzeptiert, findet im Rahmen eines kleinen Kreises statt: In der Familie, in den Tabernen, in den Ventas (durchgehend geöffnete Raststätten) lebt der Cante auch heute noch.

183

Bild 6: *Szene aus einer Taberne. Ich kam durch Zufall auf der Rückkehr von einer Gitano-Taufe vorbei, um einen Kaffee zu trinken. Es war 19 Uhr. Um 21 Uhr hörte ich das erste Ayaya einer Siguiriya. Um drei Uhr morgens schloß der Wirt die Tür. Dutzende von Gesängen hörte ich ... bis zum nächsten Abend.*
Längst ist der Cante keine ausschließliche Ausdrucksform der Gitanos mehr (aber sie »sagen« den Cante – wie es in der Flamenco-Terminologie heißt – ausdrucksvoller, empfundener, gefühlvoller, mit mehr Wahrheit).
Ein einfacher Landarbeiter legte mir in einer Taberne nach längerem Gespräch plötzlich die Hand auf die Schulter (eine Geste, die zum Cante gehört ..., denn der Cante ist eine Mitteilung für Freunde, die zuhören können) und begann mit einer Soleá.
Bild 7: *Eine Gasse in Lebrija. Im Inneren dieser Häuser befinden sich die Patios, die Innenhöfe, voller Blumen und fast immer erfüllt vom Gesang eines Kanarienvogels.*
In Lebrija leben sehr viele Gitanos, die ihre Feste in den Patios feiern.
Riesige Latifundien der Señoritos, der Reichen, stehen im Gegensatz zu dem großen Elend der Landbevölkerung in Andalusien.

184

Bild 8: *Cortijo, Gutshof eines Señoritos. Auf diesen Cortijos wurden früher und auch heute noch Juergas gefeiert. Die Señoritos holten sich die Sänger, Gitarristen und Tänzer und feierten oft eine ganze Woche lang.*

Bild 9: *Der Cante ist in den Provinzen Sevilla und Cádiz entstanden. Die Hauptstadt des kommerziellen Flamencos ist heute Sevilla. Im vorigen Jahrhundert war der Stadtteil Triana am rechten Ufer des Guadalquivir das Zentrum des Cante.*

Abseits des von Touristen überlaufenen Barrio Santa Cruz mit seinen engen Gassen und versteckten Plätzen befindet sich übrigens das Tablao »Los Gallos«. Sevilla hat mehrere Tablaos. »La Trocha« halte ich für das beste. Wer Cante hören, eine spontane Juerga erleben will, muß in das andere Sevilla gehen, nachts, und abwarten, bis ganz plötzlich der Cante in einer kleinen Gruppe entsteht.

Viele glauben, Flamenco sei andalusische Folklore. Flamenco ist individualistisch im Cante (der nur die Begleitung der Gitarre duldet), im Baile (es ist kein Paartanz). Die Folklore Andalusiens jedoch wird von Gruppen gesungen, getanzt, gespielt.

Bild 10 *zeigt eine »Panda de Verdiales« aus der Provinz Málaga mit einer Vielzahl von verschiedenen Instrumenten.*

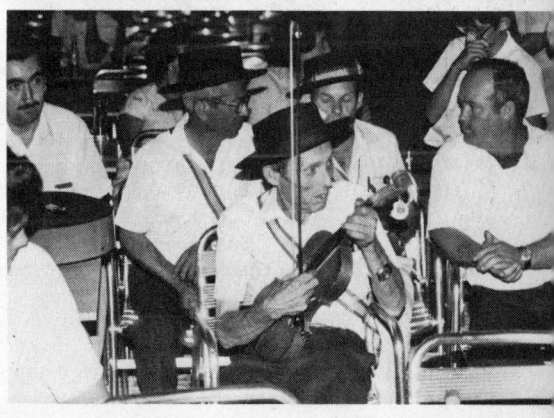

185

Wenn die Gitanos aus freudigem Anlaß zusammenkommen, dann ergeben sich wahre Orgien aus Gesang, rhythmischem Händeklatschen, Gitarre und improvisierten Tanzschritten zum Rhythmus der Festeros (Festgesänge) wie Tangos, Bulerias, Alegrias etc. Einen Eindruck davon kann man auf einem der vielen Flamenco-Festivals bekommen, die im Laufe der Sommermonate überall in Andalusien stattfinden.

Wenn nach fünf, sechs, sieben oder sogar acht Stunden Gesang, Gitarre, Tanz die Schlußminuten des betreffenden Festivals gekommen sind, dann feiern alle mitwirkende Flamencos das »Fin de Fiesta« (Ende der Fiesta). Jeder Künstler, ob Sänger, Tänzer, Gitarrist oder Palmero bzw. Palmotero (jene, die die Kunst der verschiedenen Techniken und Rhythmen des Händeklatschens beherrschen), macht ein paar Tanzschritte zu einer Buleria etc., klatscht, singt oder spielt.

Die Bilder 11 und 12 *zeigen das Fin de Fiesta auf einem der ältesten Flamenco-Festivals Andalusiens, dem »Gazpacho« von Morón de la Frontera/Provinz Sevilla.*

Bild 11: *Fin de Fiesta. Links vorn: Fernanda und Bernarda de Utrera. Hinter ihnen Miguel Peña Vargas, genannt »Miguel Funi« (geb. 1939 in Lebrija/Provinz Sevilla), Gitano und einer der erfolgreichsten Nachwuchssänger. Miguel ist ein ausgezeichneter Sänger von Cantes festeros, vor allem von Bulerias. Am mittleren Mikrophon steht der Gitano-Sänger Rancapino, der aus der Provinz Cádiz stammt. Links neben ihm El Andorrano, Sänger, und ganz rechts der Gitarrist Paco del Gastor. Links neben ihm Pedro Peña, Gitarrist, Volksschullehrer und Kommunalpolitiker, der sich in Sevilla mit Gitano-Fragen beschäftigt.*

Bild 12: *Der Gitarrist Paco del Gastor macht ein paar Buleria-Figuren; Rancapino »spielt« Gitarre, links von ihm Bernarda de Utrera.*

186

Viele große Sänger und Gitarristen unseres Jahrhunderts sind bereits gestorben: Manuel Torre, Pastora Pavon, »La Niña de los Peines« genannt, ihr Bruder Tomás Pavon, Antonio Mairena und Manolo Caracol. Bild 13 zeigt Manuel Ortega Juárez »Manolo Caracol« (1910–1973), der einer alten Dynastie angehörte, die Sänger, Tänzer und Toreros hervorgebracht hat. Er hat die Piano- und Orchesterbegleitung zum Cante eingeführt und Pseudo-Flamenco-Shows gestaltet, was seine Gegner ihm heute noch vorwerfen. Abgesehen von diesen Abweichungen und Verfälschungen des Flamenco war Caracol einer der größten Gitano-Sänger der Geschichte. Ein wahrer Zerstörer des Flamenco war Pepe Marchena, der mit seiner Tangostimme à la 1920 in der finsteren Phase der Flamenco-Geschichte in den vierziger und fünfziger Jahren die Massen begeisterte. Heute hängen in vielen Bars Andalusiens Bilder von Caracol neben Bildern von Marchena. Bild 14: Antonio Cruz Garcia, Antonio Mairena (1909–1983) genannt nach seinem Heimatort Mairena del Alcor/Provinz Sevilla, tanzt auf einem privaten Fest (Foto: Avjona).

187

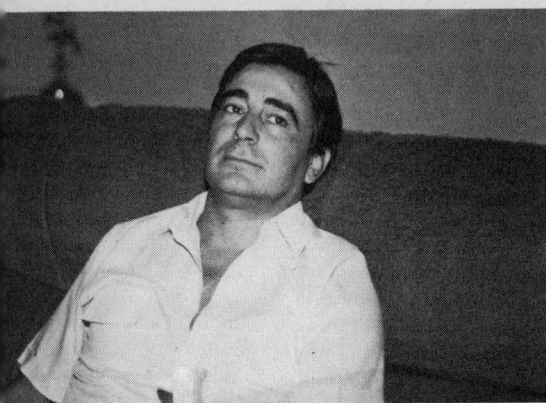

Bild 15: *Calixto Sánchez Marín, »Calixto Sánchez«, geb. 1946 in Mairena del Alcor/Provinz Sevilla, hörte die ersten Gesänge in der Bar seines Vaters. Die Flamenco-Künstler, die durch Mairena kamen, suchten diese Bar auf, die der Treffpunkt der dortigen Bevölkerung und das einzige Restaurant am Orte war. Calixto Sánchez gehört zu jenen Sängern, die so gut wie »alle« Flamenco-Gesänge beherrschen. Er ist ein Perfektionist, und viele sagen, daß er »kalt« singt. Im Flamenco aber ist Gefühl wichtiger als Perfektion. Ein guter Flamenco-Sänger ist nicht derjenige, der eine gute Stimme hat, sondern jener, der dem Zuhörer durch seinen Gesang »weh-tut«. Calixto nimmt von seinem Beruf her eine Sonderstellung unter den Flamencos ein: Er ist Volks-schullehrer. Das gilt auch für den Gitarristen Pedro Peña, der ebenfalls Volks-schullehrer ist, und für Alfredo Arrebolo, der an der Universität Málaga lehrt.*

José Menese Scott, »José Menese«, geb. 1942 in Puebla de Cazalla/Provinz Sevilla, lernte zuerst das Schusterhandwerk, ehe er sich dem Cante widmete. Er gehört zu den vielseitigsten Sängern der jüngeren Generation; meisterhaft beherrscht er die Martinetes, die zur Gruppe der Tonás gehören und immer ohne jegliche Begleitung gesungen werden.
Bild 16: *José Menese mit dem Gitarristen Manuel Domingues García, »Manolo Domingues« oder »El Rubio«, aus Sevilla.*

Bild 17 *(von links nach rechts): Fernanda Jiménez Peña, »Fernanda de Utrera«, geb. 1923, ihre Schwester Bernarda Jimérez Peña, »Bernarda de Utrera«, geb. 1926, der Gitarrist Paco del Gastor aus der Familie des legendären Diego Flores Amaya, »Diego del Gastor«, geb. 1903 in Arriate bei Ronda/Provinz Málaga, gest. 1973 in Morón de la Frontera/Provinz Sevilla.*

Fernanda (Bild 18) *ist heute die beste Sängerin von Soleares und setzt damit eine alte Tradition von Sängerinnen fort, die von La Andonda bis zur La Serneta reicht. Keine Schallplatte kann die Ausdruckskraft dieser Sängerin wiedergeben. Fernanda tritt immer mit ihrer Schwester Bernarda auf, einer der besten Buleria-Interpretinnen. Aus ihrer Familie stammen viele Flamencos. Sie sind Gitanos und verwandt mit dem Peña aus Lebrija.*

Bild 19: *José Domingues Muñoz »El Cabrero«, geb. 1944 in Aznalcollar/Provinz Sevilla, ist eine »exotische« Figur in der Welt des Flamenco. Er war und ist Ziegenhirt, stammt aus einer armen Familie, hat seine Jugend mit dem Hüten von Ziegen verbracht und später in der sevillanischen Theatergruppe »La Cuadra« mitgearbeitet. Er singt dem Flamenco fremde Protesttexte.*

189

Wo José auftaucht, ist die Hölle los. Er ist der Held der andalusischen Landarbeiter. Seine Kleidung besteht immer aus einem dunklen breitkrempigen Hut, einem roten Halstuch, einem schwarzen Hemd, schwarzen Hosen und schwarzen Stiefeln. José lebt mit einer Schweizerin zusammen in der Nähe von Sevilla und hat vier Kinder und fast 400 Ziegen.

Bild 20: *Juan Fernández Peña »El Lebrijano«, geb. 1941 in Lebrija/Provinz Sevilla. El Lebrijano ist ein blonder Gitano und stammt aus der berühmten Flamenco-Dynastie der Peñas. El Lebrijano gilt als einer der besten Gitano-Sänger der Gegenwart. Seine Mutter ist die berühmte Sängerin Maria Peña »La Perrata«, sein Bruder der berühmte Gitarrist Pedro Peña.*

Bild 21: *Antonio Nuñez Montoya »Chocolate«, geb. 1931 in Jerez de la Frontera/Provinz Cádiz. Chocolate ist Gitano und der größte Siguiriya-Sänger der Gegenwart und einer der letzten wahren Flamencos. Philosoph eigener Art, ein Dichter, der nicht schreiben kann (wie viele der anonymen Dichter Andalusiens).*

»Ich bin aus dem Elend zum Flamenco gekommen«, sagte mir Chocolate einmal. »Nur wer Elend und Verfolgung kennt wie unser Volk – die Gitanos –, kann den Flamenco verstehen. Nur wer im Leid aufgewachsen ist, kann Flamenco singen. Ich kenne nur die Traurigkeit, und selbst wenn ich einmal fröhlich bin, vergesse ich meine Traurigkeit nicht.«

Chocolate lebt heute in Sevilla in einer bescheidenen Wohnung. Er ist mit der Gitana Rosa verheiratet, der Schwester des berühmten Tänzers Antonio Montoya Flores »Farruco«.

190

Bild 22: *Der Gitano-Sänger Rancapino aus Chiclana/ Provinz Cádiz, begleitet von dem Gitarristen Manolo Domínguez, auch »El Rubio« genannt. Rancapino ist heute einer der besten Sänger der Provinz Cádiz. Er hat eine schöne weiche, leicht heisere Stimme. Wie alle Gitanos hat er die ersten Cantes von den Eltern, Großeltern oder von anderen Verwandten gelernt. Das Bild zeigt, wie groß die physischen und psychischen Belastungen eines Sängers sind, der guten Cante singt und »wehtun«, d.h. die Zuhörer zur inneren und äußeren Teilnahme am Gesang bringen will.*

Bild 23: *Rancapino mit dem Gitarristen Pedro Fernández Peña, kurz »Pedro Peña« genannt. Pedro ist der Bruder des »Lebrijano« und Sohn der berühmten María Fernández »La Perrata«. Die Peñas sind wohl eine der größten und ältesten Flamenco-Dynastien Niederandalusiens (Provinzen Sevilla und Cádiz).*

Bild 24: *Rancapino klatscht leise die Palmas, um den Compás (Takt, Maß, Rhythmus) des Gesanges in den Pausen des Cante für sich selbst fortzuführen, während die Gitarre die Falsetas spielt. Compás ist alles im wahren Cante. Niemand beherrscht ihn so wie die Gitanos. Daher hat es wenig Nicht-Gitanos (Payos) unter den Buleria-Sängern gegeben, weil der Compás der Bulerias sehr kompliziert ist.*

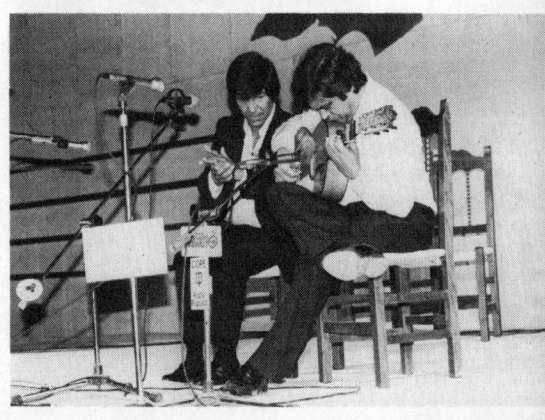

191

Bild 25: *Francisco Garrasco, »Curro Malena«, geb. 1945, ist ein weiteres Talent aus Lebrija/Provinz Sevilla. Lebrija ist einer jener Orte Niederandalusiens, die seit Generationen Sänger, Tänzer und Gitarristen hervorbringen. Curro Malena gehört zu den Cantaores largos, d. h. er beherrscht viele Gesänge, während die Cantaores cortes nur wenige Cantes singen können. Er ist vor allem ein großartiger Sänger von Soleares und Bulerias. Wie viele andere lehnt er es ab, in einem Tablao zu arbeiten: »... denn dort geht die Reinheit des Gesanges verloren«. Die Tablaos sind jedoch für viele Künstler die einzige Arbeitsmöglichkeit und eine Art Sprungbrett in die Welt des Show-Flamenco, in der gut verdient wird. Curro verbringt jedes Jahr ein paar Monate in Lebrija, um aus der Quelle des wahren Cante zu trinken:*

dem Cante der Gitanos.

Bild 26: *Miguel Peña Vargas, »Miguel El Funi«, geb. 1939, ist ein weiterer Sänger aus Lebrija/Provinz Sevilla und gehört ebenfalls der Peña-Dynastie an. Sein Großvater war Fernándo Peña Soto »El Pinini«. »Pinini«, der als Schlachter arbeitete, war in Utrera eine Art »Zigeunerkönig«, allseits beliebt durch seinen Einfallsreichtum und seine Lebenslust. Er sang Bulerias eigenen Stiles und Cantiñas (Alegrías, Romeras, Mirabrás, Caracoles etc.), die heute Miguel El Funi und die Schwestern Bernarda und Fernanda aus Utrera singen.*

192

Bild 27: *Flamenco ist längst keine ausschließliche Ausdrucksform der Gitanos Niederandalusiens mehr. Seit Silverio Franconetti Aguilar (1831–1889) den Flamenco-Gesang aus der Verschlossenheit der Gitano-Familien auf die Bühnen der Cafés cantantes trug, hat der Flamenco Jahr für Jahr immer mehr Payo-Künstler angezogen. Heute gibt es ebenso viele Gitano-Flamencos wie Payo-Flamencos, auch wenn alle Fachleute sagen, daß man den eigentlichen harten, melancholischen, gefühlvollen Gesang nur bei den Gitanos findet. Einer der bedeutendsten Payo-Flamenco-Sänger der Gegenwart ist José Sanchez Bernal, »Naranjito de Triana«, geb. 1933 in Sevilla, der auch ein ausgezeichneter Gitarrist und Gitarrenbauer ist. Er lebt in Sevilla in der Straße Jiménez de Enciso, ein paar Meter*

nur von dem Laden des Gitarristen José Luis Postigo entfernt. Naranjito ist einer der besten Kenner des Flamenco der letzten 50 Jahre.
Bild 28: *Antonio Montoya Flores, geb. 1916, »El Farruco« genannt, stammt aus einer Canastero-Familie (herumziehende Gitanos) und ist einer der besten Tänzer der Gegenwart. Flamencos sind besondere Menschen und viele sehr fotoscheu. Farruco hat mir dieses kitschige Foto gegeben, Aufnahmen, wie sie auch heute noch in Andalusien angefertigt werden.*

Baile

*Die Tanzschulen Andalusiens
sind überfüllt. Viele der
Schüler und Schülerinnen
sind aber Ausländer. Der
wahre Flamenco-Tanz kennt
jedoch keine feste Choreographie. Farruco sagte
mir einmal: »Was ich auf
der Bühne tanze? Das
weiß ich vorher nicht. Das
hängt von meinen Gefühlen,
meiner Stimmung ab.«
Auf die Frage, was er seinen
Schülern beibringe, antwortet
Farruco: »Ich improvisiere.«
Manuela Carrasco, geb.
1958, gehört zu den besten
Nachwuchstänzerinnen
der Gegenwart (Bild 29).*

Toque

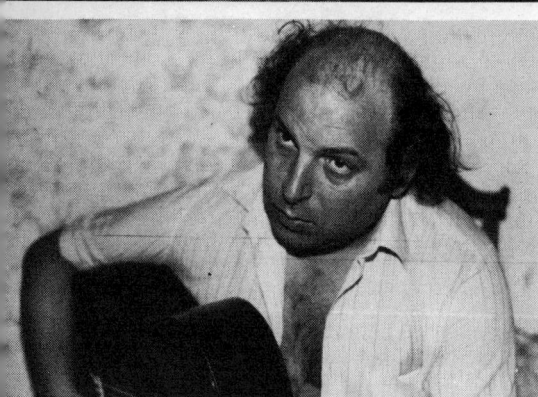

*Bild 30: Pedro Peña, »Pedro
Bacan«, geb. 1951 in
Lebrija/Provinz Sevilla, ist
wohl der vielseitigste,
schöpferischste und genialste
Flamenco-Gitarrist im
Andalusien der Gegenwart.
Dieser sensible Koloß ist ein
»Weiser« in der Flamenco-Kultur. Er hat Flamenco-Gitarre an amerikanischen
Universitäten gelehrt. Zur Zeit leitet er in Alcalá de Guadaira eine Gruppe
von Flamenco-Gitarristen jeden Fähigkeitsgrades. Er ist Gitano, mit einer
Amerikanerin aus Denver verheiratet, hat zwei Söhne und lebt in San Juan
de Aznal arache bei Sevilla. Pedro sagt, daß man die Flamenco-Gitarre
nicht in der Isolierung eines Zimmers erlernen kann. Die Flamenco-Gitarre
braucht das menschliche Element, die Gegenwart des Sängers. Pedro kennt
keine Noten, hat aber sein eigenes Musiksystem mit Ziffern entwickelt.
Er lehnt jede bisher veröffentlichte Gitarrenmethode als wertlos ab. Wir
haben mit anderen Gitarristen und einem Musiklehrer aus Alcalá zwanzig
Gitarrenmethoden besprochen, aber der Flamenco läßt sich nicht in Noten
übertragen.*

Bild 31: *José Luis Postigo Guerra, geb. 1950 in Sevilla, hat wie viele Flamencos als Tänzer angefangen. Mit dem Gitarrenspiel begann er im Alter von 15 Jahren. Inzwischen hat er sich zu einem der besten Begleiter in der Flamenco-Szene emporgearbeitet. Postigo kennt – wie die meisten Flamenco-Gitarristen – keine Noten, keine Harmonielehre. Inzwischen betätigt sich Postigo auch als Gitarrenbauer, die er in einem kleinen Laden selbst verkauft.*

Bild 32: *Francisco López-Cepero García, »Paco Cepero« genannt, geb. 1942 in Jerez de la Frontera/ Provinz Cádiz, ist das Gegenstück von Postigo. Es gibt heute drei Richtungen im Flamenco-Gitarrenspiel: 1. reine Begleitung des Gesanges; das ist die wahre Aufgabe der eigentlichen Flamenco-Gitarre, die sich dem Gesang unterordnen soll; 2. Begleit-Gitarristen, die den Gesang erdrücken durch allzu große Virtuosität, zu lange und komplizierte Falsetas, zu langes Vorspiel, allzu betonter Daumen etc.; 3. Flamenco-Gitarre als Solo-Instrument. Cepero gehört zur Gruppe 2.*

Bild 33: *Viele Gitarristen behaupten heute, Schüler des berühmten ›Diego del Gastor‹, gewesen zu sein. Sein einziger ernsthafter Schüler ist jedoch sein Neffe »Paco del Gastor« gewesen.*

195

Cabales und Aficionados

Die »Cátedra de Flamenco-logia y Estudies Folklóricos Andaluces« (Bilder 34, 35, 36) in Jerez de la Frontera/ Provinz Cádiz, jener Stadt, von der gesagt wird, daß dort selbst die Steine singen. Die Cátedra wurde 1958 gegründet mit dem Ziel, jegliches Dokument über Flamenco und andalusische Folklore zu bewahren, die Wurzeln, Einflüsse, Veränderungen, Varianten etc. des Flamenco (Cante, Baile und Toque) zu erforschen; Buchmaterial, Partituren, Fotos, Kunstgegenstände, Schallplatten, Bänder etc. zu sammeln. Eines der Hauptziele ist die Bewahrung von Folklore und Flamenco vor Unreinheiten und Verflachung sowie die Verbreitung des Flamenco. Die Cátedra veranstaltet das ganze Jahr über Vorträge, Gesangs-, Gitarren- und Tanzabende, verleiht Preise, hat einen eigenen Publikationsservice. Im Sommer organisiert die Cátedra die Internationalen Sommerkurse, zu denen Spanier und Ausländer aus allen Ecken der Welt kommen, um Tanzen, Gitarre oder sogar Singen zu lernen. Ergänzt werden diese Kurse durch Vorträge über alle Aspekte des Flamenco. Die Cátedra hat allerdings unter Liebhabern und Kennern des Flamenco, Gitanos ebenso wie Payos, einen sehr schlechten Ruf.

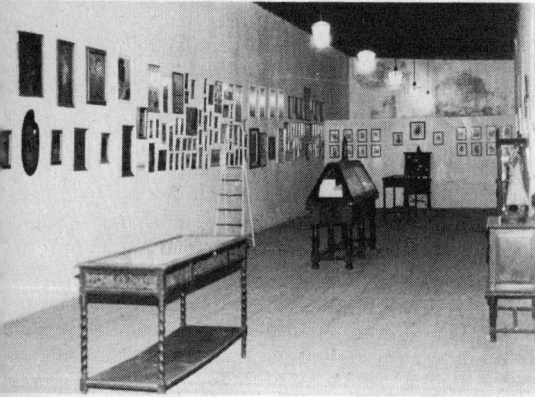

196

Mein Freund, der Flamenco-
Pianist José Romero,
ist Mitglied der Cátedra.
Er sagt: »Ich stehe zwar
auf der Mitgliedsliste, aber
›die tun nichts‹.«
Die meisten Peñas Flamen-
cas sind fest in Payo-Hän-
den. Ich habe nur eine reine
Gitano-Peña in Puerto
de Santa Maria/Provinz
Cádiz kennengelernt. An
der Tür hängt ein Schild:
»Nur für Mitglieder«. Die
Gitanos wollen unter sich
bleiben. Als ich mit einem
Freund einmal in einer
Peña Flamenca war, in
der Payos auftraten, sagte
er leise zu mir:
»Wie kalt, wie wenig
jondo die singen.«
Bild 37: Der Saal der Peña
Flamenca »El Lucero« in
Montilla/Provinz Córdoba.
Im Hintergrund des Saales
befindet sich die kleine
Bretterbühne, Tablao
genannt, mit den beiden
Stühlchen aus Holz und
Binsengeflecht.
Bild 38: Viele Peñas
veranstalten Tanzkurse.
Diese Hobbytänzerin
ist erst 13 Jahre
alt.
Am Anfang kannte der
Flamenco nur den Son
(rhythmische Begleitung).
Die Gitarre kam erst im
Laufe des 19. Jahrhunderts
als Begleitinstrument dazu.
Auch wenn in den vergange-
nen 30 Jahren der Flamenco
von Orchester, Orgel, Flöte
etc. begleitet wurde, bleibt
die Gitarre das eigentliche
Begleitinstrument.

197

Bild 39: *José Romero Jiménez, geb. 1936 in Osuna/Provinz Sevilla, ist der beste Flamenco-Pianist der Welt. Nur ihm ist es gelungen, dem Piano das Gefühl des Jondo (Tiefe) zu entlocken. Romero ist Pianist, Lehrer an einer Schule in Sevilla, Autor verschiedener Bücher über die andalusische Musik. Schallplatten: »El Piano Flamenco« (Hispavox), »Andalucía Flamenca en el Piano de José Romero« (Hispavox), »Formas Musicales Andaluzas« (Zafiro), »Formas Musicales Andaluzas y Formas Libre« (Zafiro) u.a. Romero ist mit verschiedenen Preisen geehrt worden, wie z.B. mit dem Premio Nacional de Flamencología im Jahre 1976. Er ist Mitglied der Cátedra de Flamencología in Jerez. Für mich ist Romero der große Weise der Flamenco-Kunst. Leider ist er im Ausland so gut wie unbekannt.*

Anhang

Flamenco-Festivals

Führer der spanischen Flamenco-Festivals: *Guia de Festivales Flamenco*, erscheint jährlich, Herausgeber: Junta de Andalucia, Consejeria de Cultura, Departamento de Flamenco (im spanischen Buchhandel erhältlich)

Benalmadena: Festival Alay
Bornos: Berza flamenca, August
Cabra: Flamenco Cayetano Muriel »Niña de Cabra«, September
Cabra: Romeria Nacional de Gitanos, Juni
Cartagena: Concursos de Cartageneras
Cordoba: Patios Cordobeses
Granada: im Internationalen Musikfestival, Juni/Juli
Jerez de la Frontera: F. de Espana de arte flamenco y cursos de Flamencología, August/September
Jerez de la Frontera: Fiesta de la Buleria, Juni
La Union: Festival cante de las minas
Lebrija: Caracola
Lucena: Noche flamenca del campo andaluz, Juli
Mairena del Alcor: Festival Antonio Mairena
Málaga: Moraga flamencas
Morón de la Frontera: Gazpacho andaluz
Puente genil: Festival del Cante grande
Sevilla: in der Feria de abril
Utrera: Potaje gitano
Weitere Festivals in *Tarifa* (September), *Sanlucar de Barrameda* (August), *Ronda* (September), *San Roque, Fuengirola, Bajadoz* und *Madrid.*

Peñas flamencas

Algeciras: Sociedad del Cante Grande, Huerta Ancha No. 3
Almeria: Peña »El Taranto«, Tenor Iribane No. 10
Archidonia: Peña flamenca Carrera No. 42/2
Avila: Peña »Don Antonio Chacón«, Vasco de Quiroga No. 1
Bajadoz: Asociación de Arte flamenco, Apartado No. 150
Barcelona: Peña flamenca »Enrique Morrente«, Viladrana No. 100
Cádiz: Peña »El Mellizo«, Paseo S. Felipe
Ceuta: Tertulia flamenca de Ceuta, Plaza Teniente Ruiz No. 3
Cordoba: Peña flamenca »Alcazar Viejo«, Puerta de Sevilla No. 1
Fuente de Cantos: Peña flamenca »Curro Malena«, P. Manjon No. 1

Granada: Peña »La Platería«, Placeta de Toqueros No. 3
Jerez de la Frontera: »Peña flamenca Jerezana«, Merced No. 16
   »Centro cultural flamenco D. Antonio Chacon«, Carmen No. 24
Lebrija: Federacion Provincal de entidades flamencas, Callejon de los Frailes
Madrid: Peña flamencófila universitaria »Silverio«, Colégio Mayor Santiago
   Apostol, Donoso Cortes No. 63
   Peña Menese, Trafalgar No. 4 (Mesón Jerezano) Coslada – M.
Málaga: Peña »Juan Breva«, Callejon del Picaor No. 2
Montalban de Cordoba: Peña »Los Cabales del Cante«, Ancho No. 57
Osuna: Tertulia flamenca de Osuna, Eduardo Callejo No. 1
Puerto de Santa Maria: Tertulia flamenca Portuense, Zarza No. 42
Sevilla: Peña cultural flamenca »Manuel Vallejo«, Guadal Canal No. 2, Local 5
Velez-Málaga: Peña flamenca »Niño de Velez«, Calle Tejada/Edif. Granada bajo
   Federación de Peñas flamencas: D. Antonio Nuñez Romero (Präs.), c/Caracuel
   No. 17, Radio Jerez, Jerez de la Frontera
(Weitere Auskünfte am besten über Fremdenverkehrsbüros der Städte.)

Literatur

Alvarez Caballero, Angel: Historia del Cante Flamenco, Madrid 1981
Bloch, Jules: Les Tsiganes, Paris 1969
Blume, Friedrich (Hg.): Die Musik in Geschichte und Gegenwart (MGG) Kassel/Basel 1955 ff. (Band 4: Flamenco, Band 5: Gitarre)
Caba, Pedro y Carlos: Andalucía, su comunismo y su cante jondo, Madrid 1933
Caballero Bonald, José María: Archivo del cante flamenco, Barcelona 1969
ders.: Luces y sombras del flamenco, Barcelona 1975
Cadalso, José: Cartas marruecas, Madrid 1975
Cansinos Assens, Rafael: La copla andaluza, Madrid 1976
Clébert, Jean-Paul: Los gitanos, Barcelona 1965
Cobo, Eugenio: Pasión y muerte de Gabriel Macandé, Madrid 1977
Díaz del Moral, Juan: Historia de las agitaciones campesinas andaluzas, o. O. o. J.
Drillon, Lilyana u. a.: Quejio: Informe, Madrid 1975
Dumas, Danielle: Coplas Flamencas, Paris 1973
Falla, Manuel de: Escritos sobre música y músicas, Madrid 1972
ders.: Spanien und die neue Musik, Zürich 1968
García Lorca, Federico: Obras completas, Madrid 1973
ders.: Teoria y juego del duende, in: Obras Completas, Madrid 1967
Garcia Ulecia, Alberto: Las confesiones de Antonio Mairena, Sevilla 1976
George, David: The Flamenco Guitar, Society of Spanish Studies, Madrid 1969
Gerena, Manuel: Cantes del pueblo – para el pueblo, Barcelona 1975
Gobin, Alain: Le Flamenco, Paris 1975
Gómez, Agustín: El Neoclasicismo flamenco u. a., Cordoba 1978
González Climent, Anselmo: Flamencología, Madrid 1964
ders.: Pepe Marchena y la opera flamenca y otros ensayos, Madrid o. J.
Grande, Felix: Memoria del flamenco, 2 Vol., Madrid 1979
Grelmann, G. H. M.: Geschichte der Zigeuner, Leipzig 1783
Heredia Maya, José: Camelamos naquerar, Granada 1976
ders.: Penar Ocono, Granada 1974
ders.: Interview in »Ideal«, Granada
Jung, Christof: Die Interpreten des Cante Flamenco, Mainz 1974

ders.: Flamenco Lieder, Köln 1970

Kuckertz, Josef: Musik in Asien I. Indien und der vordere Orient, Kassel 1981

Larrea, Arcadio: El Flamenco en su raíz, Madrid 1974

Liégeois, Jean-Pierre: Les Tsiganes, Paris 1971

Machado y Alvarez, Antonio (»Demófilo«): Colección de cantes flamencos, Madrid 1975

Mairena, Antonio: Las confesiones de Antonio Mairena, Sevilla 1976

Martin, Juan: Guitar Method, El arte flamenco de la guitarra, London 1978

Meudtner, Ilse: Flamenco Showgeschäft und Wirklichkeit, in: Merian 5 XXX/C.

Mindling, Roger: Spanischer Tanz, Olten 1966

Molina, Ricardo: Misterios del arte flamenco, Barcelona 1967

ders.: Obra flamenca, Madrid 1977

Molina, Ricardo y Mairena, Antonio: Mundo y formas del cante flamenco, Granada/Sevilla 1971

Moreno Casado, José: Los gitanos desde su penetración en España su condición social y jurídica, Granada 1949

Ortíz Nuevo, José Luis (Hg.): Las mil y una historia de Pericón de Cádiz, Madrid 1975

Pepe El de la Matrona: Recuerdos de un cantaor sevillano, Madrid 1975

Perez, Manuel L.: Pueblo y Politico en el C. Jondo/Sevilla 1980

Pohren, Donn: El arte del flamenco, Morón de la Frontera 1970

ders.: Lives and Legends of Flamenco: A Biografical History, Madrid/Sevilla 1964

ders.: L'art flamenco, Sevilla 1962

Pott, A. F.: Die Zigeuner in Europa und Asien, Halle 1944/45

Puig Claramunt, Alfonso: El arte de baile flamenco, Barcelona 1977

Quiñones, Fernando: El flamenco, Vida y muerte, Barcelona 1971

ders.: De Cádiz y sus cantes, Madrid 1975

Ramírez, Heredia: Juan de Dios, Vida gitana, Barcelona 1973

Ríos Ruíz, Manuel: Introducción al cante flamenco, Madrid 1976

Rishi, W. R.: Roma, Delhi 1976

San Román, Teresa: Vecinos gitanos, Madrid 1976

Sánchez Ortega, María Helena: Documentación selecta sobre la situación de los gitanos españoles en el siglo XVIII, Madrid 1977

Sarraute, Claude: La Joselito, au Petit-Odéon, in : Le Monde, Paris, Juni 1967

Starkie, Walter: Auf Zigeuner-Spuren, München 1957

Touma, Habib Hassan: Die Musik der Araber im 19. Jahrhundert, in: Musikkulturen Asiens, Afrikas und Ozeaniens im 19. Jahrhundert, Regensburg 1973

El de Triana, Fernando: Arte y artistas flamencos, Madrid 1935

Udaeta, José: Flamenco, Hamburg 1964

Vaux de Foletier, François de: Mil años de historia de los gitanos, Barcelona 1973

Vossen, Rüdiger: Zigeuner, Frankfurt/M./Berlin 1983

Zeitschrift:

Flamenco. Herausgeber und Redaktion: Detlev Eberwein, Höhenstr. 11, D-8752 Geiselbach

Flamencoforschung

Centro de Estudios de Música Andaluza de Flamenco
  Madrid, Avenida de los Reyes Catolicos, 4
Cátedra de Flamencología y Estudios Folkloricos Andaluzes
  Jerez de la Frontera, c/Quintos, Tel. 349702
Museo del Arte Flamenco
  Jerez de la Frontera, Plaza de San Marcos, 14
Centro de Actividades Flamencas
  Mario Maya, Sevilla, Pasaje Mallol 20
Estudios Flamencos
  José Heredia Maya, Universidad de Granada, Granada

Noten, Schallplatten, Bücher

Bezugsadressen:
Society of Spanish Studies, Victor Pradera, 46, Madrid
Ivor Mairants Musicentre, London
Musikladen, Gmünder Straße 36, 7060 Schorndorf

Flamenco-Gitarrenschulen

Schulen in spanischer Sprache:
Rafael Morales: Método de Guitarra, Granada 1954 (Ediciones Sacromonte, in
  Noten- und Griffschrift)
Emilio Medina: Método de Guitarra Flamenca, Buenos Aires 1958 (Ricordi)
Andres Batista: Método de Guitarra Flamenca, Madrid 1979 (Union Musical
  Española, in Noten- und Griffschrift)

Schulen in englischer Sprache:
Ivor Mairants: Flamenco-Guitar, London 1958 (Latin-American Musik Publishing Co., in Noten- und Griffschrift mit Schallplatte von Pepe del Sur)
Juan D. Grecos: The Flamenco Guitar, New York 1973 (Sam Fox Publishing Com-
  pany, didaktisch hervorragende Arbeit in Noten- und Griffschrift)
Juan Martín: El Arte Flamenco de la Guitarra, London 1978 (United Music Pub-
  lishers Ltd, sehr gründliche Arbeit in Noten- und Griffschrift mit Cassette)

Schulen in deutscher Sprache:
Ehrenhard Skiera: Flamenco-Gitarrenschule, Frankfurt/M. 1973 (Ricordi, für
  fortgeschrittene Gitarristen)
Ehrenhard Skiera: Klingender Lehrgang für Flamenco-Gitarre – Grundkurs, Zü-
  rich 1980 (Musik Hug Verlage, in Noten- und Griffschrift mit Liedtexten und
  Schallplatte)

Das Angebot an Noten für Flamencogitarre ist sehr reichhaltig; allerdings sollte
der Anfänger davon nur vorsichtigen Gebrauch machen, da die Stücke – wie schon
erwähnt – oft ungenau notiert sind. In Deutschland bietet der Verlag Ricordi (München) eine größere Auswahl an. Die bereits genannten und viele andere Verlage in
aller Welt führen ebenfalls Flamencomusik.

202

Anschriften berühmter Flamencogitarrenbauer

José Ramirez II, Concepción Jeronima 2, E Madrid
Conde Hermanos, Gravina 7, E Madrid
Manuel Contreras, Calle Mayor 80, E Madrid
Manuel Reyes, Plaza del Potro 2, E Córdoba
Miguel Rodriguez, Alfaros 15, E Córdoba

Die genannten Guitarreros knüpfen allesamt an die Entwicklung des Antonio Torres an.
Bei Kauf und Auswahl einer Flamencogitarre lasse man sich nach Möglichkeit von einem einheimischen Tocaor beraten.

Discographie

Tanz

Carmen Amaya »In Memoriam« Brunswick	LPBM 87 700
José Greco »Flamenco rhythms«	Everest 3216
La Joselito	LDM 4214
Lucero Tena »Palillos Flamencos«	Vogue LVLXHS 8830
Zambra (mit Rosa Durán, Paco el Laberinto)	Fontana 858 091 FPY
Olé! Festival Flamenco Gitano	
(mit Caraestaca, El Guito, La Singla, La Tati)	Philips 843977 PY

Gitarre

Manuel Cano »Evocación de la guitarra de Ramón Montoya«	Hispavox HH 10-252
Mario Escudero	ABC-Paramount 396
Diego el del Gastor »Misterios de la guitarra flamenca«	Ariola 10521 A
Roman el Granaino »Guitare flamenco«	Le chant du monde LDX 74367
Perico del Lunar »Guitariste flamenco«	BAM LD 362
Paco de Lucia »Fuente y Caudal«	Philips 6328109
Melchor de Marchena »Guitarra Gitana«	Hispavox HH 10-151
Pepe Martínez »Guitarra Flamenca« Hispavox	Hispavox HH 10-152
Ramón Montoya »Arte clasico Flamenco«	BAM LD 430
Paco Peña	Fontana 6438 011
Niño Ricardo »Toques Flamencos«	Hispavox HH 1049
Niño Ricardo »Guitare Flamenco«	Le chant du monde LDM 4045
José Pisa »Le nouveau monde du flamenco«	Pathé C 062-11821
Sabicas »Flamenco puro«	Hispavox 130 076
Sabicas »El rey del Flamenco«	Fontana 701 551 WPY
Serranito »El Flamenco en la guitarra de Victor Monge Serranito«	Hispavox HH 10-291

Gesang

Anthologien

Antologia del Cante Flamenco (versch. Interpreten)	Hispavox HH 1.201-2-3
Antologia del Cante Flamenco y Cante Gitano (versch. Interpreten)	Decca 258.031-32-33
Antologia de los Cantes de Cadiz (versch. Interpreten)	Hispavox 10-193
Archivo del Cante Flamenco (versch. Interpreten)	Vergara 13001-SJ/13006-SJ
Canta Jerez (versch. Interpreten)	Hispavox HH 10-341
Cunas del Cante: Vol 1 Los Puertos (versch. Interpreten)	Clave 18-1295
Cunas del Cante: Vol 2 Jerez (versch. Interpreten)	Clave 18-1310
Flamencos de Jerez (versch. Interpreten)	CBS S-64244
La gran historia del cante gitano andaluz (Interpret: Antonio Mairena)	Columbia MCE 814/816
Una historia del Cante Flamenco (Interpret: Manolo Caracol)	Hispavox HH 10-23/24
Sevilla Cuna del cante flamenco (versch. Interpreten)	Columbia CCLP 31008
Tesoros del Flamenco Antiguo (Interpret: Pepe el de la Matrona)	Hispavox HH 10-346/47

Historische Aufnahmen

Colección de Cantes Flamencos (u. a. mit A. Chacon, M. Torre, J. Breva, J. Mojama)	Audio A-10 014
Los ases del Flamenco: Don Antonio Chacon	EMI C 038-021 511
Los ases del Flamenco: José Cepero	EMI C 038-021 520
Los ases del Flamenco: Tomas Pavon	EMI C 038-021 628
Los ases del Flamenco: Manuel Torre/ El Tenazas de Moron	EMI C 038-021 510
Niña de Los Peines	EMI 1 J 040-20.077M

Einzelinterpreten

El Agujetas: Cantes gitanos de Manuel Agujetas	Ariola 82158-H
El Agujetas: Cien años atras	CFE P1974
El Agujetas: Viejo Cante Jondo	CBS S-64216
Tio Borrico de Jerez	RCA SPBO-2208
Manolo Caracol: Cante Grande	RCA LSP-10464
El Chocolate	Clave 18-1160

Fosforito	Philips 843 145 PY
Antonio Mairena: La llave de oro del Cante Flamenco	Hispavox HH 10-251
Antonio Mairena: Cien años de Cante Gitano	Hispavox HH 10-269
Curro Mairena: Los duendes de Curro Mairena	Movie Play S-21.300
Pepe el de la Matrona	BAM LD 342
José Menese	RCA CAS 10 169
José Menese: Cantes Flamencos Basicos	RCA 10340
José el Negro	Movie Play 13.0854/9
Tia Anica la Piriñaca: 4 veces veinte años	RCA PL-35 136
Rafael Romero	BAM LD 361
Aurelio Selle	Hispavox HH 10-194
Terremoto de Jerez: Genio y duende del Cante Gitano	Hispavox HH 10-361
Terremoto de Jerez: Homenaje a Terremoto de Jerez	Hispavox 157 001
Juan Talega: Una reliquia del Cante Gitano	Columbia SCGE 81 172
Fernanda y Bernarda de Utrera	Hispavox HHS 10-379

Glossar

aficionado	Liebhaber/Fan
agitanado	von Gitanos assimiliert
alzapúa	Daumentechnik (Git.)
apoyando	Git.: Spieltechnik
aspazo	Abdämpfen (Git.)
baile	Tanz
bailaor/bailaora	Tänzer/Tänzerin
bata de cola	typisches Flamenco-Kleid
braceo	Armbewegung beim Tanz
cabales	»Eingeweihte« des Flamenco
caló	Sprache der Gitanos
café cantante	Konzertcafé (1860–1910)
cantaor/cantaora	Sänger, Sängerin
cante	Gesang
cante alante	Gesang ohne Tanz
cante atrás	Gesang mit/zum Tanz
cante campero	Lieder mit ländlicher Thematik und Ursprüngen
cante chico	kleiner, leichter Gesang
cante festero	heiterer Gesang
cante grande = jondo	großer tiefer Gesang
cante intermedio	mittlerer Gesang
cante jondo (hondo)	tiefinnerer Gesang
cante para bailar	Gesang zum Tanz
cante para escuchar	Gesang nur zum Hören
castañuelas	Kastagnetten
ceijilla	Kapodaster (Git.)

compás	Takt, Rhythmus
concurso	Wettbewerb
copla	Verse (temple/salida, tercios/caida)
cuadro	Gruppe von Flamenco-Künstlern
duende	s. S. 28, 59f., 108, 110
escobillo	Drehung mit Schleppenwurf
falseta	Melodiefolge und Variation b. Gitarre
feria	Stadt-, Gemeindefest
gitano	spanischer Zigeuner
gitanería	Gitano-Viertel
golpe	rhythmische Akzentuierung (Git.)
intermedio	dazwischenliegend (zwischen schwerem und leichtem Gesang)
jaleador	Stimmungsmacher
jaleo	Anfeuerung
jipío	Ausruf, Klage
juerga	(feucht-)fröhliches Vergnügen unter Aficionados
macho	Endvers, Ausgesang
mozarabisch	von Mauren beeinflußt
palillo	Stöckchen (Kastagnette)
palmas	rhythmisches Händeklatschen
a palo (seco)	Stab, Stock (Begleitung)
payo	Nicht-Gitano
pito	Fingerschnalzen
punteado	Einzeltonanschlag (Git.)
rasgueado	Fingernagelspiel (Git.)
remate	Ausgesang
reunión	privates Flamenco-Fest
roma	Zigeuner-Stamm
tablao	Bühne, Podest mit Flamenco-Künstlern
taconeo	Absatzstampfen
temple	Einsingen
tercio	Abschnitt, Teil des Gesangs
tocaor	Gitarrist
toque	Spielart, -weise
valiente	von großer Stimmkraft
voz afillá	rauhe Stimmlage
voz fácil	flexibel, frisch
voz naturá	natürliche Stimmlage
voz reonda = redonda	männliche Stimme
zapateado	Schuhstampfen

Bildquellennachweis

Archiv Hermjo Klein/Colita: S. 17, 20, 21, 49, 68, 85, 99, 109, 115, 118, 137, 153; Archiv Lippmann + Rau: S. 10, 25, 69 unten, 81, 123, 127, 134, 146, 147; Madeleine Claus: S. 69 oben, 72, 90, 105, 130; Holger Mende: S. 30, 60, 182–199; Ministerium für Information und Tourismus: S. 13, 15; Marion Papenbrok: S. 139, 141; Ehrenhard Skiera: S. 178.

206

Über die Autoren

Madeleine Claus, Dr. phil., lebt in Banyuls (Südfrankreich) und kam über ihren Mann, den Flamencogitarristen Pedro Solér, zum Flamenco. Sie baut mit Solérs Schwester, Isabel, in Toulouse eine Flamencodokumentation mit Schallplatten, Bibliothek und Videothek auf. Viele Besuche in Spanien und die enge Freundschaft zu Flamencokünstlern wie »La Joselito« u. v. a. vertieften ihre Kenntnis des Flamenco. Madeleine Claus arbeitet an einer Biographie von »La Joselito«.

Christof Jung ist Buchhändler in Mainz und einer der deutschen Flamencospezialisten. Jung lebte viele Monate bei Gitanos in Andalusien und veröffentlichte mehrere Arbeiten über den Flamenco, besonders über den Cante (»Die Interpreten des Cante Flamenco«, »Nanas-Wiegenlieder«, »Die Flamenco-Lieder« u. a.)

Holger Mende ist Flamenco-Aficionado und lebt seit langem in Sevilla. Von dort aus beobachtet er das aktuelle Geschehen im Flamenco gitano-andaluz. Mende kennt viele Flamencokünstler persönlich und trägt mit seinem Beitrag in diesem Buch zur »Living History« bei.

Marion Papenbrok, Dr. phil., lebt in Eppelheim bei Heidelberg. Promotion über den Vergleich von Artauds »Theater der Grausamkeit« mit dem Flamenco. Verschiedene Studienaufenthalte in Andalusien und Veröffentlichungen über den Flamenco und die Gitanos.

Bernhard-Friedrich Schulze ist Studienrat für Musik u. a. an der Modellschule Obersberg in Bad Hersfeld. Unterricht beim Flamencogitarristen Francisco Solér-Lopez in Malaga, 1973. Seit dieser Zeit Beschäftigung mit der Flamencogitarre. Zuletzt Studien in Madrid und Andalusien im Sommer 1984.

Ehrenhard Skiera, Dr. phil., Studium der Musikwissenschaften und Pädagogik, arbeitet an der Universität Gießen, wo er auch Lehrbeauftragter für Flamencogitarre war. Viele Studienreisen nach Andalusien und Madrid. Zahlreiche Publikationen über Gitarre: »Flamenco-Gitarrenschule« (1973). Verschiedene Gitarrenschulen: »Klingender Lehrgang für Flamenco-Gitarre« (1980), auch Gitarrenausgaben für Klassik und Moderne.

fi 401/1